Die schönsten Motorradtouren in Deutschland

Rudolf Geser

Die schönsten Motorradtouren in Deutschland

40 Touren von den Alpen bis an die Nordsee

BRUCKMANN

Inhalt

Links: Mediterranes Flair in Meersburg am nördlichen Ufer des Bodensees (Tour 1). Mitte: Blick von der Donau auf Ulm und das Ulmer Münster (Tour 5). Rechts: Der Riedbergpass ist Deutschlands höchste Passstraße (Tour 8). Seite 2: Beueren heißt diese reizvolle Ortschaft bei Nürtingen, die sich diese Gruppe für einen Stopp ausgesucht hat.

Links: Benzingespräche auf einem Parkplatz am Rennsteig (Tour 22).
Mitte: Unterwegs am kurvenreichen Oberjoch (Tour 31).
Rechts: Blick auf die Löwenburg am Stadtrand von Kassel (Tour 36).

Unterwegs in Deutschland

Um ehrlich zu sein, mein Radius als Motorradfahrer beschränkte sich bisher weitgehend auf den Süden Deutschlands. Vor allem die Bayerischen Alpen und das Alpenvorland waren das bevorzugte Gebiet, in dem ich meinem Hobby Motorradfahren nachging. Weitere Reisen führten hauptsächlich in die Alpen oder über diese hinweg nach Süden, ins klassische Reiseland Italien oder nach Österreich, in die Schweiz und nach Frankreich.

Nach meinen jetzigen Touren für dieses Buch durch Deutschland muss ich sagen, dass ich dabei einiges versäumt habe. Deutschland bietet eine Vielzahl von traumhaften Motorradstrecken, die jederzeit mit den schönsten Routen im Ausland konkurrieren können. Dazu ist Deutschland ein ausgesprochen abwechslungsreiches Reiseland mit einer vielseitigen Landschaft, wie ich es mir nie hätte träumen lassen.

An Wochentagen sind kleinere Ortschaften in ländlicher Umgebung oftmals wie ausgestorben.

Wo also beginnen bei der Vielzahl der Reiseziele, die sich hier bieten? Nun, vielleicht im Südwesten Deutschlands, an der Grenze zu Österreich und der Schweiz, wo inmitten einer landschaftlichen Symbiose aus Wasser und sanften Hügeln, Wind und Sonne, Alpengipfeln und mildem Klima der Bodensee liegt.

Dann geht es hinauf in den Schwarzwald, der allein schon bei der Nennung seines Namens Urlaubsstimmung weckt und mit seinen von dunklen Tannen- und Mischwäldern bedeckten Bergkuppen wohl als das schönste und abwechslungsreichste Mittelgebirge Deutschlands anzusehen ist. Da mag die Schwäbische Alb zunächst vielleicht etwas weniger reizvoll erscheinen. Das ist aber ein Trugschluss. Dort kann man nicht minder schön Urlaub machen und Motorradfahren.

Die Donau mag man auf den ersten Blick nicht mit dem Motorradfahren in Zusammenhang bringen, dennoch bieten sich hier wunderschöne Landschaften, die vom Naturpark Obere Donau über das Donaumoos und das Donauried bis zum so genannten Gäuboden, auch Kornkammer Bayerns genannt, beim niederbayerischen Straubing reichen. Und wo das Motorradfahren hier vielleicht manchmal etwas zu kurz kommt, entschädigen Kunst und Kultur in überreichlichem Maße.

Weit über die Grenzen Bayerns hinaus bekannte Motorradstrecken wie das Oberjoch, der Kesselberg oder das Sudelfeld stellen dagegen wieder höhere Ansprüche an das fahrerische Können. Gemächlicher, wenngleich nicht weniger schön, ist eine Tour im Fünf-Seen-Land, einer von den eiszeitlichen Gletschern geformten Landschaft südwestlich von München. Auch das Altmühltal, wo trutzige Burgen auf steilen Dolomitzacken über tief unten zwischen Fels und Fluss eingezwängten Dörfchen thronen, ist längst kein Gehimtipp mehr. Besonders schön ist es dort im Herbst, wenn das Laub der Mischwälder auf den Höhenzügen in starkem Kontrast zu den weißen Kalkfelsen steht und die Besucherströme langsam nachzulassen beginnen.

Motorradfahren kann man aber auch entlang der weinseligen Mosel, zu der wiederum die Mittelgebirge, vom Bayerischen Wald bis zum Harz, mit ihren teilweise rauen Landschaftsbildern einen reizvollen Kontrast bilden. Flacher wird die Landschaft, je weiter man sich nach Norden hinaufarbeitet, über die Eifel und den Teutoburger Wald bis nach West- und schließlich Ostfriesland, in die Lübecker Bucht, dann entlang der Ostseeküste oder in die

Mecklenburgische Seenplatte. Auch die Touren entlang des Oderbruchs oder südlich von Berlin finden in der Ebene statt, die eine durch fruchtbarstes Ackerland, die andere durch beschauliche Park- und Alleenlandschaften.

Auf Deutschlands Fernstraßen schließlich wird man zwar kaum allein unterwegs sein, dafür aber setzt beispielsweise die Deutsche Alpenstraße vom Berchtesgadener Land bis zum Bodensee mit so bekannten Regionen wie etwa dem Karwendel und dem Wettersteingebirge, dem Werdenfelser Land und dem östlichen und westlichen Allgäu, um nur einige zu nennen, landschaftliche Glanzpunkte.

Dies gilt auch für die Romantische Straße von Würzburg hinunter nach Füssen, wo im Mittelalter Fuhrmänner das kostbare Salz transportierten und Schlösser, Burgen, Klöster und Kapellen zurückließen und alte Städte, die ihr historisches Gesicht bis heute bewahrt haben. Und die Deutsche Märchenstraße lässt nicht nur die Märchen und Sagen unserer Kindheit – von den Bremer Stadtmusikanten über den Rattenfänger von Hameln bis zu Dornröschens Märchenschloss – wieder lebendig werden, an manchen Streckenabschnitten ist auch der Kurvenverlauf märchenhaft. Und wer will, kann all die Eindrücke, die Deutschland zu bieten hat, bei einer Durchquerung von den Alpen bis hinauf zur Ostsee auf einer einzigen großen Reise sammeln.

Deutschland verfügt über eine ausgezeichnete Infrastruktur für Motorradfahrer. Dies drückt sich insbesondere in einem riesigen Straßennetz aus, das von Autobahnen und Bundesstraßen, die für ein schnelles Vorwärtskommen sorgen, bis zu kleinen kurvigen Nebenstraßen, die das Salz in der Suppe des Motorradfahrens ausmachen, reicht. Auch Gastronomie und Touristikbetriebe stellen sich mehr und mehr auf die Bedürfnisse der Motorradfahrer ein, wie allein die ständige Zunahme motorradfreundlicher Hotels beweist.

Nach so viel Lob soll jedoch ein Punkt, der im Motorrad-Reiseland Deutschland zu Kritik Anlass geben könnte, nicht unerwähnt bleiben: Das Wetter – es spielt leider in unseren Breiten nicht immer so mit, wie man es sich als Motorradfahrer wünschen würde. Hier sind die Länder südlich der Alpen natürlich begünstigt. Hierzulande gilt: Vor jeder Unternehmung den Wetterbericht hören, dann ist dieser Nachteil bestimmt oft wettzumachen.

Leider wird in Deutschland immer wieder die Sperrung besonders beliebter Motorradstrecken ins Gespräch gebracht, und in einigen Fällen wurde dies auch schon in die Tat umgesetzt. Daher zum Abschluss noch eine Bitte: Halten Sie sich an die Geschwindigkeitsbegrenzungen und drehen Sie in Ortschaften den Gashahn zwecks Verringerung der Phonstärke lieber etwas weiter zu als zu weit auf, um weitere Maßnahmen in dieser Richtung überflüssig zu machen. Fahren Sie defensiv und vorsichtig, schon im eigenen Interesse, und auch, um den Befürwortern von Streckensperrungen nicht durch steigende Unfallzahlen Argumente zu geben. Planen Sie Ihre Tour sorgfältig und nehmen Sie sich genügend Zeit, um nicht aus Eile erhöhte Risiken eingehen zu müssen.

Somit verbleibt mir nur noch, Ihnen bei Ihren Touren viel Spaß, gutes Wetter und natürlich einen unfallfreien Verlauf zu wünschen.

Rudolf Geser

Bei den Höfen von Rechenau hat man einen schönen Ausblick auf das Inntal.

Tipps zur Reiseplanung und für unterwegs

Klima und Reisezeit

Deutschland liegt im Einflussbereich sowohl des ozeanischen als auch des kontinentalen Klimas, dessen Auswirkungen regional sehr verschieden sind. So ist zum Beispiel die Oberrheinebene mit einem Jahresmittel von Temperaturen um zehn Grad Celsius die wärmste Region Deutschlands, während die Hochflächen der Schwäbischen Alb nur ein Jahresmittel von fünf bis sieben Grad Celsius aufweisen.

Während man also im Oberrheintal meist schon Mitte April bei sonnigen Temperaturen Motorradfahren kann, so hat man die gleichen günstigen Bedingungen etwa im inneren Schwarzwald oder auf der Schwäbischen Alb erst einen Monat später. Auch in Alpennähe ist durchaus bis Ende April noch mit kühlen Temperaturen und manchmal sogar spätwinterlichen Bedingungen zu rechnen, was auch für die Mittelgebirge gilt.

Regen fällt zu allen Jahreszeiten, wobei das Maximum hier im Juli liegt, weniger im Juni und August. Auch nimmt die Niederschlagsneigung von Nord nach Süd leicht ab. Besonders regnerisch sind allerdings die Gebirge, die sich den Regen bringenden Westwinden in den Weg stellen und die Wolken zum Abregnen zwingen. So weisen beispielsweise die Bayerischen Alpen Jahresniederschläge bis zu 2600 Millimeter auf, gefolgt vom Schwarzwald mit bis zu 2200 Millimeter und dem Bayerischen Wald mit 1800 Millimeter.

Offenbar ein Weinliebhaber, die romantische Matthias-Kapelle bei Kobern scheint hier eher zweitrangig zu sein.

Regenarm sind dagegen die Niederungen wie etwa das Donaugebiet oder das Oberrheintal, die mit Jahresniederschlägen um 500 Millimeter zu den niederschlagsärmsten Gebieten Deutschlands gehören.

Bei der Planung einer weiter entfernten Tour ist ein Anruf bei den Wetterämtern des Deutschen Wetterdienstes empfehlenswert. Diese Vorhersagen sind zwar kostenpflichtig (je nach Dauer der Vorhersage zwischen 10 und 20 Euro), nach meinen Erfahrungen aber sehr genau und zuverlässig und können deshalb erheblich dazu beitragen, dass die Tour nicht buchstäblich ins Wasser fällt.

Nach Möglichkeit sollten Sie auch die Schulferien beachten, da der Reiseverkehr in dieser Zeit erheblich zunimmt, die Unterkunftssuche schwieriger wird und die Übernachtungspreise in der Hochsaison höher sind.

Bekleidung, Gepäck, Fahrverhalten

Bekleidung

Selbst bei kurzen Touren sollten Lederkombi oder Fahreranzug mit funktioneller Unterkleidung genauso selbstverständlich sein wie Nierengurt, Halstuch und Sturmhaube. Fahren Sie nie ohne Handschuhe und nur mit festem Schuhwerk, vergessen Sie nie die Regenkombi und ziehen Sie sich diese auch rechtzeitig über.

Achten Sie auch immer auf ein sauberes Visier mit möglichst wenig Kratzern, und wechseln Sie das Visier spätestens alle 5000 Kilometer.

Gepäck

Grundsätzlich gilt: So viel Gepäck wie nötig und so wenig wie möglich. Je mehr Gepäck, desto schlechter das Fahrverhalten, und gerade der Fahrspaß auf kurvigen Landstraßen oder in den Mittelgebirgen hängt viel vom leichten Handling der Maschine ab. Auch wird die Kippgefahr bei schwer beladenen Maschinen größer, sie reagieren langsamer auf Lenkimpulse, und der Bremsweg verlängert sich.

Schwere Gegenstände gehören in den unteren Teil des Tankrucksackes oder der Seitenkoffer, um den Schwerpunkt der Maschine möglichst wenig zu verändern. Beladen Sie die Seitenkoffer gleichmäßig, und überschreiten Sie nie das vom Hersteller angegebene Gesamtgewicht der Koffer.

Zusätzlich zum Bordwerkzeug sollten Sie auch einen Ersatzschlauch oder ein Reifenflickset mitführen. Auch Ersatzbirnen für Vorder- und Rückscheinwerfer sowie die Bremsleuchte sollte man dabei haben. Nicht vergessen sollte man auch ein Erste-Hilfe-Set zur Versorgung kleinerer Blessuren.

Fahrverhalten

Fahren Sie grundsätzlich vorsichtig und defensiv. An unübersichtlichen Stellen sollten Sie Ihre Geschwindigkeit so weit herabsetzen, dass Sie auf Sichtweite anhalten können. Im Frühjahr können in schattigen Waldstücken noch Schneereste oder Schmelzwasserstellen vorhanden sein. Dies gilt insbesondere für Fahrten in Mittelgebirgen. Im Herbst kann unvermittelt nasses Laub auf der Strecke liegen. Vorsicht ist auch bei wechselnden Fahrbahnbelägen und Ausbesserungen notwendig, insbesondere Bitumen und Rollsplitt sorgen immer wieder für tückische Gefahrenstellen.

Fahren Sie grund-sätzlich vorsichtig und langsam in Tunnels hinein und aus diesen heraus, das Auge muss sich jeweils erst einmal an die veränderten Lichtverhältnisse gewöhnen. Das Gleiche gilt für Streckenabschnitte, auf denen sich gleißend helle Sonnenstellen mit schattigen, dunklen Waldstücken abwechseln.

Bei Philippsthal in der Rhön lagern riesige Salzhalden inmitten der Landschaft.

Wichtige Verkehrsbestimmungen und Notrufnummern

Wichtige Verkehrsbestimmungen

- Die Höchstgeschwindigkeit für Pkw und Motorräder beträgt innerhalb geschlossener Ortschaften 50 km/h.
- Außerhalb geschlossener Ortschaften liegt die Höchstgeschwindigkeit für Pkw und Motorräder bei 100 km/h.
- Die empfohlene Richtgeschwindigkeit auf Autobahnen ist 130 km/h.
- Die Promillegrenze beträgt 0,5 Promille.
- Motorradfahrer müssen grundsätzlich mit Abblendlicht fahren. Für Fahrer und Beifahrer sind Schutzhelme vorgeschrieben.
- Ist an Kreuzungen oder Einmündungen die Vorfahrt nicht durch Beschilderung oder Ampel geregelt, hat der von rechts Kommende Vorfahrt. Zeigt an Ampelanlagen ein grüner Pfeil nach rechts, kann bei Rot für die Geradeausrichtung nach rechts abgebogen werden.
- Fußgänger sind an Fußgängerüberwegen grundsätzlich gegenüber Fahrzeugen bevorrechtigt.
- Bei Schulbussen, die sich mit Warnblinklampe der Haltestelle nähern, gilt auf zweispurigen Straßen generelles Überholverbot.

Hinweise zu den organisatorischen Angaben

Zu jeder Tour werden organisatorische Angaben zu Strecke, Streckenlänge, Ausgangspunkt, Endpunkt, Anfahrt zum Ausgangspunkt, zu Sehenswürdigkeiten, Motorradwerkstätten, Motorradhotels, Motorradcampingplätzen, Treffpunkten für Motorradfahrer, eventuellen Streckensperrungen, eventueller Mautpflicht sowie Kartenmaterial gemacht. Die Angaben sollen Ihnen bei der Tourenplanung helfen.

Streckenverlauf

In der Tourenbeschreibung sowie auf den Routenkarten finden sich alle für die jeweilige Strecke wichtigen Ortsangaben. Für die Tourenübersicht empfiehlt es sich, eine Straßenkarte mit kleinem Maßstab mitzunehmen, etwa die Euro-Länderkarte Deutschland 1:800.000 vom RV-Verlag, die alle beschriebenen Touren abdeckt. Wer sich genauer über die Strecke informieren will, sollte aber die in den Tourenbeschreibungen angegebenen Generalkarten mitführen (s. a. Stichwort Karten).

Essen und Trinken hält Leib und Seele zusammen (oben). Wer nach Mühlheim im Sauerland kommt, findet dort in der kleinen Kirche eine bedeutende Barockorgel (unten).

Streckenlänge

Bei den angegebenen Kilometerzahlen handelt es sich um die von mir mit dem Tageskilometerzähler gemessene Fahrtstrecke. So können sich geringfügige Änderungen zu anderen Messungen bzw. offiziellen Angaben, z. B. in Karten, ergeben.

Ausgangs- und Endpunkt

Neben den Ortsangaben ist jeweils die Höhenangabe vermerkt.

Anfahrt zum Ausgangspunkt

Hier wird der schnellste Weg zum Ausgangspunkt über die nächstgelegene Autobahn angegeben.

Sehenswürdigkeiten

Zusätzlich zu den detaillierten Beschreibungen von Sehenswürdigkeiten in der jeweiligen Tourenbeschreibung oder den Spezialtipps werden hier stichwortartig noch weitere Sehenswürdigkeiten aufgeführt.

Servicestellen

Für den – hoffentlich nicht eintretenden – Fall eines unterwegs auftretenden Defektes finden Sie hier Motorradwerkstätten entlang der Strecke mit der jeweiligen Markenvertretung aufgelistet. Namen und Adressen der Werkstätten finden Sie im Kartenteil.

Übernachtung und Campingplätze

Hier werden »motorradfreundliche« Hotels, Pensionen und Campingplätze genannt. Dies bedeutet zum einen, dass Motorradfahrer hier auch wirklich willkommen sind, zum anderen, dass die Hotels und Campingplätze auch auf die speziellen Bedürfnisse von Motorradfahrern eingerichtet sind. Das heißt, dass es hier beispielsweise Garage oder auch Trockenräume gibt.

Treffs

Befindet sich entlang der Strecke oder in unmittelbarer Nähe ein Motorradfahrer-Treffpunkt, wird dies hier erwähnt.

Streckensperrungen

In der Regel beschränken sich Sperrungen, die vor allem viel befahrene Straßen in Urlaubsregionen und in Städten betreffen, auf das Wochenende oder Feiertage. Bitte halten Sie diese in jedem Fall ein.

Mautgebühren

Mautpflicht besteht in Deutschland nur auf wenigen Strecken im bayerischen Alpenraum wie etwa bei der Auffahrt zur Roßfeld-Höhenringstraße. Soweit für die Benutzung bestimmter Straßen Mautgebühren verlangt werden, wird dies angegeben.

Karten

Für Motorradfahrer am besten geeignet sind Karten im Maßstab 1:200.000. Bewährt hat sich dabei die Generalkarte. Mit den zwölf Großraum-Generalkarten können alle in diesem Buch beschriebenen Touren abgedeckt werden.

Geruhsames Cruisen auch auf Deutschlands Landstraßen durchaus möglich.

1

Am Bodensee

Rundtour um den größten See des nördlichen Alpenvorlandes

Gut informiert bin ich nach Lindau am Bodensee gekommen. Ich weiß, dass der Bodensee, dessen Umrundung ich mir zum Ziel gesetzt habe, mit einer Länge von 69 Kilometern, einer durchschnittlichen Breite von zehn Kilometern und einer Gesamtausdehnung von 539 Quadratkilometern der größte See des nördlichen Alpenvorlandes ist. Sein Name geht auf die ehemalige Kaiserpfalz Bodman, am Westende des Sees gelegen, zurück, die im Jahre 1277 durch König Rudolf von Habsburg an den Ritter Johann von Boden verpfändet wurde. Ich weiß weiterhin, dass die Region um den See eine uralte Kulturlandschaft ist, deren Geschichte mit den Pfahlbauten im Nordwesten des Sees bis in die Jungsteinzeit zurückreicht.

Gelesen habe ich, dass die Landschaft eine Symbiose zwischen Wasser und sanften Hügeln, Wind und Sonne, Alpengipfel und mildem Klima sein soll, in der sich in den Anrainerstaaten Österreich, Schweiz und Deutschland eine Ferienlandschaft erster Güte entwickelt hat. Was ich allerdings etwas unterschätzt hatte, war die Tatsache, dass die etwa 260 Kilometer lange Strecke durch viele Dörfer und Städte führt und ich deshalb fast versucht war, den Namen dieser Tour in »Städterundfahrt um den Bodensee« umzuwandeln. Wer also Ruhe und Beschaulichkeit vorzieht, wird hier nicht immer auf seine Kosten kommen. Trotzdem ist die Umfahrung ein einmaliges Erlebnis, und wem es an Stadtbesichtigungen zu viel wird, der kann den See mit einem Dampfschiff der Weißen Flotte überqueren und erheblich abkürzen. Noch bin ich voller Tatendrang, als ich die Brücke, die die alte Inselstadt mit dem Festland verbindet, überquere und über die Bregenzer Straße Richtung Bregenz fahre. Kurz danach wechsle ich beim ehemaligen Zollamt Hörkranz-Unterhochsteg nach Österreich über. Vor mir zeigt sich der Pfänder, deutlich erkennbar an der hoch aufragenden Antennenanlage des Fernseh- und Rundfunksenders. In Bregenz mache ich einen kurzen Abstecher zur Seebühne hinunter, die als größte der Welt gilt und gut 6.000 Personen Platz bietet, um mich wenig später schon wieder von Österreich zu verabschieden, als ich beim Zollamt Rheineck/Gaißau in die Schweiz überwechsle.

Romanshorn – wo der See am tiefsten ist

In Rorschach lockt mich ein Hinweisschild mit der Aufschrift »Osci's Fischbeiz« zu einem Gasthof etwas abseits der Hauptstraße, wo ich feststellen kann, dass die Aussagen über die hervorragenden Fischgerichte in dieser Region nicht übertrieben sind. Gestärkt rolle ich so in Arbon ein, einem wehrhaften Städtchen, dessen altes Schloss von einigen Kanonen bewacht wird. Langsam wird die Umgebung ländlicher, und war ich bisher fast nur von Häusern begleitet, zeigen sich nun Wiesen, weidende Kühe und Obstgärten. Dann nimmt mich aber mit Romanshorn schon wieder eine Stadt auf, deren Hafen als größter des Bodensees am Schweizer Ufer gilt. Hier, habe ich gelesen, hat der See mit 14 Kilometern seine größte Breite, und auch die größte

Neben dem Motorrad noch so ein Segelboot zu besitzen, wäre bestimmt keine schlechte Sache. Auf Dauer würde ich das Motorradfahren aber doch vorziehen.

Tiefe wird hier mit 152 Metern auf der Linie nach Friedrichshafen gemessen.

Hin und wieder erlaubt die Straße schöne Ausblicke auf den See, bevor wieder das Verkehrsgewühl von Kreuzlingen meine Aufmerksamkeit beansprucht. Ich überlege, ob ich hier nach Konstanz überwech-

Linke Seite: Wer mediterranes Flair sucht, braucht nicht in südliche Länder zu fahren, er findet es auch in Meersburg am nördlichen Ufer des Bodensees.

seln soll und somit die Tour beträchtlich abkürzen könnte. Nach nur kurzer Überlegung entschließe ich mich, weiter am See entlangzufahren. Belohnt werde ich damit, dass hinter Stein am Rhein, dem westlichsten Punkt der Tour, endlich schöne, kurvige Landstraßen auf mich warten, auf denen man wieder mehr das Gas als die Bremse benutzen kann. Fast wäre darüber das schöne Stadtbild von Stein am Rhein zu vergessen, das zu den am besten erhaltenen mittelalterlichen Städten im deutschsprachigen Raum zählt.

Nur wenige Meter hinter dem Ort verläuft die schweizerisch-deutsche Grenze und in Radolfzell biege ich wieder nach Osten Richtung Konstanz ab, da ich mir einen Besuch der Blumeninsel Mainau nicht entgehen lassen möchte.

Zur Geburtsstadt des Zeppelins

Fahrerisch wertvoll sind die hügeligen Landstraßen des Bodanrück, der hier den Zeller See vom Überlinger See trennt. Viel zu schnell führen sie mich über die Ortschaft Bodman nach Ludwigshafen, wo ich wieder auf die weitgehend reizlose Bundesstraße treffe. Unteruhldingen kann mit Pfahlbauten aufwarten und am Ortsende, beim Kiosk Mainausicht, mit einem schönen Ausblick hinüber zur Insel Mainau. In Meersburg besichtige ich die älteste bewohnte Burg Deutschlands und schließe den Rundgang durch die 28 Räume mit einem Stück Kuchen im gemütlichen Burgcafé ab.

Eigentlich wollte ich ja nicht mehr anhalten, aber in Friedrichshafen besuche ich doch noch das Bodenseemuseum im Rathaus, dessen Nordflügel dem Grafen Zeppelin gewidmet ist, der hier am 2. Juli 1900 sein erstes Luftschiff aufsteigen ließ. Nach dem Ort verlasse ich die viel befahrene Bundesstraße und wechsle auf ruhigere Landstraßen. Über Kressbronn, Nonnenhorn und Wasserburg geht es nun zwar langsamer, dafür aber viel abwechslungsreicher nach Lindau zurück.

Keinen Blick für das Maurische Schloss in Langenargen haben diese Schwäne übrig.

Streckenbeschreibung

STRECKENVERLAUF	Lindau – Bregenz – Lustenau – Rheineck – Rorschach – Arbon – Romanshorn – Kreuzlingen – Ermatingen – Steckborn – Stein am Rhein – Wangen – Horn – Moos – Radolfzell – Allensbach – Wollmatingen – Mainau – Litzelstetten – Dingelsdorf – Wallhausen – Dettingen – Langenrain – Liggeringen – Bodman – Ludwigshafen – Sipplingen – Überlingen – Unteruhldingen – Meersburg – Hagnau – Immenstaad – Friedrichshafen – Eriskirch – Moos – Kressbronn – Nonnenhorn – Wasserburg – Bad Schachen – Lindau
STRECKENLÄNGE	265 km
AUSGANGS- UND ENDPUNKT	Lindau am Bodensee (400 m)
ANFAHRT ZUM AUSGANGSPUNKT	Autobahn Memmingen– Bregenz A 96, Ausfahrt Sigmarszell
SERVICESTELLEN	Radolfzell: Kawasaki, KTM, Honda; Überlingen: Yamaha; Immenstaad: BMW; Friedrichshafen: Kawasaki, Suzuki
ÜBERNACHTUNG	Uhldingen: Gästehaus Schechter; Meersburg: Romantik Hotel Residenz am See, Hotel zum Bären; Eriskirch: Landgasthof Adler
CAMPINGPLÄTZE	Radolfzell/ Markelfingen; Allensbach; Reichenau; Bodman; Überlingen; Hagnau; Immenstaad; Kressbronn
STRECKENSPERRUNG	Im Kurbereich von Überlingen in der Münsterstraße besteht ganzjährig Nachtfahrverbot zwischen 22.00 und 6.00 Uhr.
KARTE	Die Generalkarte 1:200.000, Blatt 6
SEHENSWÜRDIGKEITEN	**Lindau:** Lindauer Hafen mit bayerischem Löwen und Leuchtturm, mittelalterliches Stadtbild, St.-Peters-Kirche mit Fresken von Holbein d. Ä. **Bregenz:** Martinsturm in der Oberstadt, Landesmuseum am Kronplatz mit kulturgeschichtlicher Sammlung, größte See-bühne der Welt **Arbon:** Altes Schloss mit Schlossturm und historischem Museum **Stein am Rhein:** Sehenswertes mittelalterliches Stadtbild, Burg Hohenklingen **Radolfzell:** Stadtmauer, Liebfrauenmünster, Reichsritterschaftshaus **Allensbach:** St.-Nikolaus-Kirche, Heimatmuseum im alten Fachwerkhaus am Rathausplatz **Mainau:** Blumeninsel Mainau mit Barockschloss und Gewächshäusern **Sipplingen:** Modellauto- und -eisenbahnmuseum **Meersburg:** Altes Schloss mit Dagobertsturm, Neues Schloss mit Dornier-Museum, Fürstenhäusle mit Droste-Hülshoff-Museum **Immenstaad:** Schwörerhaus, Schloss Meersberg, Schloss Kirchberg **Friedrichshafen:** Zeppelin-Museum im Städtischen Bodenseemuseum

2

Durch den Schwarzwald

Im »alpinsten« Teil des Schwarzwaldes

Schwarzwald – allein schon das Wort weckt in mir Urlaubsstimmung. Ich denke an blumenübersäte Wiesen, die von klaren Bächen durchzogen werden, an denen einsame Mühlen stehen. An dunklen Tannenwald, in dem sich abgelegene Gehöfte mit strohbedeckten Walmdächern verstecken. An Bergkuppen mit windzerzausten Wetterbuchen, über denen sich bei Gewitterstimmung ein drohendes Szenario abspielt und die bei schönem Wetter eine großartige Fernsicht über blau gestaffelte Bergkämme und dunstverhangene Täler bieten.

Geographisch wird der Schwarzwald, der seinen Namen den dunklen Tannen- und Mischwäldern verdankt, die mehr als die Hälfte seiner Fläche bedecken, in einen nördlichen, einen mittleren und einen südlichen Teil unterteilt. Am »alpinsten« ist der südliche Teil, dessen durchschnittliche Gipfelhöhen zwischen 1200 und knapp 1500 Meter liegen, mit dem 1493 Meter hohen Feldberg, dem höchsten Schwarzwaldgipfel, als zentralem Punkt. Und dieser ist auch das Ziel meiner Tour durch den Schwarzwald, wozu ich Freiburg als Ausgangspunkt gewählt habe.

Schön gelegen breitet sich die alte Münster- und Universitätsstadt zu Füßen von Tuniberg, Schönberg und Brombergkopf aus, während sie sich nach Westen hin zum weiten Breisgauer Becken öffnet. Ich parke in der Altstadt und wandere am Schlossberg bis zum großen Kanonenplatz hoch, der mir bereits einen schönen Ausblick über Stadt und Münster hinweg auf die Rheinebene bis hin zum Kaiserstuhl bietet.

Es geht vorbei am berühmten Münster, das als Einzige der großen gotischen Kirchen Deutschlands noch im Mittelalter vollendet wurde, und so verlasse ich die verwinkelte Altstadt auf der Kaiser-Josef-Straße durch das Martinstor. Ich überquere die Dreisam und bin auf der Günterstalstraße, die bald in die Schauinslandstraße übergeht. Hinter dem

Namen verbirgt sich nicht nur der gleichnamige Berg, gute 1284 Meter hoch und sicherlich neben dem Feldberg der bekannteste Schwarzwaldgipfel, sondern auch eine Motorradstrecke vom Allerfeinsten. Verdeutlicht wird dies schon dadurch, dass das obere Teilstück der 1920 erbauten Straße als internationale Bergstrecke für Autos und Motorräder berühmt wurde. Auf dieser Strecke wurde seit 1924 lange der »Große Bergpreis von Deutschland« ausgetragen, bevor solche Veranstaltungen verschärften Umweltschutzbestimmungen zum Opfer fielen.

Von Gipfel zu Gipfel bis zum höchsten Berg der deutschen Mittelgebirge

Auf den ersten Kilometern bis hinter Freiburg-Günterstal muss ich mich noch etwas gedulden, dann aber beginnt eine Kurven- und Kehrenstrecke mit Steigungen bis zu 12 Prozent, auf der ich mich bis zum Parkplatz bei der Bergstation fast schwindlig fahren kann. Dort bleibe ich noch ein wenig auf der Maschine sitzen, bis sich die Anspannung von der Auffahrt etwas gelegt hat, und wandere dann zum Gipfel hoch.

Der trägt seinen Namen Schauinsland auch völlig zu Recht, denn weit reicht die Fernsicht über die Rheinebene hinweg bis zu den Vogesen, und bei klarem Wetter werden sogar der Schweizer Jura und die Gipfel der Alpen sichtbar. Auch der Feldberg, mein nächstes Ziel, hebt sich im Osten deutlich ab. Vorher möchte ich aber noch hinüber zum Belchen, dessen majestätische Kuppelform ich im Westen ausmachen kann.

In Todtnau, das ich bald nach Abfahrt über die Südseite der Schauinslandstraße erreiche, fahre ich deshalb weiter nach Schönau und nehme von dort die Bergstraße in Angriff. Auch sie bietet wieder Fahrspaß pur und endet viel zu schnell beim Belchenhaus etwas unterhalb des Gipfelplateaus. Ich lasse es mir nicht nehmen und folge dem Ludwig-Schlageter-Weg bis zum 1414 Meter hohen Gipfel. So stehe bald auf dem dritthöchsten Berg des Schwarzwaldes, dessen Rundsicht von keinem anderen Gipfel übertroffen wird. Auch nicht von der des Feldbergs, meinem nächsten Ziel. Mit seinen 1493 Metern Höhe ist er nicht nur der höchste Gipfel des Schwarzwaldes, sondern sogar die höchste Erhebung aller Mittelgebirge Deutschlands.

Gut ausgeschildert sind die Straßen im Schwarzwald, dieser Hinweis am Feldberg ist jedoch wohl eher für Wanderer gedacht.

Linke Seite: Leider können selbst Endurofahrer unbefestigte Straßen im Schwarzwald nur zu einem Fotostopp nutzen.

Ich parke beim Feldberger Hof, fahre mit dem Lift zum Bismark-Denkmal hoch und begnüge mich dort mit der Aussicht vom Fernsehturm, denn zum eigentlichen Feldberggipfel, »Höchste« genannt und an der Radarstation und den Aufbauten des Observatoriums des Wetteramtes Freiburg erkennbar, wäre es eine gute Stunde Fußmarsch. Motorradbekleidung ist einfach nicht zweckmäßig für eine solche Wanderung, und so fahre ich lieber bequem mit der Sesselbahn zum Parkplatz zurück und dann weiter über die Feldbergstrecke hinunter zum Titisee.

Der Titisee kann mit einer Länge von zwei Kilometern, einer Breite von 750 Metern und einer Tiefe bis 40 Metern zwar nicht unbedingt imponieren, allerdings machen ihn diese Maße zum größten Natursee der deutschen Mittelgebirge.

Zwischen Himmelreich und Höllental

Ich genieße noch etwas die Sonne auf einer Parkbank am Seeufer und entspanne mich, denn auf mich wartet das Höllental, trotz des abschreckend klingenden Namens aber einer der absoluten Höhepunkte der ganzen Tour. Nach Hinterzarten senkt sich die Straße steil in die vom Rotbach durchflossene Schlucht ab. Dicht drängen sich die bis zu 600 Meter hohen, teilweise felsigen Hänge zwischen Himmelreich

Wenngleich das gotische Münster von Freiburg im Breisgau nicht der Grund unserer Reise ist, ein Blickfang ist es allemal.

Streckenbeschreibung

STRECKENVERLAUF	Freiburg – Günterstal – Schauinsland – Notschrei – Todtnau – Utzenfeld – Aitern – Belchen – Aitern – Utzenfeld – Schönau – Todtnau – Feldberg – Titisee-Neustadt – Hinterzarten – Freiburg
STRECKENLÄNGE	150 km
AUSGANGS- UND ENDPUNKT	Freiburg (278 m)
ANFAHRT ZUM AUSGANGSPUNKT	Autobahn Karlsruhe–Basel A 5, Ausfahrt Freiburg
SERVICESTELLEN	Freiburg: BMW; Hinterzarten: Ducati, Cagiva
ÜBERNACHTUNGEN	Freiburg: Intercity Hotel Freiburg, Hotel Minerva, Gasthaus Löwen; Todtnau: Berghotel Rübezahl; Aitern: Pension Haus Inge; Feldberg: Emmendinger Hütte; Titisee-Neustadt: Romantik Hotel Adler Post, Hotel Rauchfang; Hinterzarten: Hotel Alemannenhof
CAMPINGPLÄTZE	Todtnau; Titisee-Neustadt
TREFF	Am Fuße der Schauinslandstrecke: Gaststätte Zum Start, jeden Freitag ab 18.00 Uhr, vor allem Fahrer italienischer Fabrikate
STRECKENSPERRUNG	Die Schauinsland-Bergstraße ist an Wochenenden und Feiertagen für Motorradfahrer gesperrt (30. März bis 1. November).
KARTE	Die Generalkarte 1:200.000, Blatt 6
SEHENSWÜRDIGKEITEN	**Freiburg:** Seilbahn vom Stadtgarten zum Schlossberg mit Kanonenplatz, Münster, Rathaus mit Glockenspiel zur Mittagszeit, Natur- und Völkerkundemuseum
	Todtnau: Glasbläserhof im Ortsteil Aftersteg, Berg-Wild-Park Steinwassen
	Titisee-Neustadt: Münster St. Jakobus, Museum »Heimatstuben«
	Hinterzarten: Schwarzwälder Skimuseum, Waldglashütte Höllental, Höllental mit der Ravennaschlucht
	Kirchzarten: Pfarrkirche St. Gallus, Talvogtei

und Höllsteig zusammen, aber die gut ausgebaute Bundesstraße lässt dennoch kein Gefühl der Unsicherheit oder gar Gefahr aufkommen. Das mag zu früheren Zeiten ganz anders ausgesehen haben, als hier nur ein von Steinschlag und Hochwasser bedrohter besserer Fahrweg bestand, über den sich 1770 die österreichische Kaisertochter Marie Antoinette auf den Weg zu ihrem französischen Gemahl machte. Ihr fiel sicher ein größerer Stein vom Herzen als mir, als sich vor ihr das breite Dreisamer Becken in Richtung Freiburg öffnete.

Spezialtipp: Alternativen auf den Schauinsland

Wenn die Strecke auf den Hausberg der Freiburger, den 1284 Meter hohen Schauinsland, an Wochenenden und Feiertagen für Motorradfahrer gesperrt ist, lassen Sie sich doch einfach von der Kabinenseilbahn auf den Gipfel transportieren. Die Talstation befindet sich in Horben, die Fahrtzeit beträgt 15 Minuten. Der markante Aussichtsturm bietet eine weit Aussicht über die Rheinebene bis zu den Vogesen.

3

Über die Schwarzwald-Hochstraße

Auf der ältesten touristischen Straße des Schwarzwaldes

Freunde vermuteten, dass meine Fahrt über die Schwarzwald-Hochstraße nur ein Vorwand sei, um das Spielkasino von Baden-Baden zu besuchen. Das stimmt freilich nicht, auch wenn Deutschlands älteste (seit 1838) und größte Spielbank zugleich als schönste der Welt gilt. Aber schließlich sollte es mir nicht so ergehen wie dem berühmten russischen Schriftsteller Fjodor M. Dostojewski (1821–1881), der hier wichtige Eindrücke für seinen großen Roman »Der Spieler« gewann. Es war allerdings auch das Einzige, was er hier gewann. Und zu guter Letzt musste er sogar Kleidung und Ehering versetzen. Gar nicht auszudenken, wenn ich mein Motorrad hätte versetzen müssen und nicht mehr über die Schwarzwald-Hochstraße nach Freudenstadt hätte fahren können, wodurch mir eine der schönsten Touren im nördlichen Schwarzwald entgangen wäre.

Nur gut 60 Kilometer lang ist die älteste touristische Straße des Schwarzwaldes, die 1930 eröffnet wurde und wenn ich mich an die auf 70 km/h begrenzte Höchstgeschwindigkeit halte, bin ich in noch nicht einmal einer Stunde in Freudenstadt. Aber es gibt entlang der Straße viel zu sehen und zu entdecken und so viele schöne Rastplätze, dass man diesen Zeitraum beliebig vervielfältigen und die Strecke zudem durch einen Abstecher über Oppenau verlängern kann.

Ich habe meine Maschine am Augustaplatz im Stadtzentrum geparkt, denn bevor ich starte, möchte ich noch die Lichtentaler Allee zum Kurhaus und dem Kasino hochschlendern. Es ist zweifellos eine Prachtpromenade mit alten Eichen, exotischen Bäumen und einem Meer von blühenden Tulpen, Rosen und Dahlien, die hier entlang der Oos angelegt wurde. Ich setze mich auf eine Parkbank und beobachte das Publikum, das sich zumindest heute nicht von demjenigen anderer Kurstädte unterscheidet. Insbesondere kann ich keine der vornehmen älteren Damen mit teurem Schmuck, kleinen Hunden und großen Hüten oder gut betuchte Herren mit Frack und Zylinder erkennen. Dazu müsste ich wohl während des Iffezheimer Galopprennens wiederkommen. Das ist die berühmteste Veranstaltung Baden-Badens und sie findet zweimal jährlich, Ende Mai und Ende August, statt und lockt immerhin gut 150.000 Zuschauer an.

Kaffeegenuss mit Blick auf das Rheintal

Iffezheim liegt etwa zwölf Kilometer nordwestlich von Baden-Baden, ich aber muss genau in die entgegengesetzte Richtung und verlasse die Stadt über die Lichtentaler Straße. Hinter Geroldsam werden die Wiesen und Obstbäume von Wald abgelöst, und auch die ersten Kehren legen sich mir in den Weg. Vorbei an der etwas unterhalb der Straße gelegenen Sandsteinkirche Maria Frieden folge ich etwas später der rechts zum Schlosshotel Bühlerhöhe abzweigenden Waldstraße. Durch ein großes Hofportal mit schmiedeeisernem Adler fahre ich auf den einladenden Gebäudekomplex zu. Bei Übernachtungspreisen zwischen 130 und 1.600 Euro ist es ganz bestimmt nicht meine Preisklasse, trotzdem setze ich mich auf die Terrasse des Schlossrestaurants und lasse mir einen Kaffee servieren, der zwar doppelt so viel kostet wie anderswo, dazu werden mir aber noch ein unvergessliches Ambiente und eine weit reichende Aussicht über das Rheintal geboten. Max Grundig ließ das Schloss in den achtziger Jahren für 180 Millionen Mark renovieren und jedes der 90 Zimmer und jede der 14 Suiten mit exklusiv gewebten Teppichen, seidenen Bettbezügen, Möbeln aus Pfauenaugeahorn und marmornen Bädern ausstatten. 250 Mitarbeiter kümmern sich um die bis zu 240 Gäste, darunter auch viel Prominenz – vom verstorbenen Altbundeskanzler Adenauer bis Boris Becker –, und so gesehen sind die Übernachtungspreise relativ gesehen angemessen.

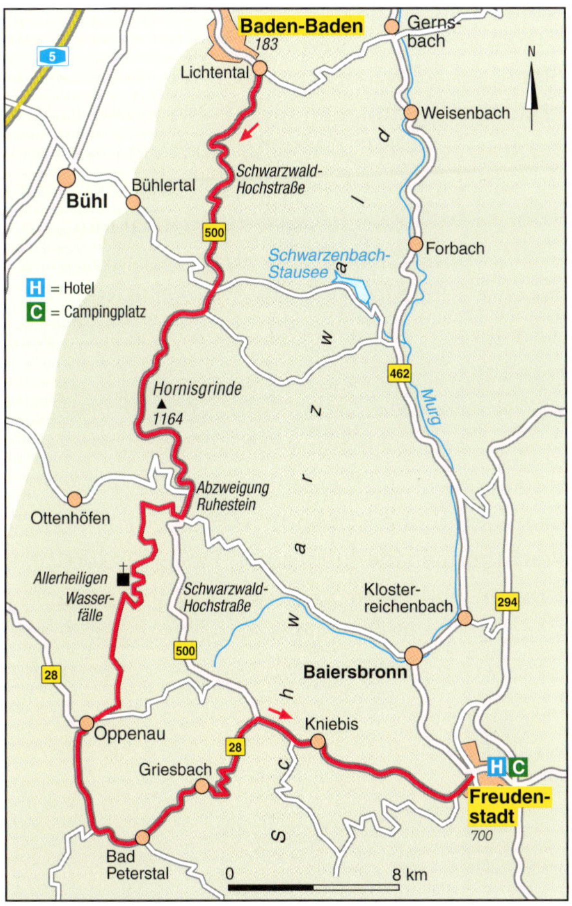

Um meinen Reiseetat trotzdem nicht übermäßig zu belasten, belasse ich es bei einem Kaffee und folge der weiter ansteigenden Straße, die mich zum höchsten Punkt, dem in 1030 Meter Höhe gelegenen Mummelsee bringt. Der von einem Gletscher ausgehobelte Karsee hat seinen Namen von den Mummeln, Seerosengewächsen mit gelben Blüten, die sich der Sage nach nachts im Reigen auf dem Wasser drehten und sich dann tagsüber in Weiblein

Häuser mit Walmdach sind für die Region des nördlichen Schwarzwaldes typisch.

Linke Seite: Die Kawasaki auf der kleinen Brücke über einen Bach im Schwarzwald ist schon ein älteres Baujahr, ganz im Gegensatz zur Fahrerin.

verwandelten und den Frauen in den umgebenden Dörfern beim Spinnen halfen. Mummeln gibt es keine mehr auf dem See, dafür Tretboote und kleine ferngesteuerte Modellboote. Über dem See erhebt sich die Hornisgrinde, der mit 1163 Metern höchste Berg im Nordschwarzwald, den ein alter Aussichtsturm ziert.

Die sagenumwobenen Steine vom Mummelsee

Ich folge den beim Mummelsee beginnenden roten Punkten des Hornisgrinde-Rundwegs und stoße auf einen alten Zaun, hinter dessen geneigten Betonpfählen sich verrottete Baracken zeigen. Weite Teile des Berges sind militärisches Sperrgebiet, und so kehre ich um und beobachte auf dem Rückweg zwei Jungen, die Steine in den See werfen. Eigentlich kein gutes Zeichen, denn der Sage nach soll, nachdem jemand einen Stein in die Fluten geworfen hat, alsbald ein grausiges Unwetter losbrechen.

Ich beeile mich deshalb, abwärts nach Ruhestein zu kommen, und suche dort vergeblich die große Buntsteinplatte, auf der einst die vom Seebachtal oder von Baiersbronn heraufkommenden Wanderer ihre Lasten abgestellt haben sollen – sie fiel den Bauarbeiten der Straße zum Opfer. Dafür verlasse ich hier die Schwarzwald-Hochstraße und wähle den Umweg hinüber zur Klosterruine Allerheiligen, einem der schönsten und malerischsten Ausflugsziele

Die kleineren Brücken sind im Schwarzwald meist aus Holz, denn an diesem Baustoff besteht wahrlich kein Mangel.

Streckenbeschreibung

STRECKENVERLAUF	Baden-Baden – Lichtental – Abzweigung Ruhestein – Oppenau – Bad Peterstal – Kniebis – Freudenstadt
STRECKENLÄNGE	90 km
AUSGANGS- UND ENDPUNKT	Baden-Baden (183 m) Freudenstadt (700 m)
ANFAHRT ZUM AUSGANGSPUNKT	Autobahn Karlsruhe-Basel A 5, Ausfahrt Baden-Baden
SERVICESTELLEN	Baden-Baden: Kawasaki, Yamaha, BMW; Freudenstadt: Honda; Yamaha, Suzuki, u. a.
ÜBERNACHTUNG	Freudenstadt: Hotel Bären
CAMPINGPLATZ	Freudenstadt
STRECKENSPERRUNG	Im Kurbereich von Freudenstadt besteht zwischen 22.00 und 6.00 Uhr ganzjährig Nachtfahrverbot. Auf der B 500 zwischen Baden-Baden und Freudenstadt ist die Geschwindigkeit überwiegend auf 70 km/h begrenzt.
KARTE	Die Generalkarte 1:200.000, Blatt 6
SEHENSWÜRDIGKEITEN	**Baden-Baden:** Römische Badruinen unter dem Römerplatz, Friedrichshaus, Trinkhalle neben dem Kurhaus, Neues Schloss, Caracalla-Therme, Spielkasino **Oppenau:** Heimatmuseum mit Rathaus; Klosterruine Allerheiligen mit Wasserfällen, ca. 12 km südlich **Freudenstadt:** Fichtennadel-Bewegungsbad, evangelische Stadtkirche am Marktplatz, Friedrichsturm am Kienberg

im Nordschwarzwald. Nicht weit unterhalb der Klostermauern stürzen die Lierbachwasserfälle in sieben, teilweise bis zu 100 Meter hohen Kaskaden zu Tal. Den Weg dorthin spare ich mir jedoch.

Über Oppenau und Bad Peterstal gelange ich bei der Alexanderschanze, die 1743 durch den Reichsmarschall Herzog Alexander von Württemberg errichtet wurde, wieder auf die Schwarzwald-Hochstraße. Durch die hübsche Ortschaft Kniebis mit Ruinen eines alten Klosters aus dem 13. Jahrhundert ist es nicht mehr weit bis Freudenstadt. Dort bedauere ich zum ersten Mal, kein Kapuzinermönch zu sein, denn einer alten Geschichte nach haben alle Kapuziner bis zum heutigen Tag hier freie Unterkunft und Verpflegung, weil ein Schweizer Kapuziner im Dreißigjährigen Krieg die Stadt vor Plünderern gerettet haben soll. Aber wer weiß, wahrscheinlich stimmt diese Geschichte genauso wenig wie die Sage mit den Unwetter bringenden Steinen vom Mummelsee.

Spezialtipp: Auf den Spuren Dostojewskis

Jackett und Krawatte sind für Herren vorgeschrieben, wenn man in der ältesten und größten Spielbank der Welt sein Geld vermehren möchte. Leider bleibt es oftmals beim Wunsch, und es ergeht einem eher wie Dostojewski, Autor des Weltromans »Der Spieler«, der hier nur verloren hat. Wer nicht aktiv bei Roulette, Baccara, Black Jack oder Poker mitmischen möchte, kann die repräsentativen Räumlichkeiten auch nur besichtigen. Spielbetrieb ist täglich von 14.00 bis 2.00 Uhr. Führungen finden von April bis September täglich von 9.30 bis 12.00 Uhr und von Oktober bis März 10.00 bis 12.00 Uhr statt.

4

In der Schwäbischen Alb

Burgen, Schlösser und Höhlen der Alb

Wo fährst du hin? In die Schwäbischen Alpen? Nein, in die Schwäbische Alb. Ach so, in die Schwäbische Alp. Nein, Alb. So oder ähnlich spielt es sich immer wieder ab, wenn ich Freunden von einem Tourenvorschlag in die Schwäbische Alb erzähle. Dabei muss ich der Ehrenrettung halber aber sagen, dass uns im Südosten Deutschlands die Alpen freilich näher und wesentlich vertrauter sind als die Alb, dieser Mittelgebirgszug aus Jurakalken, der sich vom Südostrand des Schwarzwaldes in einem gut 200 Kilometer langen Bogen, meist an der Donau entlang, bis zum Nördlinger Ries hinzieht.

Dabei hat die Alb ein erstaunlich vielfältiges Landschaftsbild zu bieten, das von fruchtbaren Wiesen über Hochflächen, auf denen sich Bergwälder mit Heideflächen und Bergweiden abwechseln, reicht. Dazwischen liegen Flusstäler, die mit lichten Buchenwäldern bedeckt sind und zu denen helle Felsnadeln einen Kontrast bilden, ohne dabei schroff oder gar abweisend zu wirken.Dazu gibt es malerische Fachwerkstädtchen, Burgen, Schlösser und Ruinen sowie zahlreiche Klöster und Kirchen, die zu den Höhepunkten sakraler Kunst gezählt werden. Und wer lieber in die Unterwelt abtauchen will, dem bieten einige der bekanntesten und interessantesten Tropfsteinhöhlen dazu Gelegenheit. Habe ich bei dieser Aufzählung etwas vergessen? Ach ja, für Motorradfahrer gibt es Kurven, Kurven und nochmals Kurven.

Ich habe in Tuttlingen übernachtet, und als ich am nächsten Morgen den Tankrucksack befestige, blicke ich immer wieder zur Burgruine auf dem Honberg hoch. Der Sage nach sollen in den Kellergewölben der Burg kostbare Schätze vergraben sein. Da auf solche Angaben in der Praxis nicht allzu viel Verlass ist, verzichte ich darauf, mit Pickel und Spaten dort hochzuwandern, drücke lieber den Anlasserknopf und folge der hier noch ruhig und gemächlich dahinfließenden Donau in Richtung Fridingen.

Schon wechselt das Landschaftsbild – es tauchen die ersten Kalkfelsen auf, vor mir liegt nun der »Naturpark Obere Donau«, dessen naturbelassene Landschaft zu einem wildromantischen Ausflugsgebiet für Kletterer, Kanusportler, Wanderer, Radfahrer und Motorradfahrer geworden ist, deren schönster Teil allerdings noch etwas später zwischen Kloster Beuron und Sigmaringen folgen soll.

»Ora et labora« im Kloster Beuron

Obwohl Kloster Beuron, einst ein Ort der Stille und Meditation, längst zu einem der berühmtesten Kloster- und Wallfahrtsorte Süddeutschlands geworden ist, lasse ich mir einen kurzen Besuch nicht entgehen. Wie in alten Zeiten leben die Mönche dort weiter nach den strengen Regeln des Urvaters ihres Ordens, des heiligen Benedikt, der um 480 im umbrischen Norica geboren wurde. »Ora et labora«, »bete und arbeite«, das ist der oberste Grundsatz der »Regula Benedict«, der für alle Benediktinermönche neben persönlicher Armut, Keuschheit und Ehelosigkeit verbindlich ist. Obwohl der Tag für die Ordensleute um 5.00 Uhr mit dem Morgenoffizium beginnt, dem das Konventamt um 11.15 Uhr, die Vesper um 18.00 Uhr und das Komplet um 19.45 Uhr folgen, findet die Lebensweise der Mönche gerade in unserer schnelllebigen hektischen und

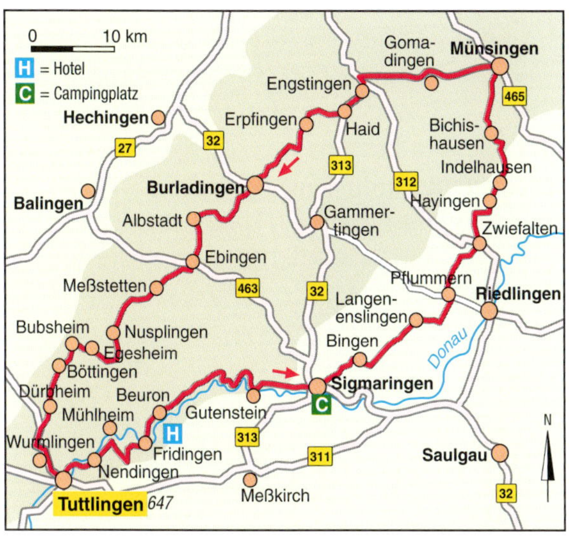

Ob der heilige Nepomuk, hier auf einer Brücke im Donautal, wohl auch Motorradfahrern beisteht?

von Konsumdenken geprägten Zeit erstaunlich viele Anhänger.

Um die Würde des Ortes so wenig wie möglich zu stören, rolle ich fast mit Standgas davon, aber schon sehr bald überwiegt wieder die Freude am Fahren und an der einmalig schönen Landschaft, die mich umgibt. Hoch über mir, auf einem schroffen Felsen, erkenne ich Burg Wildenstein, einen Inbegriff deutscher Ritterburgenromantik. Wenig später passiere ich dann Burg Werenwag auf der linken Talseite. Deren Geschichte lässt bis ins 12. Jahrhundert zurückverfolgen. Bei Gutenstein ragt das Schloss des ehemaligen Reichsgrafen Franz Ludwig von Castell über den Ort hinaus, während die Ruine von Burg Dietfurth – eher etwas ungewöhnlich für die Gegend – nicht auf hoch aufragenden Felsen, sondern unten im Tal gebaut wurde.

In Sigmaringen verlasse ich das Durchbruchstal der Donau und fahre nun wieder über freie Landschaft nach Zwiefalten, dessen Klosterkirche weit über den deutschsprachigen Raum hinaus als absolutes Schaustück barocker Baukunst gilt. Beeindruckend ist die Westfassade mit ihren drei Eingangsportalen, über denen sich rahmende Pilastersäulen zu Vollsäulen auswachsen. Großartig dann das Innere, dessen kalkweiße Wandpfeiler und ebensolches Gebälk in wirkungsvollem Kontrast zur Farbe der Deckenfresken und zu den Säulenornamenten stehen.

Linke Seite: An Riedlingen mit seinen alten Fachwerkhäusern scheinen die Jahrhunderte spurlos vorübergegangen zu sein.

Während dieses Bauwerk von Menschenhand erschaffen wurde, ist das nächste, das ich besuche, ein Werk der Natur: die Friedrichs- oder auch Wimsener Höhle vor Hayingen. Es ist die einzige Höhle der Schwäbischen Alb, die mit einem Boot befahren werden kann. Immerhin vier Meter tief ist das Wasser, und so halte ich mich gut fest, um nicht etwa ein unfreiwilliges Bad nehmen zu müssen.

Attraktion Bärenhöhle

Endlich wieder festen Boden unter den Füßen, genieße ich anschließend die Fahrt durch eines der schönsten Flusstäler der Alb, das Tal der Großen Lauter hinauf nach Münsingen. Obwohl ich heute schon in die Unterwelt abgetaucht bin, möchte ich die Bärenhöhle bei Erpfingen besuchen. Die Bärenhöhle ist eine der größten Attraktionen in der Schwäbischen Alb. Ich bestaune dort nicht nur die bizarren Tropfsteingebilde, sondern auch die uralten Bärenknochen, die heute noch so dort liegen wie vor Zehntausenden von Jahren.

Dann sind für mich die kurvenreichen Sträßchen in der »Hinteren Alb« angesagt. Das Schönste ist, dass die Wegfindung hier problemlos ist. Ich halte mich einfach an die Tafeln mit der Silberdistel auf blaugrünem Grund. Sie markieren den westlichen Teil der Schwäbischen Albstraße und enden in Spaichingen. Von dort ist es nur noch ein kurzes Stück nach Tuttlingen.

Die Klosterkirche der Benediktinerabtei Zwiefalten gilt als Paradebeispiel barocker Baukunst im deutsch-sprachigen Raum.

Streckenbeschreibung

STRECKENVERLAUF	Tuttlingen – Nendingen – Fridingen – Beuron – Gutenstein – Sigmaringen – Bingen – Langenenslingen – Riedlingen – Pflummern – Zwiefalten – Hayingen – Indelhausen – Bichishausen – Münsingen – Gomadingen – Engstingen – Haid – Erpfingen – Burladingen – Nusplingen – Egesheim – Bubsheim – Böttingen – Dürbheim – Wurmlingen – Tuttlingen
STRECKENLÄNGE	232 km
AUSGANGS- UND ENDPUNKT	Tuttlingen (647 m)
ANFAHRT ZUM AUSGANGSPUNKT	Autobahn Konstanz–Stuttgart A 81, Ausfahrt Geisingen
SERVICESTELLEN	Tuttlingen: Honda, Kawasaki, Yamaha, Harley-Davidson; Sigmaringen: KTM
ÜBERNACHTUNG	Fridingen: Hotel Burghaus Knopfmacher
CAMPINGPLATZ	Sigmaringen
Treff	Tuttlingen/Windegg-Wittloh: (zwischen Emmingen und Hattingen): Samstag und Sonntag ab 16.30 Uhr Italiener- und Klassikertreff
KARTE	Die Generalkarte 1:200.000, Blatt 6
SEHENSWÜRDIGKEITEN	**Tuttlingen:** Heimatmuseum, Ruine Honberg
	Mühlheim: Schloss Mühlheim
	Fridingen: Ifflinger Schloss, Scharfeck am Oberen Tor, St.-Anna-Kapelle, Donauversickerung
	Beuron: Kloster mit Klosterkirche
	Sigmaringen: Pfarrkirche St. Johann, Schloss Sigmaringen mit Kunst- und Waffensammlung, Marstallmuseum
	Riedlingen: Pfarrkirche St. Georg
	Zwiefalten: Klosterkirche der Benediktinerabtei
	Münsingen: Altes Schloss mit Heimatmuseum, Rathaus, Martinskirche
	Engstingen: Automobilmuseum Siegfried Stotz in Großengstingen
	Erpfingen: Sommerbobbahn in Sonnenbühl-Erpfingen

Spezialtipp: Mit dem Boot ins Innere der Schwäbischen Alb

Eine der touristischen Attraktionen der Alb ist die Wimsener Höhle, auch Friedrichshöhle genannt, etwa drei Kilometer nördlich von Zwiefalten bei Wimsen.

Der Name Friedrichshöhle geht auf einen Besuch des Kurfürsten Friedrich zurück. Sie ist die einzige Höhle der Schwäbischen Alb, die mit einem Boot befahren werden kann. Das Wasser in der Höhle ist so klar, dass man bis auf den Grund sehen kann, der immerhin vier Meter tief ist. 77 Meter lang ist die Höhle und manche sagen, dass sie mit ihrem klaren, blau schimmernden Wasser an die zweifellos noch wesentlich bekanntere »Blaue Grotte« von Capri erinnert.

5

Entlang der Donau, 1. Abschnitt

Durch den Naturpark Obere Donau ins schwäbische Ulm

2860 Kilometer misst die Donau von ihrer Quelle bei Donaueschingen bis zur Mündung ins Schwarze Meer und ist damit gleich nach der Wolga der zweitgrößte Strom Europas. An die 650 Kilometer legt sie dabei auf deutschem Boden zurück, bevor sie hinter Passau ins öster-reichische Innviertel überwechselt. Was aber ist es, das uns veranlassen sollte, dem Lauf dieses Flusses zu folgen, der als Einziger der großen Flüsse Deutschland nicht von Süd nach Nord durchquert, sondern das Land in seiner Breite, von West nach Ost, durchzieht?

Nun, der Reiz liegt darin, dass sich hier einige einzigartige, mit zu den schönsten Deutschlands zählende Naturlandschaften erhalten haben, und sich die wechselvolle Geschichte in den Städten und Ortschaften, aber auch im Wesen der Menschen entlang der Strecke niedergeschlagen hat.
Vielleicht noch ein Hinweis, bevor Sie sich auf den Weg machen: Wer seine Befriedigung ausschließlich darin empfindet, Fahrspaß zu haben und dessen Glück sich in engen Kurvenradien und großen Schräglagen ausdrückt, wird bei dieser Tour nicht immer auf seine Kosten kommen. Wer aber einfach die Landschaft genießt und die Muße hat, auch einmal vor den unzähligen Sehenswürdigkeiten anzuhalten, der wird hier sich hier wohl fühlen.
Mein Ausgangspunkt ist die Kreisstadt Donaueschingen, die ganz im Zeichen der Fürstenberger zu stehen scheint. Augenfällig vor allem an den Werbetafeln der Brauerei Fürstenberg, die mir fast überall in die Augen springen. Die kunsthistorischen Sehenswürdigkeiten, welche die Stadt dem Fürstengeschlecht zu verdanken hat, muss ich dagegen suchen. Die Kunstsammlung in der Haldenstraße 5 etwa, mit einer Abschrift des Nibelungenliedes oder die Fürstlich Fürstenbergischen Sammlungen im Karlsbau am Karlsplatz 7 mit einer eindrucksvollen Gemäldegalerie, unter anderem mit Arbeiten von Lucas von Cranach und Hans Holbein dem Älteren.

Wer es mit der Kultur am Anfang nicht gleich übertreiben will, sollte trotzdem auf jeden Fall den Schlosspark aufsuchen. Er liegt in unmittelbarer Nähe der Stadtkirche St. Johannes Baptista (1724–1747), deren markante Zwiebelkuppeln mit den grün patinierten Hauben die Altstadt beherrschen, und des Schlosses Fürstenberg, dessen Fassade eine einigermaßen befriedigende Kopie französischer Barockschlösser des späten 19. Jahrhunderts an der Loire oder bei Paris ist.

Gleich neben dem Schloss befindet sich die »Donauquelle« – eine von einem Steinrondell eingefasste Marmorgruppe, welche die Mutter Baar darstellt, die ihrer jungen Tochter Donau mit Kind den Weg nach Osten weist – benannt nach der Landschaft, in der wir uns befinden.

Die Fassade des Scharfecks am Oberen Tor in Fridingen ist mit heimatlichen Motiven und volkstümlichen Sinnsprüchen des Malers Xaver Bucher versehen.

»Naturspektakel« Donauversinkung

Auch ich fahre nach Osten, um bei Geisingen, einem alten Marktstädtchen mit reizenden Winkeln und sorgfältig instand gehaltenen historischen Brunnen in das Hegau einzufahren, einer tektonisch entstandenen Senke am Südrand der Südwestalb, die ihren Reiz durch zwei Reihen von Vulkanruinen erhält, die vom Schriftsteller Ludwig Finkh als des »Herrgotts Kegelspiel« bezeichnet wird. Ich halte aber erst wieder in Immendingen, wo ich der Beschilderung »Donauversinkung« gefolgt bin und ein ganz besonderes Naturschauspiel erleben will. In dem stark verkarsteten und durchlöcherten Kalkgestein des Jura soll das Wasser der Donau nämlich versickern und an mehr als 300 Tagen im Jahr ein trockenes Bachbett hinterlassen. Nur der Vollständigkeit halber sei gesagt, dass ich auch nach einem etwa drei Kilometer langen Fußmarsch entlang der Versinkungsstelle keinerlei Verschwinden des Wassers feststellen konnte.

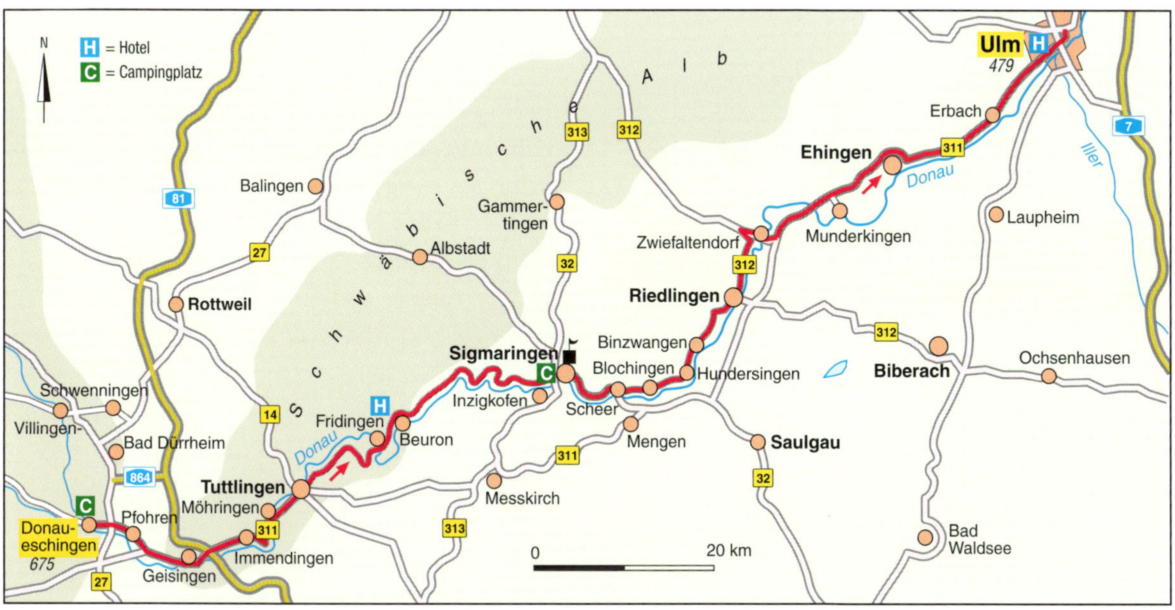

Linke Seite: Gewaltig und doch filigran anmutend ragen die Türme des Ulmer Münsters aus dem Stadtbild empor.

Müde von der Wanderung suche ich in Fridingen das Scharfeck. Wer eine Haarnadelkurve oder, wie der Name vielleicht auch vermuten lassen könnte, ein anrüchiges Etablissement erwartet hat, wird enttäuscht. Es ist eines der ältesten Fachwerkhäuser des Ortes mit sehenswerten Fassadenmalereien außen und einer der ältesten Gastwirtschaften Fridingens im Inneren.

Schlösser und Burgen

Gestärkt fahre ich in den Naturpark Obere Donau ein, ein landschaftlich einmaliges, wildromantisches Durchbruchstal durch die Felsen des Jura, das zu den landschaftlich schönsten Abschnitten entlang der Donau gehört und in dem die Sehenswürdigkeiten in einer solchen Vielzahl aufeinander folgen, dass man kaum mit deren Beschreibung nachkommt: Kloster Beuron liegt hier oder die Burg Wildenstein, Schloss Werenwag ist hoch über dem linken Flussufer zu erkennen, und bei Hausen nimmt die St.-Georgs-Kapelle das Attribut, die kleinste dreischiffige Basilika nördlich der Alpen zu sein, für sich in Anspruch.

Schloss Gutenstein, Burg Dietfurth, Kloster Inzigkofen sowie Schloss Sigmaringen sind weitere Glanzpunkte, und wem das noch nicht genügt, der kann noch einen zehn Kilometer langen Abstecher zur Benediktinerabtei Zwiefalten unternehmen. Mein Bedarf an architektonischen Genüssen ist für heute aber erst einmal gedeckt, und ich werfe noch einen kurzen Blick auf

Der Naturpark Obere Donau, hier bei Beuron, wo die Donau die Felsen des Jura durchbricht, zählt zu den schönsten Abschnitten entlang der gesamten Donau.

Streckenbeschreibung

STRECKENVERLAUF	Donaueschingen – Pfohren – Zimmern – Immendingen – Möhringen – Tuttlingen – Fridingen – Beuron – Inzigkofen – Sigmaringen – Scheer – Blochingen – Hundersingen – Binzwangen – Altheim – Riedlingen – Daugendorf – Zwiefaltendorf – Munderkingen – Ehingen – Erbach – Ulm
STRECKENLÄNGE	216 km
AUSGANGS- UND ENDPUNKT Ulm (479 m)	Donaueschingen (675 m)
Anfahrt Zum AUSGANGSPUNKT nach Donaueschingen	Autobahn Stuttgart–Konstanz A 81, Ausfahrt Autobahndreieck Bad Dürnheim und auf der A 864
SERVICESTELLEN	Tuttlingen: Honda, Kawasaki, Yamaha, Harley-Davidson; Sigmaringen: KTM; Ulm: Honda
ÜBERNACHTUNGEN	Fridingen: Hotel Berghaus Knopfmacher; Ulm: Intercity Hotel Ulm; Neu-Ulm: Hotel Tannenkeller
CAMPINGPLÄTZE	Donaueschingen; Sigmaringen
TREFFS	Tuttlingen/Windegg-Wittloh: (zwischen Emmingen und Hattingen): Samstag und Sonntag ab 16.30 Uhr Italiener- und Klassikertreff; Ulm: CVJM Ulm, an der evangelischen Pauluskirche, jeden Mittwoch ab 19.00 Uhr
KARTE	Die Generalkarte 1:200.000, Blatt 6
SEHENSWÜRDIGKEITEN	**Donaueschingen:** Donauquelle im Schlosspark, Fürstlich Fürstenbergisches Schloss, Stadtkirche St. Johannes Baptista, Fürstlich Fürstenbergische Sammlungen mit Gemäldegalerie, Bibliothek im Karlsbau
	Immendingen: Donauversinkung
	Tuttlingen: Heimatmuseum, Ruine Honberg
	Fridingen: Ifflinger Schloss, Scharfeck am Oberen Tor
	Beuron: Klosterkirche des Augustinerchorherrenstifts
	Sigmaringen: Schloss mit Kunstsammlung und Marstallmuseum mit Kutschen, Jagd- und Galawagen
	Zwiefalten: Klosterkirche der Benediktinerabtei
	Ulm: Ulmer Münster mit Turmbesteigung, Rathaus, Schwörhaus, Fischerviertel

die auffälligen Doppeltürme des ehemaligen Prämonstratenserklosters Obermarchtal, bevor ich mir in Ulm ein Nachtquartier suche.

Tipp: Der höchste Kirchturm der Erde

Bei klarer Sicht sollten Sie eine Besteigung des Ulmer Münsters unternehmen. Mit 161,6 Metern ist das Ulmer Münster der höchste Kirchturm der Erde. Zum Helmkranz in 143 Metern Höhe führen genau 768 Stufen. Von dort oben bietet sich eine atemberaubende Fernsicht bis zu den Alpen. Aber auch das Innere des Münsters ist sehenswert, vor allem die spätgotische Kanzel und das wundervoll geschnitzte Chorgestühl.

6

Entlang der Donau, 2. Abschnitt

Durch Donaumoos und Donauried ins oberbayerische Ingolstadt

Unübersehbar ist mit dem Verlassen der Schwäbischen Alb ein Wechsel in der Landschaft eingetreten. Die Donau ist nun in eine breite Ebene eingetreten, die sich von Ulm bis weit hinunter nach Ingolstadt und sogar noch darüber hinaus zieht. Hier bestimmten einstmals riesige Auwälder und Flachmoore das Landschaftsbild, welche aber durch umfangreiche Kultivierungs- und Entwässerungsarbeiten seit dem 18. Jahrhundert in fruchtbares Acker- und Weideland umgewandelt wurden. Nur noch an wenigen Stellen, etwa im Donaumoos östlich von Ulm oder im Donauried, südlich von Donauwörth, werden wir noch auf Reste dieser ehemals urwaldähnlichen Landschaft treffen.

Der Reiz dieses Abschnitts liegt demzufolge auch weniger in der Landschaft als vielmehr in den Städten und Städtchen, die trotz moderner Neubauten und zunehmendem Verkehr ihre Geschichte bewahrt haben und deren Stadtbild uns teilweise um Jahrhunderte zurückversetzen.

Die Universitätsstadt Ulm empfängt mich vorerst aber noch wie jede andere größere Stadt mit einem dichter und dichter werdenden Verkehrsstrom, der mich durch einen reizlosen Industriegürtel in Richtung Innenstadt spült. Dort bin ich versucht, die Hektik und Enge der Stadt gleich wieder zu verlassen, aber dann hätte ich doch einiges versäumt. Das Ulmer Münster etwa, dessen filigran aus dem Häusermeer der Stadtmitte aufragender Kirchturm nicht zu übersehen ist. 161,6 Meter misst er und ist damit noch vor den Kölner Domtürmen mit »nur« 157 Metern der höchste Kirchturm der Erde. Wie hoch 161,6 Metern sein können, weiß man erst wirklich, wenn man wie ich die 768 Stufen von der Turmvorhalle hinauf zum Helmkranz zu Fuß bewältigt hat. Hier schwört man jeder Zigarette und jedem Glas Wein in Zukunft ab und nimmt sich fest vor, ab jetzt regelmäßig Waldläufe zu machen, bevor man diese guten Vorsätze oben am Helmkranz in 143 Metern Höhe, wo sich bei klarer Sicht eine beeindruckende Fernsicht bis zu den Alpen eröffnet, schnell wieder vergisst.

Wohlbehalten wieder festen Boden unter den Füßen bewundere ich noch die prachtvollen Wandmalereien aus dem 16. Jahrhundert an der Fassade des Ulmer Rathauses, in dessen Inneren eine Nachbildung des Fluggerätes bestaunt werden kann, mit dem Albrecht Ludwig Berblinger, besser bekannt als Schneider von Ulm, 1811 vergeblich versuchte, die Donau zu überfliegen.

Der »Salon du bon Dieu« in Oberelchingen

Da nimmt sich meine Maschine schon wesentlich moderner aus und ich habe auch keinerlei Problem, die Stadt nun in Richtung Elchingen zu verlassen. Bald liegt der Verkehr hinter mir und freies Land vor mir, und auf einem Hügel etwas oberhalb der Straße erkenne ich die Klosterkirche von Oberelchingen, deren bedeutendster Besucher Kaiser Napoleon gewesen sein soll, der beim Betreten im Jahre 1805 den Ausspruch »Salon du bon Dieu« (Salon des Lieben Gottes) getan haben soll, bevor er sich wieder weltlicherer Beschäftigung zuwandte und in der Schlacht von Oberelchingen das österreichische Heer vernichtete. Auch ich komme an Oberelchingen vorbei, erkenne auf der Weiterfahrt nach Leipheim und Günzburg noch Reste des Donauwaldes, der hier einstmals die ganze Landschaft bedeckte, bevor mir hinter Offingen die Kühltürme und Schlote des Atomkraftwerkes Gundremmingen ins Auge fallen, das hier 1966 seinen Betrieb aufnahm und als erstes kommerziell genutztes Kernkraftwerk der Bundesrepublik gilt. Die Türme, die das Stadtbild von Lauingen beherrschen, das ich etwas reizlos über die B 16 erreiche, sind allerdings noch viel älter, so stammt etwa der 53 Meter hohe Stadtturm, auch Hof- oder Schimmelturm genannt, aus dem Jahre 1478. Er beherrscht den rechteckigen Marktplatz mit dem Albertus-Magnus-Denkmal, das an den vielseitigsten Gelehrten des 13. Jahrhunderts (1193–1280) erinnert.

Nicht überall entlang der Donau sind die Landstraßen so ruhig und verkehrsarm wie auf diesem Bild.

Linke Seite: Das mächtige vierflügelige Schloss mit barockem Osttrakt und runden Flankentürmen beherrscht das Stadtbild von Neuburg an der Donau.

Fahrspaß durch idyllische Dörfer

Bis Höchstädt bleibe ich auf der Bundesstraße, bevor ich am Ortsende die Abzweigung nach Sonderheim nehme und ins Donauried abbiege.

Verkehrsarme Straßen durch dörfliche Gemeinden bringen nun zwar wieder Fahrspaß, erfordern aber hin und wieder auch einige Blicke auf die Karte, um sich auf den hauptsächlich landwirtschaftlich genutzten Wegen überhaupt zurechtfinden zu können.

In Donauwörth kann ich die Karte wieder wegpacken und fahre langsam und staunend die Reichsstraße mit ihren schmucken Giebelhäusern entlang. War die Streckencharakteristik bisher völlig flach, erwarten mich hinter Altisheim nun unvermittelt einige Anstiege. Es sind die Ausläufer der Fränkischen Alb, die hier bis an die Donau reichen und für ein leicht hügeliges Streckenprofil sorgen. In Leitheim halte ich deshalb kurz beim Schloss an und genieße eine recht weit reichende Aussicht über die Donauniederungen. Über Neuburg rolle ich nun langsam Ingolstadt entgegen, um hier den zweiten Abschnitt meiner Donautour zu beenden.

Spezialtipp: Zur schönsten Straße Deutschlands

Auch wer sonst mit der Besichtigung alter Häuser eher wenig im Sinn hat, in Donaueschingen sollte er auf jeden Fall eine Ausnahme machen. Die Reichs-

Die gotische Pfarrkirche Unserer Lieben Frau in Donauwörth wurde von 1444–1467 erbaut, im 2.Weltkrieg zerstört, aber wieder aufgebaut. Der Turm kann an Samstagen, Sonn- und Feiertagen um 13.30 Uhr bestiegen werden.

Streckenbeschreibung

STRECKENVERLAUF	Ulm – Thalfingen – Elchingen – Weißingen – Riedheim – Leipheim – Günzburg – Offingen – Gundelfingen – Lauingen – Dillingen – Höchstädt – Sonderheim – Blindheim – Gremheim – Böldleschwaige – Rettingen – Zusum – Donauwörth – Zirgesheim – Leitheim – Marxheim – Bertoldsheim – Hatzenhofen – Rennertshofen – Bittenbrunn – Neuburg/Donau – Bergheim – Ingolstadt
STRECKENLÄNGE	146 km
AUSGANGS- UND ENDPUNKT	Ulm (479 m) Ingolstadt (365 m)
ANFAHRT ZUM AUSGANGSPUNKT	Anschluss Tour 5 oder Autobahn München–Stuttgart A 8, Ausfahrt Ulm
SERVICESTELLEN	Ulm: Honda; Günzburg: Honda, Yamaha, Triumph; Offingen: Suzuki; Lauingen: BMW; Ingolstadt: Moto Guzzi, Ducati, Cagiva, Aprilia u. a.
ÜBERNACHTUNGEN	Ulm: Intercity Hotel Ulm; Neu-Ulm: Hotel Sonnenkeller
CAMPINGPLÄTZE	Oberndorf/Egglstetten; Ingolstadt
TREFFS	Ulm: CVJM Ulm, an der evangelischen Pauluskirche, jeden Mittwoch ab 19.00 Uhr
STRECKENSPERRUNG	In Ingolstadt in der Theresienstraße besteht ganzjährig Nachtfahrverbot zwischen 20 und 6.00 Uhr.
KARTE	Die Generalkarte 1:200.000, Blatt 8
SEHENSWÜRDIGKEITEN	**Ulm:** Ulmer Münster mit Turmbesteigung, Rathaus, Schwörhaus, Fischerviertel
	Elchingen: Ehemalige Klosterkirche auf dem Elchinger Berg
	Leipheim: Gotische St.-Veits-Kirche, Schloss mit Waffen- und Uhrensammlung
	Günzburg: Rokokobauten am Marktplatz, Liebfrauenkirche, Markgräfisches Schloss mit Heimatmuseum
	Lauingen: Hof- oder Schimmelturm, Marktplatz mit Albertus-Magnus-Denkmal, Pfarrkirche St. Peter, Bischöfliches Schloss
	Donauwörth: Reichsstraße mit Giebelhäusern, Stadtpfarrkirche Maria Himmelfahrt, Klosterkirche Heiligenkreuz
	Neuburg/Donau: Schloss mit Schlosskapelle und Schlossmuseum, Karlsplatz mit Marien-Brunnen und ehemaliger Hofkirche
	Ingolstadt: Liebfrauenmünster, Neues Schloss mit Bayer. Armeemuseum, Bürgersaal Sta. Maria Victoria

straße mit ihren Giebelhäusern im Stil der Schwäbischen Donaustädte aus dem 16. bis 18. Jahrhundert gehört sicherlich zu den schönsten Straßen Deutschlands. Im Haus Nr. 34, dem »Tanzhaus«, ist das sehr sehenswerte Archäologische Museum untergebracht, am Westende der Straße steht das eindrucksvolle Fuggerhaus aus dem Jahre 1539. Der obere Teil der Straße wird vom mächtigen Turm der spätgotischen Stadtpfarrkiche Maria Himmelfahrt beherrscht.

7

Entlang der Donau, 3. Abschnitt

Vorbei an Klöstern, Kirchen und Ruhmeshallen zur österreichischen Grenze

Mit gut 240 Kilometern liegt mit dem letzten auch der längste Abschnitt der Donautour vor mir. Ein früher Aufbruch zur Tour ist deshalb ratsam, um wenigstens einige der fast zahllosen Sehenswürdigkeiten genießen zu können. Die Weltenburger Enge etwa, das Durchbruchstal der Donau zwischen Weltenburg und Kelheim, daneben das Kloster Weltenburg oder die Befreiungshalle über Kelheim. Später folgen weitere Klöster und Wallfahrtskirchen wie etwa Oberalteich, Loh bei Stephansposching, Metten und Niederaltaich, die von den bekanntesten Baumeistern und Künstlern ihrer Zeit geschaffen und ausgestattet wurden und uns zurück in das Zeitalter des Barock versetzen.

Wenig Zeit bleibt also für die Besichtigung von Ingolstadt, nach München immerhin die drittgrößte und industriereichste Stadt Oberbayerns. Das mächtige Liebfrauenmünster (Bauzeit: 1426–16. Jahrhundert) mit seinen charakteristischen über Eck gestellten, unvollendeten Westtürmen betrachte ich nur von außen. Im Neuen Schloss mit dem Bayerischen Armeemuseum begnüge ich mich mit einem Blick auf die alten Kanonen aus dem 16. und 17. Jahrhundert, die im Hof Wind und Wetter trotzen, bevor ich weiter in die Neubaugasse zum Bürgersaal Sta. Maria Victoria fahre. Ausgestattet von den Brüdern Asam schufen diese hier eines ihrer Meisterwerke, das in einem 30 mal 16 Meter messenden Deckenfresko gipfelt, in welchem ein Bogenschütze durch einen perspektivischen Trick in alle Richtungen zu zielen scheint.
Ihr nächstes Highlight setzten sie, gut 50 Kilometer entfernt, mit der Klosterkirche der Benediktinerabtei Weltenburg, deren Ausgestaltung im Stile des bayerischen Rokoko ein neues Kapitel der Weltkunst eröffnete. Wer könnte hier unbeeindruckt bleiben vom Hochaltar oder dem Deckengewölbe, wo durch raffiniert gestaltete Illusionstechnik die Grenzen zwischen Realem und Irrealem zu verschmelzen scheinen. Beeindruckend wäre auch die von hier ausgehende Schifffahrt durch die Welten-

burger Enge hinab nach Kelheim. Auf einer Länge von sechs Kilometern durchbricht der Strom hier den Fränkischen Jura, dessen fast 100 Meter hohe weiße, dicht bewaldete Felswände teilweise nur knapp 70 Meter auseinander stehen. Viele der skurrilen Felsformen, aus dem Wasser ragenden Felsblöcke oder durch Stromverwirbelung gebildeten Höhlen sind sagenumwoben und tragen volkstümliche Namen wie »Die drei Brüder«, »Bayerischer Löwe« oder »Peter und Paul«.

Die Weltenburger Enge vor Kelheim. Hier durchbricht die Donau den Fränkischen Jura.

Kurzes Sightseeing im sehenswerten Regensburg

Aus Zeitgründen muss ich leider die reizlosere Route über die Landstraße nach Kelheim vorziehen, und auch der Befreiungshalle schenke ich nur einen kurzen Blick. König Ludwig I. beauftragte zuerst den Baumeister Gärtner, dann nach dessen Tod Klenze mit der Errichtung dieses monumentalen 18-eckigen Baus, der an die Befreiungskriege 1813–1895 erinnern soll und am 18. Oktober 1842 eingeweiht wurde. Verkehrsarme Nebenstraßen lassen mich wieder meiner eigentlichen Hauptbeschäftigung, dem Motorradfahren nachgehen, bevor ich hinter Matting auf das Ortsschild von Regensburg stoße. Einige Kilometer sind es dann noch bis in die Altstadt, die sich aus dem 14. Jahrhundert beinahe vollständig erhalten hat. Einen ganzen Tag könnte man hier ohne Probleme mit Besichtigungen verbringen. Zu erwähnen sind nur der Dom Dom St. Peter mit seinen 105 Meter hohen Turmhelmen aus dem 13. Jahrhundert, die in ganzen Straßenzügen fast lückenlos aneinander gereihten Patrizierhäuser oder die Steinerne Brücke (1135–1146), die zu den größten technischen Leistungen des Mittelalters zählt und von der man einen besonders schönen Blick auf das Altstadtbild hat.

Stadtbesichtigungen befriedigen zwar den Wissensdurst, machen andererseits aber auch hungrig, und so stärke ich mich in einer der zahlreichen Gaststätten direkt am Donauufer mit einer kräftigen Brotzeit, bevor ich die Stadt über den Ortsteil Schwabelweis verlasse.

Linke Seite: Einen besonders schönen Blick auf die Regensburger Altstadt hat man von der Steinernen Brücke.

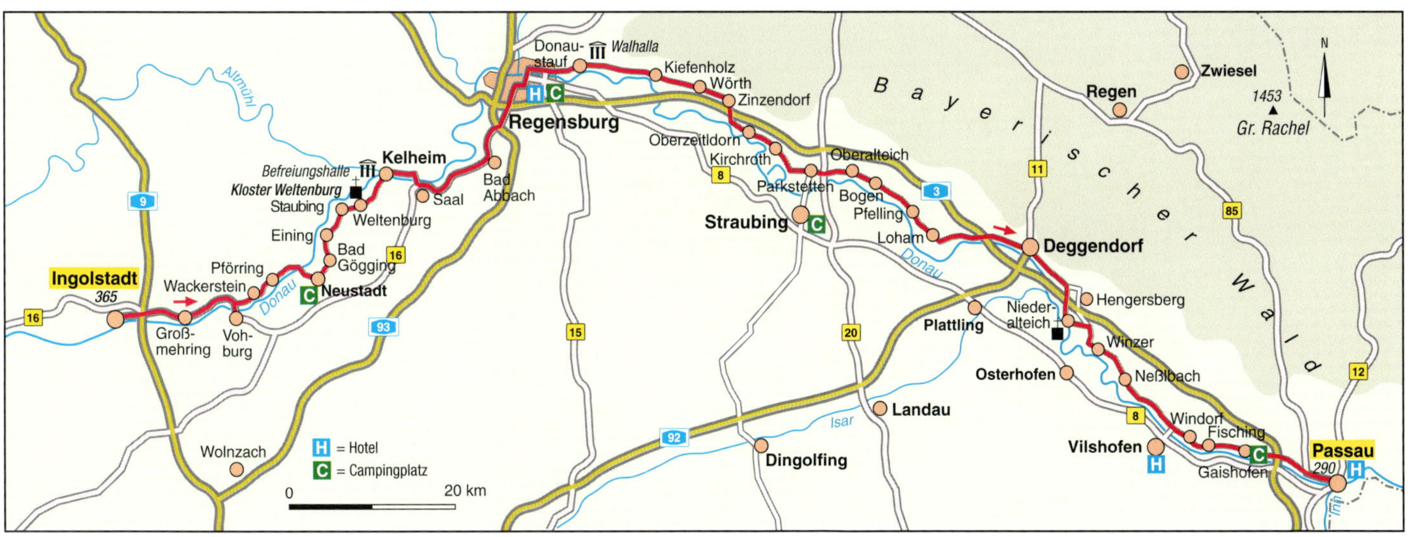

Durch die Kornkammer Bayerns bis nach Passau

Einen Teil der zugeführten Kalorien arbeite ich wieder ab, indem ich die 358 Marmorstufen zur Walhalla hochsteige, die sich hinter Donaustauf über der linken Talseite erhebt. Bei der Walhalla handelt es sich um eine Nachbildung des Parthenons, des Tempels der Göttin Athene, auf der Akropolis zu Athen. König Ludwig I. und Klenze zeichnen auch hier wieder verantwortlich für diesen Ehrentempel mit seinen beeindruckenden 52 bis zu 20 Meter hohen Marmorsäulen, in denen Büsten und Erinnerungstafeln von über 150 berühmten Männern und Frauen der deutschen Geschichte ausgestellt sind. Die Frauenquote ist allerdings bislang nicht sehr hoch …

Zwei Pflichtstopps zur Besichtigung von Sehenswürdigkeiten, diesmal aber ohne anstrengendes Treppensteigen, sind noch einzuplanen: die Benediktinerabteien von Metten und Niederaltaich, die zusammen mit dem Kloster Weltenburg darum konkurrieren, das älteste Benediktinerkloster Bayerns zu sein.

Durch die fruchtbare Gäubodenebene, auch »Kornkammer Bayerns« genannt, geht es nun bis Passau, wo ich meine Maschine direkt an der Schifffahrtsanlegestelle beim Rathausplatz parke. Der Fluss selbst ist auf dieser langen Reise eindeutig zu kurz gekommen, und so lasse ich es mir nicht nehmen, mich mit einer Dreiflüsserundfahrt gebührend von der Donau zu verabschieden.

Die St.-Michaels-Kirche in Passau ist an ihrer breit gelagerten Barockfassade und der Doppelturmfront mit ihren weiß auf rosa abgesetzten Gliederungen zu erkennen.

Streckenbeschreibung

STRECKENVERLAUF	Ingolstadt – Großmehring – Vohburg – Oberdünzing – Wackerstein – Pförring – Neustadt/Donau – Bad Gögging – Eining – Staubing – Weltenburg – Kelheim – Untersaal – Bad Abbach – Regensburg – Donaustauf – Frengkofen – Kiefenholz – Wörth – Zinzendorf – Oberzeitldorn – Kirchroth – Fischerdorf – Unterparkstetten – Oberalteich – Bogen – Anning – Pfelling – Loham – Deggendorf – Nieder alteich – Bergham – Winzer – Neßlbach – Vilshofen – Windorf – Fisching – Gaishofen – Passau
STRECKENLÄNGE	241 km
AUSGANGS- UND ENDPUNKT	Ingolstadt (365 m) Passau (290 m)
ANFAHRT ZUM AUSGANGSPUNKT	Anschluss Tour 6 oder Autobahn München–Nürnberg A 9, Ausfahrt Ingolstadt
SERVICESTELLEN	Ingolstadt: Moto Guzzi, Ducati, Cagiva, Aprilia u. a.; Vohburg: Kawasaki; Neustadt/Donau: Yamaha, KTM, Suzuki; Saal: Kawasaki, Yamaha; Regensburg: Ducati, Laverda; Straubing: alle Fabrikate; Deggendorf: Aprilia, Suzuki, Honda, KTM; Hengersberg: Kawasaki
ÜBERNACHTUNGEN	Regensburg: Hotel Götzfried; Vilshofen: Albersdorfer Hof; Passau: Hotel am Jesuitenschlössl
CAMPINGPLÄTZE	Neustadt/Donau; Regensburg; Straubing; Irring/Tiefenbach
TREFF	Deggendorf: Gaststätte Wegmacherkurve; Chopper- und Klassikerstammtisch im Gasthaus Bayerwald jeden Freitag ab 20.00 Uhr
STRECKENSPERRUNG	In Ingolstadt in der Theresienstraße besteht ganzjährig Nachtfahrverbot zwischen 20 und 6.00 Uhr.
KARTE	Die Generalkarte 1:200.000, Blatt 8
SEHENSWÜRDIGKEITEN	**Ingolstadt:** Liebfrauenmünster, Neues Schloss mit Armeemuseum, Bürgersaal Sta. Maria Victoria **Regensburg:** Dom St. Peter, Stadtmuseum im ehemaligen Minoritenkloster, Altes Rathaus, Steinerne Brücke, Schloss Donaustauf: Burgruine Donaustauf, Walhalla ca. 1,5 km nach Donaustauf **Wörth:** Schloss Wörth **Straubing:** Stadtturm, Marktplatz mit Dreifaltigkeitssäule, St.-Peters-Kirche mit Bauernkapelle, Agnes-Bernauer-Brücke **Bogen:** Wallfahrtskirche Heilig Kreuz und Mariä Heimsuchung **Metten:** Benediktinerkloster Metten, Klosterkirche St. Michael **Deggendorf:** Straßenmarkt mit Stadtturm, Rathaus mit Martinskapelle, Heilig-Grab-Kirche **Passau:** Dom St. Stephan, St.-Michaels-Kirche, Benediktinerinnenkloster Niedernburg, Rathaus

Spezialtipp: Wasserski gefällig?

Am Friedenhain-See nördlich von Straubing lockt eine der längsten Wasserski-Seilbahnen Deutschlands. Anfänger wie Fortgeschrittene können sich von einer kleinen Rampe aus an einem ununterbrochen laufenden Schleppseil auf eine 1200 Meter lange Umlaufbahn ziehen lassen. Wer gleich am Start ins Wasser fällt, wird mit dem »Lumpensammler« herausgefischt und kann einen neuen Versuch starten. Dabei wird mancher feststellen, dass Wasser wesentlich härter sein kann, als es aussieht. Bei Wind wird der Schleppbetrieb deshalb eingestellt.

8

Im Allgäu

Über die höchste und über die kurvenreichste Passstraße Deutschlands

Irgendwie beneide ich die Allgäuer im Allgemeinen und die Allgäuer Motorradfahrer im Besonderen um ihre Landschaft. Nicht, dass ich mich etwa beklagen müsste – vor den Toren Münchens gibt es eine Reihe von schönen Motorradstrecken, von denen mit dem Sudelfeld und dem Kesselberg nur zwei zu nennen wären –, aber das Allgäu hat schon seinen besonderen Reiz. Es ist vor allem der Kontrast zwischen reizvollen Seen, eingebettet in sanftes grünes Hügelland, einerseits und einer kraftvollen kantigen Hochgebirgswelt andererseits, denen es irgendwie gelingt, zu einer harmonischen Einheit zu verschmelzen, wie man sie sonst in keinem Gebiet Deutschlands mehr antrifft. Mit dem Riedbergpass kann das Allgäu zudem mit der höchsten und mit dem Oberjoch mit der kurvenreichsten Passstraße Deutschlands aufwarten, die jede für sich allein gesehen bereits lohnende Ziele sind.

Ich möchte beide zu einer großen Runde verbinden und habe deshalb schon am Vortag die recht lange und mühselige Anfahrt über Landsberg und Kempten nach Immenstadt, der zweitgrößten Stadt des Landkreises Oberallgäu, hinter mich gebracht. Ganz allgemein sagt man ja, dass die Allgäuer wenig gesellig sein sollen, das Alleinsein zu schätzen wissen und teilweise recht eigenbrötlerisch seien, aber auf meine Zimmerwirtin trifft dies bestimmt nicht zu. In vollsten Zügen lobt sie ihre Heimat, wenngleich ich auch Mühe habe, den für mich ungewohnten Dialekt zu verstehen.

Dass sie jedoch nicht übertrieben hat, erfahre ich schon am nächsten Morgen, als ich der Beschilderung »Lindau/Oberstaufen« folgend durch Bühl eine kleine Anhöhe erklommen habe und sich vor mir der in der Morgensonne silbrig glitzernde Alpsee ausbreitet. Ich fahre gemächlich am südlichen Seeufer entlang, um bei Wiedemannsdorf die B 308 zu verlassen und in der Folge auf kleineren, teilweise engen Nebenstraßen nach Oberstaufen zu gelangen. Weit im Süden erkenne ich die dunklen Felszüge um den Hohen Häderich, orientiere mich an der Beschilderung »Aach/Weißach«, bremse einige

Kehren mit zehn Prozent Gefälle nach Weißach hinunter und überquere beim ehemaligen Zollamt Aach die österreichische Grenze. Das Bundesland Vorarlberg empfängt mich mit einem Wechsel zwischen leichten Anstiegen und Abfahrten und einem weiten Blick auf die Berge des Bregenzer Waldes.

Schwungvoll durch den Riedbergpass

An der Bolgenach entlangfahrend komme ich auf eine weite Hochfläche und wähle von den drei hier nach Osten in die Allgäuer Alpen hineinziehenden Tälern das mit der Beschilderung »Balderschwang«. Grüne, dicht bewaldete Hügel bilden die Talbegrenzungen und lediglich weiter im Süden ragen mit den Bergen um die Winterstaude höhere Gipfel auf. Bisher bin ich recht zügig vorangekommen, aber plötzlich endet die Ausbaustrecke und wenig später verlasse ich beim früheren Zollamt Schönhalden Österreich bereits wieder.

Balderschwang ist der Ausgangspunkt zum Riedbergpass, aber noch kann ich wenig Passähnliches entdecken, bis ein Schild mit der Aufschrift »16 Prozent Steigung« endlich den Beginn der eigentlichen Bergstrecke markiert. In treppenartigen Anschwüngen, die kurzen Steigungsstücke immer wieder von flacheren Passagen unterbrochen, habe ich die Riedberg-Passhöhe (1420 m ü. NN) rascher erreicht, als ich vermutet hätte. Ich halte für ein Erinnerungsfoto an, bevor es wieder an die Abfahrt geht. Diese erscheint mir kurvenreicher als die Auffahrt, dicht bewaldete Hänge drängen sich an die Straße, und erst nach der Durchfahrung eines 100 Meter langen unbeleuchteten Tunnels öffnet sich bei Obermaiselstein wieder die Landschaft.

Bei Bolsterlang nehme ich die Parade der Hörner ab, die hier mit dem Bolsterlanger Horn beginnt und mich auf ständig ansteigender und wieder abfallen-

Abseits der großen Durchgangsstraßen findet man im Oberallgäu eine Vielzahl solch verkehrsarmer Sträßchen inmitten einer harmonischen Berglandschaft.

Linke Seite: Diese drei Motorradfahrer sind auf der Anfahrt in die Allgäuer Alpen in der Umgebung von Kempten.

der Straße entlang des Rangiswanger und Sigiswanger Horns begleitet. Die Straße folgt einem Panoramaweg hoch über dem Illertal, bevor ich bei Billerdorf wieder auf die Bundesstraße treffe, die mich zurück nach Immenstadt führt.

Kurvenreiches Oberjoch

Dort ist meine Tour allerdings noch nicht zu Ende, denn ich möchte das Allgäu keinesfalls verlassen, ohne vorher dem Oberjoch, Deutschlands kurvenreichster Passstraße, noch einen Besuch abgestattet zu haben. Dazu folge ich der viel befahrenen Straße im breiten Ostrachtal nach Hindelang, wo ich mich im Gasthof Letzter Heller am Beginn der Passstrecke für den bevorstehenden Berganstieg stärke.
Ich kenne die kurvenreiche Strecke bereits und weiß, dass es insgesamt 106 Kurven sind, die mich auf den folgenden neun Kilometern hinauf zur Passhöhe führen sollen. Gezählt habe ich sie freilich nicht, was mir auch kaum möglich erscheint, denn genau genommen sind auf dieser Strecke kaum einzelne Kurven auszumachen, sondern die ganze Strecke ist eigentlich ein einziges Geschlängel, bei der eine Krümmung der anderen, eine Schräglage der entgegengesetzten auf dem Fuß folgt. Getrübt wird der Fahrspaß für mich allerdings durch ein sehr

Bei der Auffahrt zum Riedbergpass, mit 1420 Meter Höhe Deutschlands höchster Passstraße, sind teilweise Steigungen bis zu 16 Prozent zu bewältigen.

Streckenbeschreibung

STRECKENVERLAUF	Immenstadt – Bad Oberstaufen – Weißach – Aach – Riefensberg – Hittisau – Balderschwang – Riedberg-Passstraße – Obermaiselstein – Bolsterlang – Ofterschwang – Sonthofen – Hindelang – Oberjoch – Unterjoch – Wertach – Kranzegg – Rettenberg – Immenstadt
STRECKENLÄNGE	116 km
AUSGANGS- UND ENDPUNKT	Immenstadt (732 m)
ANFAHRT ZUM AUSGANGSPUNKT	Autobahn Ulm–Kempten A 7, Ausfahrt Autobahndreieck Allgäu, auf der A 980 bis Waltenhofen und auf der B 19 nach Immenstadt
SERVICESTELLE	Sonthofen: Suzuki, Honda
ÜBERNACHTUNG	Sonthofen: Hotel Schwäbele Eck
CAMPINGPLÄTZE	Bad Oberstaufen/Aach; Sonthofen; Oberjoch; Wertach
STRECKENSPERRUNG	Im Ortsbereich von Bad Oberstaufen besteht ganzjährig Nachtfahrverbot zwischen 22.00 und 6.00 Uhr.
KARTE	Die Generalkarte 1:200.000, Blatt 6 und 8
SEHENSWÜRDIGKEITEN	**Immenstadt:** Stadtschloss am Marienplatz, Pfarrkirche St. Nikolaus, Rathaus, Heimatmuseum
	Bad Oberstaufen: Bauernhausmuseum im Ortsteil Knechtenhofen, ca. 3 km nordöstlich
	Balderschwang: Pfarrkirche St. Verena, Skimuseum
	Obermaiselstein: Sturmannshöhle am Fuße des Ochsenberges, ca. 30 Minuten zu Fuß vom Haus des Gastes
	Sonthofen: Sonthofener Heimatmuseum, Kapelle mit Aussichtspunkt im Ortsteil Berghofen ca. 2 km östlich, Pfarrkirche St. Michael
	Hindelang: Liebfrauenkirche, Rathaus

langsames Wohnmobil, das ich wegen des fast durchgehend bestehenden Überholverbotes auch nicht hinter mir lassen kann. Also wende ich oben nochmals ein wenig, warte unten angekommen einen verkehrsgünstigen Augenblick ab und bewältige die Strecke ein weiteres Mal, diesmal ungestört.

Spezialtipp: Abstieg in die Unterwelt

Parken Sie Ihre Maschine in Obermaiselstein beim Haus des Gastes, und planen Sie einen etwa 30-minütigen Fußmarsch zur Sturmannshöhle ein. Diese liegt etwa 900 Meter hoch am Fuße des Ochsenberges. Durch einen 100 Meter langen Felsspalt gelangt man hinein in den Berg, bevor es über exakt 178 Stufen gut 65 Meter tiefer ins Höhleninnere hinab geht.

Warme Kleidung ist hier dringend empfohlen, denn dort unten ist zwar alles sehr gut ausgeleuchtet, aber auch ziemlich kühl. Die Höhle ist von Mitte Mai bis Anfang Oktober geöffnet und kann Dienstag bis Sonntag von 9.30 bis 16.00 Uhr im Rahmen einer geführten Besichtigung besucht werden.

Zu Kochelsee und Walchensee

Über die Kesselbergstraße

Der Kochelsee ist ein schön gelegener See im Voralpenland etwas südlich von Benediktbeuern. Der Walchensee liegt oberhalb des Kochelsees, schon mitten in den Bergen. Der Walchensee gilt nicht nur als größter, sondern auch als schönster der deutschen Alpenseen. Die beiden Seen verbindet eine Straße, die zu den schönsten Strecken für Motorradfahrer im bayerischen Alpenland zählt und dementsprechend stark frequentiert ist.

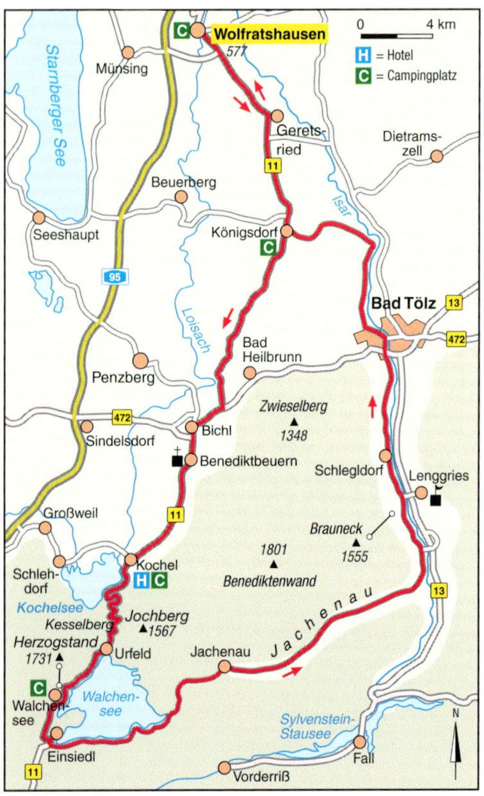

Von München aus hat man die Möglichkeit über die Autobahn Garmisch A 95 bis zur Ausfahrt Murnau/Kochel den Ausgangspunkt recht rasch zu erreichen, ich ziehe allerdings die landschaftlich reizvollere Strecke über die B 11 von Wolfratshausen über Benediktbeuern nach Kochel vor. Schon kurz hinter Schäftlarn tut sich der Blick auf die Berge im Süden auf. In Benediktbeuern lege ich bei der ehemaligen Benediktinerabtei einen Halt ein. Aus der Mitte des 17. Jahrhunderts stammen die regelmäßig angelegten Klosterbauten, wo vor allem die spätgotischen Gewölbe des Kreuzgangs beeindrucken. Die ehemalige Klosterkirche St. Benedikt zeigt dagegen schon den Beginn einer barocken Entwicklung. Der Weilheimer Baumeister Kaspar Feichtmayr schuf hier ein recht eigenwilliges Werk, dessen Fresken im Inneren von Hans Georg Asam, dem Vater der weltbekannten Brüder Egid Quirin und Cosmas Damian stammen.

Wenig später bin ich schon in Kochel, die scharf abzweigende Hauptstraße zwingt mich abzubremsen und so kann ich das Denkmal des Schmieds von Kochel gar nicht übersehen. Es ist Balthasar Mayr gewidmet, einem Kocheler Schmiedgesellen, der sich als Anführer einer Bauernschar hervorgetan und 1705 in der Sendlinger Bauernschlacht beim Kampf gegen die österreichischen Besatzungstruppen gefallen sein soll.

Wer seine Vorlieben mehr in künstlerischer Richtung hat, dem sei das Franz-Marc-Museum empfohlen. Es liegt am Ortsende von Kochel in einem weitläufigen Park. Hier sind Werke des bedeutenden Malers des Expressionismus und Mitbegründers des »Blauen Reiter« ausgestellt.

Bikevergnügen auf der Kesselbergstrecke

Und wer ganz einfach nur Motorrad fahren will, der gibt nun Gas, denn gleich beginnt die Kesselbergstrecke. Nicht zu viel sollte es allerdings sein, denn einige dieser Kehren machen am Kurvenausgang immer weiter zu, sodass man sich unversehens weit nach außen getragen sieht. Etwa auf halbem Weg halte ich auf einem Parkplatz, der die Bezeichnung »Aussichtskehre« zu Recht trägt. Zum einen reicht hier der Blick weit zurück über die moorigen

Niederungen um den Kochelsee, faszinierender ist es allerdings, die Motorradfahrer in dieser Kurve zu beobachten, von denen es einige nicht lassen können, sie im Stile eines Mick Doohan oder Max Biaggi zu nehmen.

Nach der Überfahrung der wenig aussichtsreichen Passhöhe gilt meine Aufmerksamkeit dem Walchensee, an dessen Westufer sich die Straße entlangschlängelt. Irgendwo habe ich gelesen, dass schon Johann Wolfgang von Goethe auf seiner Reise nach Italien diesen Weg benutzte, der damals »Via regia Tyrolensis et Italos« hieß. Da ich aber nicht bis Italien weiter will, sondern mich langsam wieder an die Rückfahrt machen muss, biege ich bei Einsiedl zum Südufer des Sees ab. Bei der Waldschänke Niedernach verlasse ich den See und fahre durch die Jachenau, ein idyllisches Gebirgstal, bis nach Lenggries. Hier ist München nicht mehr weit.

Was auf diesem Bild nicht so ganz zur Geltung kommt: Die Hauptstraße von Bad Tölz weist eine ganz beträchtliche Steigung auf.

Streckenbeschreibung

STRECKENVERLAUF	Wolfratshausen – Geretsried – Königsdorf – Benediktbeuern – Kochel – Kesselbergstraße – Urfeld – Walchensee – Einsiedl – Jachenau – Lenggries – Schlegldorf – Bad Tölz – Einbach – Lochen – Königsdorf – Geretsried – Wolfratshausen
STRECKENLÄNGE	97 km
AUSGANGS- UND ENDPUNKT	Wolfratshausen (577 m)
ANFAHRT ZUM AUSGANGSPUNKT	Von München auf der B 11 über Schäftlarn nach Wolfratshausen oder Autobahn München–Garmisch A 95, Ausfahrt Wolfratshausen
SERVICESTELLEN	Wolfratshausen: Ducati, Laverda, Suzuki; Geretsried: Harley-Davidson; Königsdorf: Kawasaki; Benediktbeuern: Honda; Bad Tölz: Yamaha
ÜBERNACHTUNG	Kochel: Hotel zum Rabenkopf
CAMPINGPLÄTZE	Wolfratshausen; Königsdorf; Kochel; Walchensee
STRECKENSPERRUNG	Die Auffahrt von Kochel zum Kesselberg ist wochenendes und feiertags gesperrt. In der Gegenrichtung, von Einsiedl/Walchensee nach Kochel, ist die Strecke offen.
MAUTGEBÜHR	Die Straße durch die Jachenau zwischen Einsiedl und Jachenau ist mautpflichtig. Die Mautgebühr beträgt Euro 2,50.
KARTE	Die Generalkarte 1:200.000, Blatt 8
SEHENSWÜRDIGKEITEN	**Wolfratshausen:** Pfarrkirche St. Andreas, Märchenwald im Ortsteil Farchant
	Benediktbeuern: Kloster Benediktbeuern
	Kochel: Franz-Marc-Museum, Schmied-von-Kochel-Denkmal
	Lenggries: Kirche St. Jakob, Schloss Hohenburg
	Bad Tölz: Wallfahrtskirche Maria Hilf, Thermalhallenbad Alpamare

Bild Seite 44: Der Walchensee gilt wegen seiner günstigen Windverhältnisse als Eldorado für Windsurfer in Bayern schlechthin.

Über Sudelfeld und Tatzelwurm

In den Schlierseer Bergen

Sobald sich über dem Alpenvorland ein strahlender Sonnentag abzeichnet, dann zieht es die Münchner Motorradfahrer fast automatisch nach Süden in Richtung Sudelfeld und Tatzelwurm. Warum dies so ist, muss nicht näher begründet werden, Landschaft und Strecke sprechen für sich.

An der Ausfahrt Weyarn kann ich endlich die Autobahn verlassen. Noch verläuft die Strecke nicht sehr spektakulär auf der B 307 durch die hügelige Wald- und Wiesenlandschaft. Nach Thalham rückt die Silhouette der Schlierseer und Tegernseer Berge ins Blickfeld mit markanten Gipfeln wie Hirschberg, Brecherspitze und Wendelstein. Während der Fahrt durch die Kreisstadt Miesbach und den ehemaligen Bergwerksort Hausham rücken die Berge schnell näher, und die Ortschaft Schliersee am gleichnamigen See ist bereits von einem Kranz bewaldeter Bergkuppen eingerahmt.

Im Ortsteil Westenhofen halte ich vor der Kirche kurz an und suche auf dem Friedhof das Grab des legendären Wildschütz Jennerwein. Am Ostufer des Sees entlang schlängelt sich die Straße bis zum Ortsteil Neuhaus mit der malerisch gelegenen Leonhardikirche am Ortsanfang, dann geht es fast geradlinig Richtung Bayrischzell, wo die Auffahrt zum Sudelfeldsattel beginnt. Diese westseitige Auffahrt ist mit 4,5 Kilometern nicht sehr lang, mit elf Prozent Steigung nicht sonderlich steil und mit nur zwei Kehren nicht gerade kurvenreich. Schnell bin ich am Sattel in 1092 Meter Höhe angelangt, und nach einer Kurve liegt der Parkplatz beim Café Kotz, einem beliebten Treffpunkt für Motorradfahrer, vor mir. Die Abfahrt über die Ostseite hat einiges mehr zu bieten: eine großartige Landschaft, die vom Großen Traithen im Westen bis zum Wilden Kaiser im Süden reicht, und eine Kehrengruppe hinunter zum Großparkplatz Tatzelwurm, die selbst verwöhntesten Fahrer gerecht wird. Hier kommt für mich nur infrage, die Maschine wenden, um den Genuss der Abfahrt bergauf noch zu überbieten.

Über Kufstein durch das Ursprungstal

Wieder unten am Parkplatz Tatzelwurm gibt es zwei Möglichkeiten zur Weiterfahrt: nach links über die mautpflichtige Straße durch das dunkle Förchenbachtal hinunter nach Brannenburg oder zum Gasthof Tatzelwurm und von dort über Rechenau und Hummelei nach Niederaudorf ins Inntal. Ich kehre im Gasthaus Feuriger Tatzelwurm ein. In der Schlucht hinter der Gaststätte, zu der ein kurzer, einfacher Spazierweg führt, soll einst ein Drache gehaust haben, der seine Umgebung in Angst und Schrecken versetzt hat. Heute tost ein Wildbach zwischen engen Felswänden. Eigentlich könnte ich hier bereits wieder zurückfahren, aber eine richtig runde Sache wird die Tour erst, wenn ich als Rückweg das Ursprungstal wähle. Dazu fahre ich gut acht Kilometer bis Niederaudorf und wende mich dort nach Südwesten, Richtung österreichische Grenze. Diese überquere ich bei Kiefersfelden und statte Kufstein noch einen kurzen Besuch ab.

Im Schatten der Kufsteiner Burg suche ich die Ausfahrt Landl und nehme die Kehrengruppe hoch zur Marblinger Höhe unter die Räder. Oben noch ein Blick zurück ins Inntal über die Dächer von Kufstein, die sich vor den massiven Felswänden des Wilden Kaisers recht klein ausnehmen. Das Ursprungstal, dem ich nun folge, ist zwar etwas schattig, dafür aber recht schwach frequentiert und so kann man die schön geschwungenen Kurven voll auskosten. Landl am Thiersee liegt hingegen schön in der Sonne, und nur wenig später rolle ich wieder auf bayerischem Boden und bin bald zurück in Bayrischzell.

Geruhsam, still und verträumt präsentiert sich der Thiersee.

Streckenbeschreibung

STRECKENVERLAUF	Weyarn – Miesbach – Hausham – Schliersee – Bayrischzell – Sudelfeld – Tatzelwurm – Rechenau – Agg – Oberaudorf – Kiefersfelden – Kufstein – Marblinger Höhe – Thiersee – Landl – Ursprungpass – Bayrischzell – Weyarn
STRECKENLÄNGE	143 km
AUSGANGS- UND ENDPUNKT	Weyarn (670 m)
ANFAHRT ZUM AUSGANGSPUNKT	Autobahn München–Salzburg A 8, Ausfahrt Weyarn
SERVICESTELLE	Hausham: Yamaha
ÜBERNACHTUNGEN	Tatzelwurm: Hotel Feuriger Tatzelwurm; Oberaudorf: Hotel Alpenhof
CAMPINGPLÄTZE	Schliersee; Oberaudorf
TREFFS	Sudelfeldsattel: Café Kotz, täglich außer Dienstag 8.00 bis 19.00 Uhr; Großparkplatz Tatzelwurm: täglich nachmittags, Samstag und Sonntag vormittags und nachmittags
KARTE	Die Generalkarte 1:200.000, Blatt 8
SEHENSWÜRDIGKEITEN	**Miesbach:** Stadtplatz mit Michaelsbrunnen, Heimatmuseum
	Schliersee: Kabinenseilbahn zur Schliersbergalm mit Sommerrodelbahn, Kirche St. Sixtus im Ortsteil Westenhofen mit Grab des Wildschütz Jennerwein
	Bayrischzell: Pfarrkirche St. Margaretha, Alpenfreibad, Seilbahn auf den Wendelstein bei Osterhofen
	Tatzelwurm: Schlucht mit Wasserfällen beim Gasthof Feuriger Tatzelwurm
	Kiefersfelden: König-Otto-Kapelle, Museumseisenbahn
	Kufstein: Festung Kufstein

Linke Seite: Gut ausgeschildert ist der Weg am Sudelfeld zum Alpengasthof Feuriger Tatzelwurm. In der sehenswerten Klamm nebenan soll einst ein Drache gehaust haben.

11 Im Fünf-Seen-Land

Zu den Gletscherseen der Eiszeit

Südwestlich von München haben die Gletscher der Eiszeit eine Landschaft geformt, die mit zum Schönsten zählt, was der oberbayerische Raum zu bieten hat. Dabei sind es diesmal nicht die Berge, die den Reiz ausmachen, sondern die Seen, die sich in ausgeschliffenen Gletscherbecken inmitten einer harmonischen Wald- und Wiesenlandschaft angesammelt haben. Es sind deren fünf an der Zahl, von denen der Starnberger See und der Ammersee die größten und bekanntesten sind. Pilsensee und Wörthsee rangieren da nicht nur in der Größe, sondern auch in der Bekanntheitsskala deutlich dahinter, und der kleine Weßlinger See ist nur noch Insidern und Anwohnern ein Begriff.

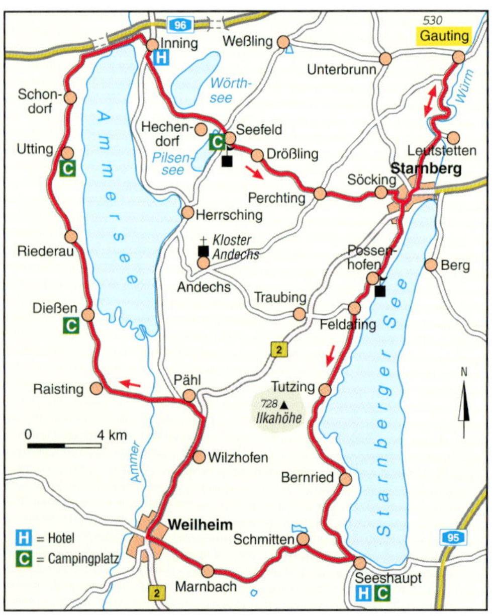

Ich starte in Gauting, vor den Toren Münchens. Das Würmtal liegt vor mir, eine der schönsten und bekanntesten Motorradstrecken der näheren Münchner Umgebung. Nicht das Tal selbst macht den Reiz aus, sondern vielmehr die Vielzahl der Kurven, die sich den Windungen des kleinen Flüsschen angepasst haben. So schön die Strecke auch ist, man muss aufpassen. Licht und Schatten wechseln in dem engen Tal ab und sorgen oftmals für schlechte Sichtverhältnisse. Auch die Kurven sind oft unübersichtlich, und leicht ist man versucht, diese viel zu schnell in Angriff zu nehmen. Ich wähle die Westseite des Starnberger Sees und komme nach Possenhofen, wo »Sisi«, die spätere Kaiserin Elisabeth, ihre Jugend verbrachte. Hier befindet sich auf einem weitläufigen, baumbestandenen Parkgelände eine der beliebtesten Badegelegenheiten des ganzen Sees. Die Straße ist oft schmal, zudem sind wegen des dichten Baumbestandes am Straßenrand die Lichtverhältnisse sehr schlecht, und so fahre ich konzentriert bis Tutzing, wo ich einen Abstecher zur Ilkahöhe unternehme. Der 728 Meter hohe Moränenhügel bietet eine weit reichende Aussicht über den See bis zu den Alpengipfeln im Süden.

Kühle Erfrischung im Pilsensee gefällig?

Problemlos erreiche ich bei Dießen die Südspitze des Ammersees. Ein Blick noch auf den Turmhelm der ehemaligen Stiftskirche Sta. Maria, das heutige Marienmünster, dann geht es an der landschaftlich reizvollen Uferstraße entlang, und erst mit Utting erreiche ich wieder eine größere Ortschaft. Ich gönne mir eine kurze Rast an der gepflegten Uferpromenade und erkenne auf einem dicht bewaldeten Moränenhügel am gegenüberliegenden Ufer den Turm der Klosterkirche von Andechs. Die weltbekannte Klosterbrauerei sollte man allerdings nur mit öffentlichen Verkehrsmitteln aufsuchen. So fahre ich an der Nordspitze des Sees auf die viel befahrene B 12, die ich wenig später bei Inning wieder verlasse. Es ist die Heimatgemeinde des Motorradweltmeisters Toni Mang. Ich habe keine rennfahrerischen Ambitionen und lasse mir Zeit auf der Landstraße hinüber zum Wörthsee.

Die Straße führt weiter nach Seefeld an der Nordspitze des Pilsensees. Auf holpriger Straße rolle ich zum Strandbad Pilsensee in Hechendorf und kühle mich im Wasser etwas ab. Seefeld überrascht mit einem schönen Blick auf das gleichnamige Schloss, das sich bis heute den Charakter einer mittelalterlichen Festung bewahrt hat. Eigentlich müsste ich von Seefeld aus der Straße nach Weßling folgen, um die Zahl fünf voll zu machen, aber ich entscheide mich dagegen. Der See ist ohnehin so klein, dass man ihn von der Straße aus nicht sieht. Mich lockt nochmal die Kurvenstrecke des Würmtals, diesmal in entgegensetzter Richtung und so fahre ich weiter nach Starnberg.

Die Ilkahöhe am Starnberger See ist einer der schönsten Aussichtspunkte auf der hier beschriebenen Strecke.

Streckenbeschreibung

STRECKENVERLAUF	Gauting – Leutstetten – Starnberg – Possenhofen – Feldafing – Tutzing – Bernried – Seeshaupt – Schmitten – Marnbach – Weilheim – Wilzhofen – Pähl – Raisting – Dießen – Utting – Schondorf – Inning – Güntering – Schlagenhofen – Seefeld – Drößling – Perchting – Söcking – Starnberg – Gauting
STRECKENLÄNGE	140 km
AUSGANGS- UND ENDPUNKT	Gauting bei München (530 m)
ANFAHRT ZUM AUSGANGSPUNKT	Von München über die Lindauer Autobahn A 96 bis Ausfahrt Gräfelfing und über die Pasinger und Planegger Straße bis Gauting
SERVICESTELLEN	Weilheim: KTM, Yamaha, Honda; Inning: Yamaha
ÜBERNACHTUNGEN	Seeshaupt: Hotel Sterff; Inning: Gasthof zur Post
CAMPINGPLÄTZE	Seeshaupt; Dießen; Utting; Seefeld
KARTE	Die Generalkarte 1:200.000, Blatt 8
SEHENSWÜRDIGKEITEN	**Starnberg:** Heimatmuseum, Pfarrkirche St. Joseph
	Possenhofen: Schloss Possenhofen (nicht zugänglich)
	Tutzing: Abstecher zum Aussichtspunkt Ilkahöhe (728 m)
	Bernried: Wallfahrtskirche Maria Himmelfahrt, ehemaliges Augustiner-Chorherrenstift, Buchheim-Museum
	Weilheim: Marienplatz mit Altem Rathaus, Mariensäule und Stadtbrunnen, spätgotische St.-Salvator-Kirche
	Raisting: Erdfunkstelle der Deutschen Post mit Ausstellung und Ton-Bild-Schau
	Dießen: Marienkirche

Linke Seite: Nicht überall kann man auf dieser Tour so entspannt fahren, denn manchmal nervt der hektische Ausflugsverkehr.

12

Durch das Altmühltal

An Bayerns »schüchternstem« Fluss

Um ehrlich zu sein, auf das Altmühltal bin ich gestoßen, weil ich in Zeitungsberichten immer wieder gelesen hatte, dass die Strecke bei Radwanderern außerordentlich beliebt sein soll. Was für Radler gut ist, kann für Motorradfahrer nicht schlecht sein, und so mache ich mich beim Streckenstudium kundig, dass die Altmühl ihres geringen Gefälles im Oberlauf wegen als Deutschlands trägstes Flüsschen angesehen wird. Aufgrund ihrer zahlreichen Mäander im Unterlauf ist aber auch von Bayerns »schüchternstem« Fluss die Rede, der sich lieber dreimal umdreht, bevor er weiterfließt. Am beeindruckendsten soll allerdings die an Naturschönheiten reich gesegnete, weitgehend unverdorbene und unbeschädigte Landschaft der südlichen Frankenalb sein.

Schon bald nach Gunzenhausen verlasse ich die Hauptstraße und fahre in eine weite Feld und Wiesenlandschaft ein, die von einzelnen Buschreihen aufgelockert wird. Wenig lenkt auf den ruhigen Straßen vom Fahren ab, nur im Westen erkenne ich deutlich Schloss Spielberg auf einem Bergsporn des Hahnenkamms, einem Weißjurazug, der wegen seiner Bedeutung einen eigenen Namen erhalten hat. Bald nimmt mich Treuchtlingen auf, wo ich die Beschilderung nach Graben suche, um einen kurzen Abstecher dorthin zu unternehmen.

Im Ort weist mir ein Schild an der Pfarrkirche St. Kunigunden mit der Aufschrift »Karlsgraben/Europäische Wasserscheide« den Weg zu meinem Ziel. Kaiser Karl der Große hatte 793 dort den Versuch unternommen, die beiden Flüsse Altmühl und Rezat, die sich hier auf zwei Kilometer nähern, durch einen Graben zu verbinden. Damit wäre eine Verbindung zwischen Rhein und Donau hergestellt worden, über die man von der Nordsee zum Schwarzen Meer hätte gelangen können. Eine gewaltige Leistung für damalige Verhältnisse, die allerdings nicht vollendet wurde.

Zurück in Treuchtlingen fahre ich nun auf der gut ausgebauten Straße in den Naturpark Altmühltal ein, und bald erkenne ich auf einem vom Fluss umschlungenen Felssporn die Ruine der im Dreißigjährigen Krieg zerstörten Burg von Pappenheim. Weitaus bekannter als die Burg ist allerdings der legendäre Ausspruch des bayerischen Generalfeldmarschalls Gottfried Heinrich Graf von Pappenheim: »Ich kenne meine Pappenheimer«, sagte er, voll Dankbarkeit und Anerkennung für die geleisteten Kriegsdienste der Pappenheimer im Dreißigjährigen Krieg.

Die »Zwölf Apostel« des Juragebirges

Die Straße folgt den weiten Kehren des Flusses nach Solnhofen, das für seine Kalkschieferbrüche berühmt ist. Weltbekannt wurde der Ort aber dadurch, dass sich in den Platten Versteinerungen von Tieren und Pflanzen aus der Jurazeit in außergewöhnlich hoher Zahl und vorzüglichem Zustand finden. Ich kann nicht umhin, mir in einem Souvenirladen eine versteinerte Schnecke zu kaufen, und verstaue sie stolz im Tankrucksack.

Weiter geht es im Talboden, und in den mit Mischwäldern bestandenen Höhenzügen erkenne ich auf der linken Seite eine sonderbare Felsformation, die »Eßlinger Felsen«, die im Volksmund auch »Zwölf Apostel« genannt werden.

Als Nächstes fällt mir die alte Stadtmauer von Dollnstein ins Auge, die den Marktflecken seit dem 15. Jahrhundert umgibt. Erstmals erwähnt wurde die Siedlung im Jahre 1007, damals noch als »Tollenstein«, und im 12. Jahrhundert errichteten die Grafen von Hirschberg mitten im Ort eine Burg, von der allerdings nur noch der zackige Burgfried übrig geblieben ist.

Obwohl die gut ausgebaute Straße zu schnellerem Fahren einlädt, lasse ich mir Zeit und betrachte lieber die mächtigen Dolomitzacken am Talrand, die vor 200.000 Jahren die Donau, die damals noch dieses Bett benutzte, herausgefräst hat. Einmal halte ich an und beobachte einige Kletterer, die sich wagemutig die scheinbar spiegelglatten und senkrechten Wandfluchten hocharbeiten. Hinter Eichstätt treten die engen Jurafelsen zurück, die Straßen wer-

Die Befreiungshalle auf dem Michaelsberg über Kelheim ist ein monumentaler achtzehneckiger Bau auf dreistufigem Sockel, der an die Befreiungskriege der Jahre 1813 bis 1815 erinnern soll.

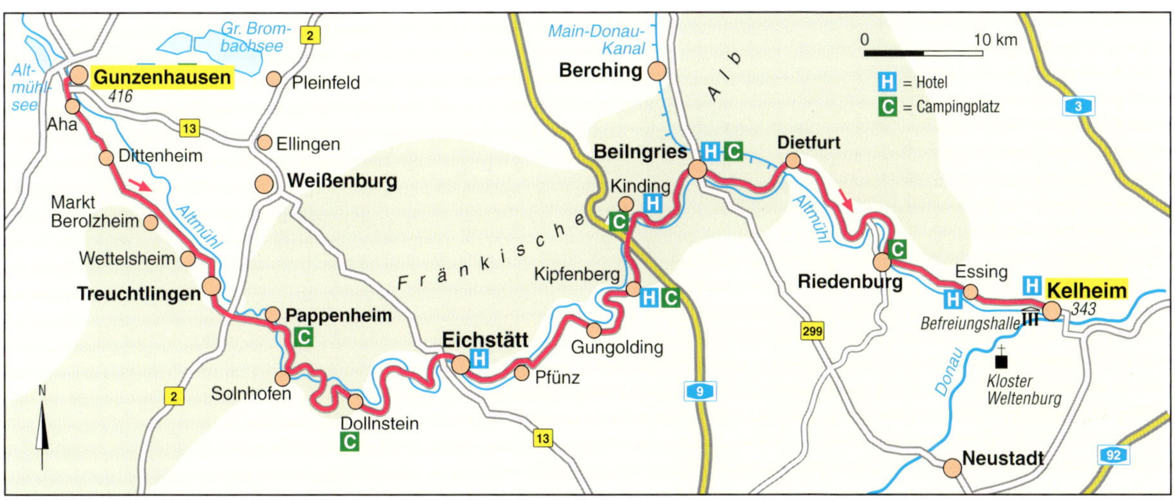

Linke Seite: »Zwölf Apostel« wird diese bizarre Felsgruppe im Altmühltal bei Eßlingen im Volksmund genannt.

den schmäler und die Ortschaften kleiner. Trotzdem haben sie einiges zu bieten: Pfünz etwa, ein altes Römerkastell, bei Gungolding ist es eine wunderschöne Heidelandschaft, während über Arnsberg trotzig die gleichnamige Burg thront. Kinding ist allerdings weniger durch seine Kirchenburg im Gedächtnis als vielmehr durch die Verkehrsdurchsagen im Radio, gilt die Autobahn, die ich hier unterfahre, doch als gefährliche Unfallstrecke.

Scharf knickt die Altmühl und mit ihr die Straße hier nach Osten ab, bevor es hinter Dietfurt wieder kurviger wird. Wieder sind eine Reihe von Burganlagen zu erkennen, bei Meihern die Ruine Flügelsberg oder die drei Burganlagen über Riedenburg. Glanzpunkt ist aber Burg Prunn, auf einem 70 Meter hohen, senkrecht abfallenden Felsen über der Stadt, die als Idealbild einer mittelalterlichen Burganlage gilt. Beeindruckt nehme ich den Anstieg in Kauf und schließe mich einer Führung durch die in Staatseigentum übergegangenen Gebäude an. Burg Essing betrachte ich dagegen nur von unten und halte lieber nochmals beim Parkplatz Schulerloch, wo Wasserwirbel der Urdonau mehr als 300 Meter tiefe Gänge und Raumdome in den Fels gespült haben. Leider findet gerade keine Führung statt, und so bin ich wenig später in Kelheim.

Spezialtipp: In den Steinbruch

Hobbygeologen können im Eichstätter Stadtteil Blumenberg, nahe dem Museum Berger, in einem alten Steinbruch selbstständig nach Versteinerungen suchen oder besser nach diesen klopfen, denn Hammer und Meißel sind dazu notwendig. Aber die kann man sich hier gegen geringes Entgelt ausleihen, und Tipps vom Fachmann gibt's obendrein dazu. Schwielen an den Händen wahrscheinlich auch, aber ganz umsonst gibt es die uralten Fossilien, meist in Form von Muschel- und Schneckengehäusen, einfach nicht zu haben. Und wer weiß, vielleicht finden Sie ein versteinertes Exemplar des Urvogels Archaeopterix.

Burg Prünn gilt als Idealbild einer mittelalterlichen Burganlage und Glanzpunkt im Altmühltal.

STRECKENBESCHREIBUNG

STRECKENVERLAUF	Gunzenhausen – Aha – Dittenheim – Markt Berolzheim – Wettelsheim – Treuchtlingen – Pappenheim – Solnhofen – Dollnstein – Eichstätt – Pfünz – Gungolding – Kipfenberg – Kinding – Beilngries – Dietfurt – Riedenburg – Essing – Kelheim
STRECKENLÄNGE	152 km
AUSGANGS- UND ENDPUNKT	Gunzenhausen (416 m) Kelheim (343 m)
ANFAHRT ZUM AUSGANGSPUNKT	Autobahn Nürnberg–Heilbronn A 6, Ausfahrt Ansbach und auf der B 13 über Merkendorf nach Gunzenhausen
SERVICESTELLEN	Gunzenhausen: Aprilia; Markt Berolzheim: Kawasaki, Ducati, Cagiva, Bimota; Pappenheim: Honda
ÜBERNACHTUNGEN	Eichstätt: Hotel Garni Fuchs; Kipfenberg: Hotel Schloss Arnsberg, Gasthof Post; Kinding: Gasthof Krone; Beilngries: Hotel Gallus Minotel; Essing: Pension Hacker; Kelheim: Gasthof Auerhoferbräu, Gasthof Stockhammer
CAMPINGPLÄTZE	Pappenheim; Dollnstein; Kipfenberg; Kinding; Beilngries; Riedenburg
STRECKENSPERRUNG	Im Spindeltal bei Eichstätt besteht ganzjährig Nachtfahrverbot zwischen 22.00 und 6.00 Uhr.
KARTE	Die Generalkarte 1:200.000, Blatt 7
SEHENSWÜRDIGKEITEN	**Gunzenhausen:** Färberturm, Blasturm, Altmühlsee
	Treuchtlingen: Schloss Treuchtlingen, »Denkmalslok«, Lambertus-Kirche, Karlsgraben (Fossa Carolina) in Graben
	Pappenheim: Altes Schloss und Burgruine mit 30 Meter hohem Burgturm, Galluskirche aus dem 9. Jahrhundert
	Solnhofen: Bürgermeister-Müller-Museum mit Versteinerungen
	Dollnstein: Mittelalterliche Stadtmauer, Bergfried der Burgruine, Pfarrkiche mit gotischen Fresken, Petersturm
	Eichstätt: Willibaldburg mit Jura-Museum, Residenzplatz mit Residenz, Dom mit Kreuzgang und Willibaldsaltar
	Gungolding: Spaziergang durch das 70 Hektar große Naturschutzgebiet der Wacholderheide
	Kipfenberg: Malerisches Stadtbild mit Burg, viertägiges Limesfest Mitte August
	Kinding: Kirchenburg mit Mauerring und Befestigungstürmen
	Beilngries: Straßenmarkt, Rathaus, barocke Pfarrkirche mit gotischem Turm
	Dietfurt: Kristallmuseum, Burgruinen Tachenstein, Rabenstein und Schloss Rosenburg mit Jagdfalkenhof, Schloss Prünn ca. 4 km südöstlich
	Essing: Burgruine Randeck, Tropfsteinhöhle Großes Schulerloch, Klausenhöhle
	Kelheim: Befreiungshalle, Archäologisches Museum

13

Durch den Bayerischen Wald

Zum »unwirtlichsten« Mittelgebirge Deutschlands

Von allen Mittelgebirgen Deutschlands eilt dem Bayerischen Wald der Ruf voraus, das unwirtlichste zu sein. Lange Zeit im Jahr liegt das Gebirge unter einer dicken Schneedecke begraben, und nicht selten pfeift ein schneidender Wind von Osten herüber, der den Schnee zu meterhohen Wächten auftürmt. »Dreiviertel Jahr Winter und einviertel Jahr kalt, das ist das Klima im Bayerwald« lautet demnach ein altes Sprichwort, das sich bis in die heutige Zeit gehalten hat. Und selbst von den Römern ist überliefert, dass sie den Bayerischen Wald bei ihren Vorstößen nach Norden gemieden hätten, was allerdings wohl mehr daran lag, dass es in dem nur spärlich besiedelten Gebiet keinerlei Reichtümer zu holen gab. Heute besteht der Reichtum dieser Landschaft in einer über weite Teile intakten Natur und einem Kulturraum, in dem sich Dialekt und Brauchtum gehalten haben.

Ich wähle Deggendorf als Ausgangspunkt für meine Tour und erkenne schon von weitem die Stadtpfarrkirche Mariä Himmelfahrt, die in exponierter Lage weit über die Ebene des Gäubodens hinwegschaut. Die Altstadt lässt die typischen Züge einer Wittelsbachergründung erkennen, mit einer breiten Marktstraße, in die die Nebenstraßen senkrecht einmünden, die wichtigsten Straßen vor dem Rathaus kreuzend. Über den Türmen der meist barocken Kirchen hinweg kann ich bereits die ersten dunkel bewaldeten Höhenzüge des Bayerischen Waldes erkennen und verlasse die Stadt in westlicher Richtung, der Beschilderung »Regen« folgend. Leider hat es leicht zu regnen begonnen, und so gehe ich die kurvenreiche Strecke hinauf zum Ruselpass recht verhalten an. Einige Motorradfahrer haben im Berghof Rusel Unterschlupf gesucht, und ich erinnere mich, irgendwo gelesen zu haben, dass auch Friedrich Nietzsche hier schon Rast gemacht hat. Von der schönen Aussicht, die bis zum Arber reichen soll, ist leider wenig zu sehen, und nur Brotriegeljackl und Rusel sind in den Wolken auszumachen.

Mit der Abfahrt über die Nordseite bessert sich mit dem Wetter auch meine Laune, und in Regen scheint die Sonne. Die Stadt liegt in einem weiten

Bogen des Schwarzen Regen und ist Sitz der Optischen Werke G. Rodenstock, mit etwa 2.500 Beschäftigten der größte Arbeitgeber im Bayerischen Wald. Von hier stammen also meine Brillengläser denke ich, während ich in dem recht regen Stadtverkehr konzentriert nach der Beschilderung »Bodenmais« Ausschau halte.

Zum beliebten Ferienort Bodenmais

Etwas südlich der Stadt erkenne ich auf einem bizarr geformten Felsriegel die Ruine Burg Weißenstein. Sie steht auf dem so genannten »Pfahl«, einem meist unterirdisch verlaufenden Quarzriegel, der den gesamten Bayerischen Wald von Nordwest nach Südost durchzieht und nur an wenigen Stellen sichtbar hervortritt. Im Volksmund wird der »Pfahl« auch Teufelsmauer genannt. Schließlich finde ich das Hinweisschild, verlasse die Stadt in nördlicher Richtung und fahre auf landschaftlich reizvoller Strecke hinüber nach Bodenmais, dem wohl beliebtesten Ferienort des Bayerischen Waldes. Dies verdankt er seiner herrlichen Lage am Südfuß des Großen Arber, meinem nächsten Ziel.

Weit reicht der Blick vom Großen Arber – mit 1456 Meter Höhe der »König des Bayerwaldes« – über die umliegende Bergwelt.

Vorher stelle ich meine Maschine aber noch am Parkplatz vor dem Gasthof Arbersee ab und blicke über den dunklen Wasserspiegel des gleichnamigen Sees, der seine Entstehung den eiszeitlichen Gletschern verdankt. Ich wandere noch einige Schritte am See entlang, wobei mir auffällt, dass dieser Wanderweg aus alten Eisenbahnschwellen zu bestehen scheint. Anschließend mache ich mich auf die Weiterfahrt, ich möchte schließlich den Arbergipfel, den ich von hier unten erkennen kann, heute noch besteigen.

Besteigen ist natürlich nicht ganz richtig, denn ich benutze die Gondelbahn, deren Talstation an der nach Brennes weiterführenden Straße liegt. Die Bergstation liegt ungefähr 300 Meter höher beim Schutzhaus des Bayerischen Waldvereins. Dort oben angekommen muss ich noch 100 Höhenmeter hinaufwandern bis zum höchsten Punkt mit dem Gipfelkreuz und der weithin sichtbaren Kup-

Linke Seite: Am Ufer des Arbersees – der See verdankt seine Entstehung eiszeitlichen Gletschern.

pel, der 1981 errichteten Radaranlage, um leider festzustellen, dass ich von dort nicht die allerbeste Aussicht habe. Diese bietet sich vielmehr vom Bodenmaiser Riegel aus, den man seiner markanten Form wegen auch »Richard-Wagner-Kopf« nennt.

Von dort oben sieht man nicht nur hinunter zum Arbersee, sondern auch weit über den Großen Osser hinweg nach Nordosten bis in den Lamer Winkel, den ich als Nächstes aufsuchen möchte.

Majestätisch – der Große Ocher über dem Lamer Winkel

Zurück an der Talstation fahre ich an der Hindenburgkanzel vorbei, mit 1062 Metern der höchste Punkt meiner Tour. Von hier senkt sich die Straße über den Scheibensattel nach Lam hinunter. Der Luftkurort weist eine zwiebelgekrönte barocke Pfarrkirche aus dem 17. Jahrhundert auf und gibt darüber hinaus der ganzen Region seinen Namen, der sich Lamer Winkel nennt. Bewacht werden Städtchen und Landschaft vom majestätischen Großen Osser, den viele für den schönsten Berg des Bayerischen Waldes halten. Gut 750 Höhenmeter wären von hier hinauf zum 1293 Meter hohen Gipfel des Großen Osser zu überwinden, und keine Straße und kein Lift erleichtern das Höherkommen.

Keine Chance also für mich, dort hinaufzukommen und damit einen

Deggendorf, unser Eintrittstor in den Bayerischen Wald, ist eine Gründung des wittelsbachischen Herzogs Otto II. und geht auf das 13. Jahrhundert zurück.

Streckenbeschreibung

STRECKENVERLAUF	Deggendorf – Maxhofen-Eiberg – Rusel – Ritzmais – Regen – Langdorf – Bodenmais – Arberseehaus – Brennes – Scheibensattel – Lohberg – Lam – Arrach – Arnbruck – Drachselsried – Piflitz – Patersdorf – Regen – Ritzmais – Rusel – Deggendorf
STRECKENLÄNGE	152 km
AUSGANGS- UND ENDPUNKT	Deggendorf (314 m)
ANFAHRT ZUM AUSGANGSPUNKT	Autobahn München–Deggendorf A 92
SERVICESTELLEN	Deggendorf: Honda, Aprilia, Suzuki; Bodenmais: Aprilia
ÜBERNACHTUNGEN	Regen: Berggasthof Hinhart, Krampersbacher Hof; Lam: Hotel Lamer Winkel; Arnbruck: Pension Maier-Marguth, Unterschaffer Landgasthof; Drachselsried: Ferienpark Rieder Eck
CAMPINGPLÄTZE	Viechtach/Schnitzmühle, Bernried, Hohenwarth
TREFF	Deggendorf: Gaststätte Wegmacherkurve; Chopper- und Klassikerstammtisch im Gasthaus Bayerwald, jeden Freitag ab 20.00 Uhr
KARTE	Die Generalkarte 1:200.000, Blatt 7 und 8
SEHENSWÜRDIGKEITEN	**Deggendorf:** Rathaus mit gotischem Turm, Stadtpfarrkirche Mariä Himmelfahrt, Wallfahrtskirche zum Heiligen Grab **Regen:** Niederbayerisches Landwirtschaftsmuseum, Pfarrkirche St. Michael **Bodenmais:** Waldglashütte mit Besichtigung und Führung, Erzbergwerk mit Besichtigung im Silberberg, Sommerrodelbahn am Silberberg **Lam:** Mineralienmuseum, Märchen- und Gespensterschloss in Lambach, ca. 3 km nordöstlich

kurzen Blick hinüber in die Tschechische Republik zu erlangen. Stattdessen fahre ich noch ein Stück auf der nach Kötzting führenden Straße, um bei Arrach der kurvenreichen Bergstraße hoch zum Eckerer Sattel zu folgen.

Bei einer Kaffeepause im Berggasthof auf der Passhöhe erfahre ich, dass im westlich gelegenen Höhenzug des Kastenberges im vorigen Jahrhundert noch Bären in freier Wildbahn lebten und dass der berüchtigte Räuber Michael Heigl in einer Höhle unterhalb des Kreuzfelsens hauste.

Anschließend halte ich mich an die südwärts verlaufende Straße, die bei Patersdorf in die B 85, die so genannte Ostmarkstraße, einmündet. Dass ich dieser nach Regen folge, hat einen plausiblen Grund, denn ich möchte über die Ruselstrecke zurückfahren – und zwar diesmal bei trockener Straße.

Spezialtipp: Einfach mal in die Luft gehen!

Vom kleinen Flughafen Arnbruck aus kann man in Sportflugzeugen zu einem Rundflug über den Bayerischen Wald starten. Eine Flugminute kostet etwa Euro 1,–. Eine gute halbe Stunde sollten Sie jedoch mindestens einplanen. Terminvereinbarungen sind nicht notwendig. Finden Sie sich einfach um die Mittagszeit, an Sonntagen schon früher, am Flugplatz ein. Und wen dann doch der Mut verlässt, der kann es ja beim Zuschauen der startenden und landenden Maschinen vom Flughafenrestaurant aus bewenden lassen.

14 Durch den Oberpfälzer Wald

Auf ruhigen Straßen durch die Steinpfalz

Von allen Mittelgebirgen Deutschlands ist der Oberpfälzer Wald vielleicht das am meisten vernachlässigte. Die Gründe hierzu sind vielschichtig: Abseits wichtiger Durchgangsstraßen und Handelswege gelegen, konnten sich weder reiche Städte noch das damit verbundene künstlerische und kulturelle Umfeld entwickeln. Die dünne Sanddecke, die das Urgestein mit seinen kristallenen Schiefern nur leicht bedeckt, lässt lediglich Roggen und Kartoffeln gut gedeihen. Und so gibt es hier vor allem Stein – von Gneis bis Schiefer und Granit –, was dem nördlichen Teil dieser Region auch den Beinamen Steinpfalz eintrug.

Entspanntes Cruisen im Oberpfälzer Wald.

Doch sind es gerade diese Umstände, welche die Provinz bis weit ins 19. Jahrhundert hinein zur ärmsten Region Bayerns machten, die dazu beitrugen, dass sich dort etwas erhalten hat, was in unserer Zeit zunehmend an Wert gewinnt: eine noch weitgehend intakte Landschaft mit unverfälschter Natur. Und wenn man den Oberpfälzer Wald aus der Sicht des Motorradfahrers sieht, dann ist es ein erstaunlich vielseitiges Mittelgebirge, dessen so abwechslungsreiche Landschaft von herber Schönheit, von einer Vielzahl kurvenreicher und dabei kaum befahrenen Straßen und Sträßchen durchzogen wird.

Mein Startplatz ist das Neue Schloss am Stadtplatz von Neustadt an der Waldnaab, von wo aus ich der Hauptstraße Richtung Floß/Flossenbürg folge. Schon nach kurzer Fahrzeit kann ich weit vor mir die Turmruine der Burg Flossenbürg ausmachen, zu der die Straße immer stärker ansteigt, bevor sie bei den Parkplätzen etwas unterhalb der Burg endet. 1105 wurde sie vom Grafen von Sulzbach erbaut und war unter anderem auch im Besitz von Kaiser Barbarossa, bevor sie 1634 von schwedischen Dragonern im Dreißigjährigen Krieg zerstört wurde. Nach ihrer teilweisen Restaurierung zählt die Anlage nun wieder zu den kühnsten und am schönsten gelegenen Burgruinen Deutschlands.

Ich steige zu den Mauerresten hinauf und genieße die weite Aussicht, die bis zum Arber im Bayerischen Wald reicht. Beim Abstieg erinnert mich ein Gedenkstein mit der Aufschrift »In memoriam consortes« (Zum Gedenken an die Mitleidenden) allerdings auch daran, dass der Name Flossenbürg mit einem nahe gelegenen ehemaligen Konzentrationslager verbunden ist.

Auf Nebenstraßen durch hübsche Städtchen

Über kurvenreiche Landstraßen, auf denen mir kaum ein anderes Fahrzeug begegnet, fahre ich durch kleine Ortschaften zum Markt Waldthurn, der für mich Ausgangspunkt zum Fahrenberg ist. Oben bei der Wallfahrtskirche, deren spitzer Turm weit im Lande sichtbar ist, habe ich mit 801 Metern den höchsten Punkt dieser Tour erreicht. Dies ist gleichzeitig auch einer der höchsten Punkte des Oberpfälzer Waldes, dessen Gipfel nirgends die 1.000-Meter-Grenze erreichen, sondern sich mit den 934 Metern des Gibacht bei Fürth zufrieden geben müssen.

Ich rolle hinunter ins Städtchen Pleystein, dessen Attraktion ein 38 Meter hoher, steil abfallender Rosenquarz-Felsstein ist, auf dem ein Salesianerkloster und die neu erbaute Kreuzbergkirche anstelle der Burg der Grafen von Leuchtenberg errichtet wurde. Bald danach bin ich auf der B 14, und obwohl ich auf Nebenstraßen ausweichen könnte, folge ich mehr aus einer Laune heraus dieser Trasse, die nach dem Fall des Eisernen Vorhangs zu einer der wichtigsten Verkehrsverbindungen von Nürnberg über Pilsen nach Prag geworden ist. Da sie außer einem erheblichen Verkehrsaufkommen eigentlich nichts mehr zu bieten hat, wechsel ich schon nach knapp drei Kilometern bei Lohma wieder auf fahrerisch viel interessantere Nebenstraßen über.

Diese führen mich nach Eslarn und weiter auf der Böhmerwaldstraße zur Tillyschanz. Ich stoppe vor einer Grenzübertrittsstelle in die Tschechische Republik, die derzeit allerdings nur von Fußgängern

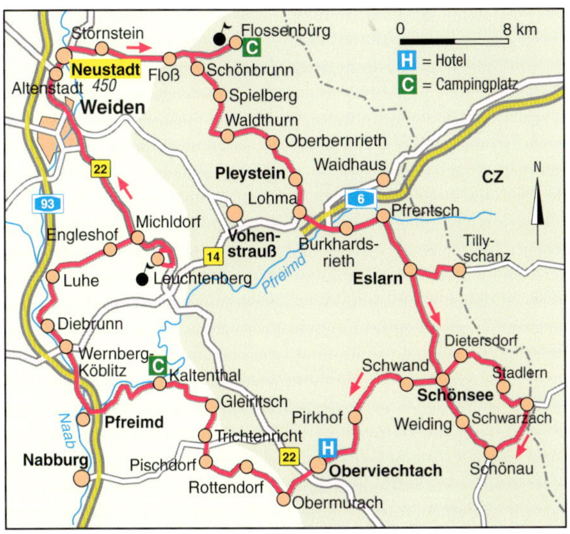

Der Burgruine Leuchtenberg konnte selbst der Dreißigjährige Krieg nichts anhaben. Erst ein Brand im Jahre 1842 und ein Blitzschlag im Jahre 1882 leitete ihren Untergang ein, bevor sie ab 1903 wieder teilweise restauriert wurde.

und Radfahrern benutzt werden kann, und erfahre bei einer Tasse Kaffee im nahe gelegenen Restaurant Goldberg, dass im Dreißigjährigen Krieg Graf Tilly hier einst ein Standquartier bezogen hat.

Hinter Schönsee fahre ich noch eine kurze Schleife über die Ortschaften Dietersdorf, Stadlern und Weiding aus, denn die Straßen sind hier im Grenzwinkel zwischen Oberpfälzer Wald, Böhmerwald und Bayerischer Wald viel zu kurvig und ruhig, als dass man sie sich entgehen lassen könnte.

Wunderdoktor Eisenbarth

Ich halte erst wieder am Ortsausgang von Obermurach bei der imposanten Burgruine des Ortes, die zwar noch die Hussitenkriege und den Dreißigjährigen Krieg gut überstanden haben soll, im 19. Jahrhundert dann aber zusehends zerfiel. Da sie in einer Sackgasse liegt, fahre ich etwas zurück und werde im Heimatmuseum von Oberviechtach darüber aufgeklärt, dass dies die Heimatstadt des Wunderdoktors Johannes Andreas Eisenbarth (1663–1727) war, der seinen Ruhm allerdings mindestens ebenso seinen marktschreierischen Fähigkeiten wie seiner medizinischen Kunstfertigkeit verdankte.

Weiter geht es über ruhige Nebenstraßen durch kleine Ortschaften, nur hin und wieder eine Hauptstraße überquerend nach Leuchtenberg, zu

Der Obere Marktplatz mit Rathaus von Weiden in der Oberpfalz. Die Stadt selbst liegt am Rande des Oberpfälzer Waldes in einer Ausbuchtung des Naabtals.

Streckenbeschreibung

STRECKENVERLAUF	Neustadt/Waldnaab – Störnstein – Floß – Flossenbürg – Schönbrunn – Spielberg – Waldthurn – Oberbernrieth – Fahrenberg – Pleystein – Lohma – Burkhardsrieth – Pfrentsch – Eslarn – Tillyschanz – Schönsee – Dietersdorf – Stadlern – Schwarzach – Schönau – Weiding – Schönsee – Schwand – Pirkhof – Nunzenried – Johannisberg – Eigelsberg – Obermurach – Oberviechtach – Niedermurach – Rottendorf – Pischdorf – Trichenricht – Gleiritsch – Bernhof – Kaltenthal – Oberpfreimd – Pfreimd – Wernberg – Köblitz – Diebrunn – Luhe – Meisthof – Seibertshof – Engleshof – Michldorf – Leuchtenberg – Weiden – Altenstadt – Neustadt/Waldnaab
STRECKENLÄNGE	212 km
AUSGANGS- UND ENDPUNKT	Neustadt/Waldnaab (450 m)
ANFAHRT ZUM AUSGANGSPUNKT	Autobahn Regensburg–Hof A 93, Ausfahrt Neustadt
SERVICESTELLEN	Niedermurach: Cagiva; Weiden: Aprilia, Kawasaki, Yamaha, BMW
ÜBERNACHTUNG	Oberviechtach: Gasthof Pösl
CAMPINGPLÄTZE	Flossenbürg; Trausnitz
KARTE	Die Generalkarte 1:200.000, Blatt 7
SEHENSWÜRDIGKEITEN	**Flossenbürg:** Burgruine Flossenbürg
	Oberbernrieth: Wallfahrtskirche
	Pleystein: Rosenquarzfelsen mit Salesianerkloster und Kreuzbergkirche
	Schönsee: Jagdmuseum Schönsee
	Oberviechtach: Heimatmuseum mit Dr.-Eisenbarth-Ausstellung im Alten Rathaus
	Leuchtenberg: Burgruine Leuchtenberg
	Weiden: Stadtmuseum im Alten Schulhaus, gotisches Rathaus, Pfarrkirche St. Josef

den immer noch imposanten Resten der einstmals bedeutendsten Burganlage des oberpfälzischen Raumes. Der Eintritt in diese zwischen dem 12. und 16. Jahrhundert vom Landgrafen und späteren Reichsfürsten von Leuchtenberg erbauten Anlage ist mit 1,50 Euro günstig.

Nach diesem Ausflug ins Mittelalter fahre ich über die der Auffahrtsroute gegenüberliegende Bergseite abwärts, erkenne weit im Osten den Kirchturm auf dem Fahrenberg und beende meine Reise – eigentlich viel zu schnell – wieder in Neustadt an der Waldnaab.

Spezialtipp: Die Anfänge der Chirurgie

Wer hat nicht schon von ihm gehört, dem »Wunderdoktor« Johannes Andreas Eisenbarth (1663–1727)? In Oberviechtach, wo er das Licht der Welt erblickte, erinnert eine Ausstellung im Heimatmuseum im Alten Rathaus an sein Leben und Wirken. Wenn man die chirurgischen Geräte von Knochensägen über Rippenheber bis zu Brenneisen betrachtet, erscheint die heutige Medizin in anderem Licht. Geöffnet ist im Sommerhalbjahr Dienstag, Donnerstag, Samstag und Sonntag von 10.00 bis 12.00 Uhr.

15

Durch die Rhön

Zur Wiege des Segelfliegens

Aus den Reiseführern, die ich vor dieser Tour gewälzt habe, ist nicht allzu viel über die Rhön in Erfahrung zu bringen: Auf der Höhe von Fulda dehnt sie sich nach Osten aus und wird dabei von der Fulda im Westen und der Werra im Osten eingegrenzt. Es gibt die Vorderrhön im nördlichen Teil, die etwa auf der Höhe von Fulda in die Hochrhön mit der höchsten Erhebung, der 950 Meter hohen Wasserkuppe übergeht und an die sich nach Süden hin die Bayerische Rhön anschließt, und ein kleiner Zipfel ganz im Nordosten gehört zu Thüringen. Die Berge sind wie Kuppen geformt und vulkanischen Ursprungs, aus Basalt und Phonolith, und sind von weiten Hochmooren, Wiesen, Gehölzen und Wäldern bedeckt. Das Klima in der Rhön ist rau, und der regenreichste Monat ist der Juli.

Also lege ich meinen Reiseantritt nicht in den Sommer, sondern verschiebe ihn in den Herbst, auf Anfang Oktober. Als ich Fulda erreiche, regnet es zwar nicht, aber die alte Bischofsstadt ist in dichten Nebel gehüllt. Am Domplatz kann ich kaum die Spitzen der beiden Türme des von Ludwig Dientzenhofer 1704–1712 erbauten Doms erkennen, die bereits in den Wolken zu verschwinden scheinen. Ich überquere die Paulus-Promenade hinüber zum Stadtschloss, ehemals Residenz der Reichs- und Fürstäbte und heute Sitz der Stadtverwaltung. Wegen der ungemütlichen äußeren Bedingungen besichtige ich gerne das Schlossinnere, das neben prachtvoll ausgestatteten Sälen wie dem Fürstensaal, dem Kaisersaal und dem Spiegelsaal auch eine Sammlung der Fuldaer Porzellanmanufaktur aufweist. Durch den Schlossgarten, vorbei an der Orangerie, die 1721–1730 nach den Plänen von Maximilian von Welsch erbaut wurde und als vollendete Schöpfung des deutschen Barock gilt, gehe ich zur Maschine zurück und verlasse die Stadt in östlicher Richtung auf der B 458 Richtung Petersberg.

Von der ehemaligen Benediktinerpropstei, die sich hier in beherrschender Lage auf einem gut 400 Meter hohen Basaltkegel über der Stadt erhebt, sehe ich des dichten Nebels wegen nichts. Ich bin schon froh, dass ich die Abzweigung bei Dipperz nicht übersehe und auf die Landstraße Richtung Langenbieber abbiegen kann, die mich zur Milseburg bringen soll. Eigentlich ist es keine Burg, sondern eine Reihe von Ringwällen, die hier von den Kelten an einem Berghügel errichtet wurden. Der Sage nach sollen sie allerdings von einem Riesen namens Mils dort aufgeschichtet worden sein, weshalb der Berg, auf dem noch eine Kapelle und eine Kreuzigungsgruppe steht, heute noch als Milseburg bezeichnet wird. Ich sehe weder Ringwälle noch Kapelle und Kreuzigungsgruppe und auch keine Riesen, sondern gerade noch die Hand vor Augen.

Motorsegeln über den Rhöner Bergen

Trotzdem möchte ich noch zur Wasserkuppe hoch, überquere bei Dietges die B 458 und folge weiter der Landstraße, die hinter Abtsrode immer stärker anzusteigen beginnt. Und plötzlich die Überraschung, fast schlagartig bleibt der Nebel unter mir zurück, und vor mir ist die Landschaft in gleißendes Sonnenlicht getaucht. Viel ist zwar von der Landschaft nicht zu sehen, nur die Spitze der Wasserkuppe ragt wie eine Insel aus einer dichten grauen Wolkendecke. Ich habe einen der in dieser Region nicht seltenen Tage mit Inversionswetterlage erwischt, wo sich die Tallagen unter einer dichten Nebeldecke verstecken, die jedoch wie mit dem Messer abgeschnitten in höheren Regionen der Sonne Platz macht. Die Straße führt wenig unterhalb des Gipfels an der Wasserkuppe vorbei und ich sehe linker Hand einen kleinen Flugplatz, auf dem kleine Motorflugzeuge und Motorsegler starten und landen. Ich zögere nicht lange, parke meine Maschine und frage einen der Piloten, was das Mitfliegen kostet.

Der Preis von 25 Euro erscheint mir durchaus erschwinglich, und wenige Minuten später blicke ich aus dem Cockpit hinter dem Piloten aus luftiger Höhe auf die endlos erscheinende Wolkenbank, aus denen die grünen Kuppen der höheren Rhönberge sich tatsächlich wie Inseln aus dem Meer zu erheben scheinen. Beinahe lautlos halten wir uns eine gute halbe Stunde in der Luft, bevor der Pilot wieder zur Landung ansetzt und uns sicher wieder auf den Boden zurückbringt.

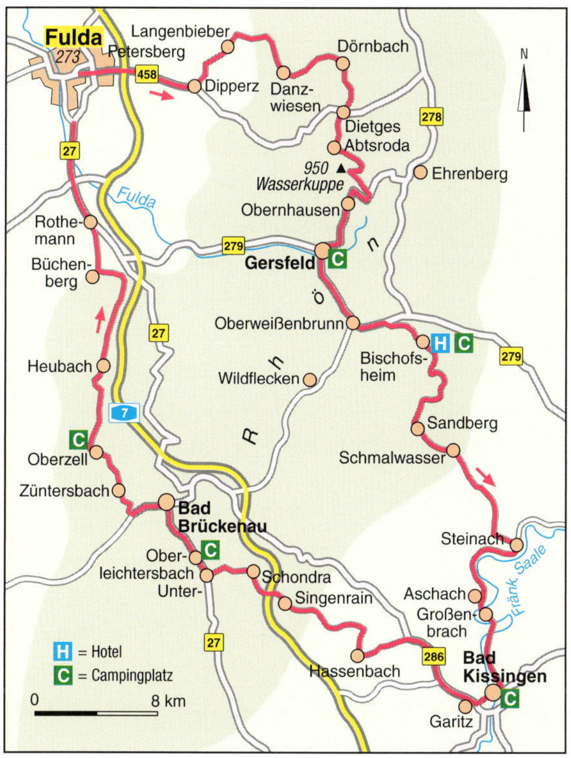

Nur der Betrachter des Fotos von der Hochrhönstraße bei Gersfeld hat die Wasserkuppe im Blickfeld.

Linke Seite: Biebertal heißt diese Ecke der Rhön.

Ich fahre weiter Richtung Süden hinunter in den Nebel, in den Bayerischen Teil der Rhön nach Bad Kissingen, das ich über kurvige, wenig befahrene Landstraßen zuerst am Schmalwasserbach, dann an der Fränkischen Saale entlang erreiche.

Über idyllische Kurorte

Der stark frequentierte Kurort ist der Wendepunkt meiner Reise. Neben den kohlensäurereichen und eisenhaltigen Kochsalzquellen, die vor allem zu Trink- und Badekuren bei Erkrankungen der Verdauungsorgane und des Stoffwechsels und auch bei Herz- und Gefäßleiden angewendet werden, kann er sogar eine Spielbank vorweisen.

Ich verschmähe sowohl Bundesstraße als auch Autobahn, die mich schneller nach Fulda zurückbringen würden, und folge lieber dem Landsträßchen nach Bad Brückenau, dessen Staatsbad seine Entstehung vor allem König Ludwig I. von Bayern verdanken soll, der hier allein 26-mal zur Kur geweilt haben soll.

So viel Spaß das Fahren auf den kleinen Sträßchen macht, so spüre ich langsam, dass es auch anstrengt. Und als ich nach Fulda zurückkomme, brauche ich zwar noch keine Kur, aber eine Ruhepause kann ich nun gut vertragen.

Das mittelalterliche Städtchen Schlitz liegt zwar nicht direkt auf unserer Strecke, gibt jedoch die Schönheiten dieser Region eindrucksvoll wieder.

Streckenbeschreibung

STRECKENVERLAUF	Fulda – Petersberg – Dipperz – Langenbieber – Danzwiesen – Dörmbach – Dietges – Abtsroda – Obernhausen – Gersfeld – Oberweißenbrunn – Bischofsheim – Sandberg – Schmalwasser – Steinach – Aschach – Großenbrach – Bad Kissingen – Garitz – Hassenbach – Singenrain – Schondra – Unterleichtersbach – Oberleichtersbach– Bad Brückenau – Züntersbach – Oberzell – Heubach – Büchenberg – Rothemann – Fulda
STRECKENLÄNGE	186 km
AUSGANGS- UND ENDPUNKT	Fulda (273 m)
ANFAHRT ZUM AUSGANGSPUNKT	Autobahn Würzburg–Kassel A 7, Ausfahrt Fulda
SERVICESTELLEN	Fulda: Kawasaki, Honda, BMW; Bad Bocklet: Aprilia, Moto Guzzi, Triumph; Eichenzell: Honda, Kawasaki, Yamaha
ÜBERNACHTUNG	Oberweißenbrunn: Gasthof zum Lamm; Bischofsheim: Gasthof Adler
CAMPINGPLÄTZE	Gersfeld; Bischofsheim; Bad Kissingen; Oberleichtersbach; Sinntal/Oberzell
STRECKENSPERRUNG	Im Ortsteil Staatsbad von Bad Brückenau besteht in der Ernst-Ritz-Straße zwischen dem 1. April und 31. Oktober Nachtfahrverbot zwischen 22 und 6 Uhr.
KARTE	Die Generalkarte 1:200.000, Blatt 11
SEHENSWÜRDIGKEITEN	Fulda: Michaelskirche, Kloster Frauenberg, Dom mit Bonifatiusgruft
	Gersfeld: Barockschloss, evangelische Kirche, Hochwildschutzpark südöstlich des Ortes
	Bischofsheim: Pfarrkirche St. Georg, Schwarzes Moor, Zehntturm
	Bad Kissingen: Minnesängerbrunnen am Rathaus, Altes Rathaus mit Ratssaal
	Bad Brückenau: Stadtpfarrkirche, Tätsch'r Brunnen

Spezialtipp: Paradies für Segelflieger

Die Wasserkuppe gilt als Paradies für Segelflieger. Ohne große Formalitäten oder Voranmeldungen kann man dort bei einem der an schönen Tagen zahlreich startenden und landenden Motorsegler oder auch Piloten kleinerer Sportflugzeuge mitfliegen.
Wer nicht selbst in die Luft (25 Euro pro Flug) gehen will, dem bietet sich das in einem Hangar untergebrachte Segelflugmuseum zur Besichtigung an. Hier wird einem nicht nur die Geschichte des Segelfliegens von den ersten Versuchen Otto Lilienthals bis heute erzählt, sondern man kann hier auch die skurrilsten Fluggebilde bewundern.

Der Segler im Hintergrund ist ein Hochleister namens ASW 19. Die Maschinen im Vordergrund sind eher zum gemächlicheren Touren geeignet.

16 Durch den Spessart

Durch den Wald der Spechte

»Vor vielen Jahren, als im Spessart die Wege noch sehr schlecht und nicht so häufig befahren waren, zogen zwei junge Burschen durch diesen Wald. Der Abend war schon heraufgekommen, und die Schatten der riesengroßen Fichten und Buchen verfinsterten den schmalen Weg, auf dem die beiden wanderten. Der Zirkelschmied schritt wacker vorwärts und pfiff ein Lied, aber Felix, der Goldarbeiter sah sich oft ängstlich um. Eine große Räuberbande sollte hier in diesem Wald ihr Unwesen treiben und viele Reisende waren in den letzten Wochen geplündert worden, ja man sprach sogar von einigen greulichen Mordgeschichten, die vor nicht langer Zeit dort vorgefallen seien.«

Wenn man solche Zeilen liest, wie sie am Anfang des Romans »Wirtshaus im Spessart« des Schriftstellers Wilhelm Hauff (1802–1827) stehen, überlegt man sich freilich zweimal, ob man in eine solche Gegend reisen soll. Aber keine Sorge, schon als der Autor jener Zeilen im Jahre 1826 den Spessart besuchte, gab es dort längst keine Räuberbanden mehr. Heute ist der Spessart, wie alle deutschen Mittelgebirge, eine herrliche Erholungslandschaft, die zwar keine allzu hohen Berge aufweisen kann – der Geiersberg im bayerischen Teil ist mit 585 Metern die höchste Erhebung, im hessischen Teil wird die 500-Meter-Marke mit dem Schwarzen Berg nur knapp überschritten –, dafür aber mit Wäldern reich gesegnet ist.

Ich habe Aschaffenburg als Ausgangspunkt meiner Tour gewählt, und als ich mich in der Stadtinformation in der Friedrichstraße über die Sehenswürdigkeiten von Stadt und Umgebung informieren will, fällt mir auf einigen Prospekten ein Wappen mit einem Specht auf. Eine freundliche Angestellte klärt mich auf, dass sich der Name Spessart von Spechteshart oder Spechtswald ableitet, der vielen Schwarz-, Bunt-, Erd-, Grün- und Grauspechte wegen, die in den Laubwäldern heimisch sind. Dann schickt sie mich hinunter zum Schloss Johannisburg, einem monumentalen Spätrenaissancebau aus rotem Sandstein, der das Mainufer beherrscht und ehemals als Residenz der Mainzer Kurfürsten diente. Interessant ist auch der Stiftsplatz mit der Stiftskirche St. Peter und Alexander und dem Rathaus sowie etwas flussaufwärts gelegen der Schlossgarten mit einer Nachbildung eines in Pompeji ausgegrabenen Hauses, von dessen Terrasse der Blick weit ins Maintal und zu den Spessartbergen reicht.

Schlossstädtchen Steinau im Kinzigtal

Dorthin zieht es mich nun, und ich verlasse die Stadt in nördlicher Richtung gleich hinein in die hügelige Landschaft des Hahnenkamms, der sich hier gut 400 Meter hoch erhebt. Ein ernsthaftes Hindernis ist er freilich nicht, und bald bin ich in Alzenau, im Kahlgrund, dessen beherrschendes Wahrzeichen die weithin sichtbar aufragende Burg ist. Deutlich flacher präsentiert sich hier am nordwestlichen Rand des Spessarts die Landschaft, während ich hinter Michelbach die Grenze von Bayern ins Bundesland Hessen überquere und dem Kinzigtal zustrebe, das ich bei Gelnhausen erreiche.

Ich lasse mir Zeit und besichtige die Ruine der alten Kaiserpfalz, auf einer Insel in der Kinzig gelegen, die an die beeindruckende Architektur der alten Staufer und den wohl bekanntesten Angehörigen dieses Geschlechts, Kaiser Friedrich I. Barbarossa, erinnert.

Dieser Plausch zwischen Flussschiffern und Chopperfahrer findet in Lohr am Main statt.

Beeindruckend in einem anderen Sinn ist dann allerdings der Verkehr auf der ebenfalls durch das Kinzigtal verlaufenden Autobahn, die mich zwar schnell nach Steinau an der Straße bringen würde, der ich dann aber doch lieber die Landstraße unmittelbar an der Autobahn entlang den Vorzug gebe. Steinau ist ein ausgesprochen hübsches Städtchen mit Wehrmauern und alten Fachwerkhäusern, dessen dominierendes Bauwerk, das Schloss, fast ein Drittel der Stadt umfasst und dessen bekannteste Einwohner, die Gebrüder Grimm, hier von 1791–1796 ihre Jugendjahre verbrachten.

Jetzt ist Fahrgenuss angesagt, ich verlasse das Kinzigtal Richtung Süden mitten hinein in den Hessischen Spessart, wo dieser mit dem 521 Meter hohen Schwarzen Berg nicht nur am höchsten, sondern wohl auch am schönsten ist. Die wenigen kleinen Ortschaften unterbrechen den Fahrgenuss kaum, den die sich kurvenreich bergauf und bergab windende Straße bietet. Erst bei Hösbach endet vorläu-

Linke Seite: Das Schloss Johannisburg aus leuchtend rotem Sandstein beherrscht das Mainufer bei Aschaffenburg.

fig dieser grandiose Fahrspaß, und es wäre nur noch ein kurzer Dreh am Gasgriff zurück nach Aschaffenburg. Aber ich möchte noch etwas länger in dieser reizvollen Landschaft bleiben und folge der B 26 zurück nach Osten bis Lohr am Main, der den südlichsten Teil des Spessarts in einer mächtigen Schleife eingrenzt. Das östliche Tor zum Spessart, wie die von Bergen umgebene Stadt auch genannt wird, ist noch nicht ganz der Wendepunkt meiner Rundtour. Ich fahre noch mainabwärts, bis ich die spitzgiebeligen Fachwerkhäuser von Rothenfels erreiche, der kleinsten Stadt Bayerns, die von der trutzigen Burg gleichen Namens überragt wird und in der sich heute eine Jugendherberge befindet.

Biken im Naturpark Bayerischer Spessart

Noch ein kurzes Stück bis Hafenlohr, wo der gleichnamige Fluss in den Main mündet, aber während dieser seine Reise hinter sich hat, liegt vor mir noch die Rückfahrt nach Aschaffenburg. Und diese zählt mitten durch den Naturpark Bayerischer Spessart wieder mit zum Schönsten, was einem Motorradfahrer geboten werden kann. Herrliche Natur, schö-

Kaum zu glauben, dass in dieser idyllischen Waldlandschaft einst Räuber gehaust haben sollen. Den Chopperfahrer scheint es nicht zu kümmern.

Bild rechts: Das berühmte Wirtshaus im Spessart zeigt dieses Bild leider nicht, aber es gibt eine Vorstellung, wie es einmal ausgesehen haben könnte.

Streckenbeschreibung

STRECKENVERLAUF	Aschaffenburg – Johannesberg – Rückersbach – Hörstein – Alzenau – Michelbach – Albstadt – Freigericht – Gondsroth – Hasselroth – Meerholz – Gelnhausen – Wächtersbach – Aufenau – Steinau – Seidenroth – Alsberg – Villbach – Wiesen – Sailauf – Laufach – Lohr – Wombach – Rothenfels– Hafenlohr – Einsiedel – Erlenfurt – Lichtenau – Rothenbuch – Waldaschaff – Aschaffenburg
STRECKENLÄNGE	229 km
AUSGANGS- UND ENDPUNKT	Aschaffenburg (230 m)
ANFAHRT ZUM AUSGANGSPUNKT	Autobahn Nürnberg – Frankfurt A 3, Ausfahrt Aschaffenburg
SERVICESTELLEN	Aschaffenburg: Honda, KTM, Yamaha, Suzuki
ÜBERNACHTUNGEN	Steinau: Hotel garni Grüner Baum; Lohr: Hotel Bundschuh
CAMPINGPLÄTZE	Neustadt
KARTE	Die Generalkarte 1:200.000, Blatt 5
SEHENSWÜRDIGKEITEN	**Aschaffenburg:** Schloss Johannisburg, Schlossgarten mit Pompejanum, Stiftskirche St. Peter und Alexander, Park Schönbusch **Gelnhausen:** Ruinentor Kaiserpfalz, Marienkirche, Rathaus, Romanisches Haus, Heimatmuseum **Wächtersbach:** Schloss, Wehrkirche **Steinau:** Ehemaliges Wohnhaus der Gebrüder Grimm, Schloss mit Gebrüder-Grimm-Museum, Teufelshöhle ca. 3 km nördlich, Thalhof-Park mit Tiergarten **Lohr:** Bayersturm, Schloss mit Spessartmuseum, Pfarrkirche St. Michael **Rothenfels:** Burg mit Bergfried

ne Kurven und auch der Verkehr hält sich hier, da ich nicht am Wochenende und in der Ferienzeit unterwegs bin, in Grenzen. In Aschaffenburg setze ich mich am Mainufer in ein Café, und während ich in Gedanken die Eindrücke dieser Tour zurückrufe, habe ich das Gefühl, dass etwas gefehlt hat. Es dauert lange, bis ich darauf komme, aber dann wird es mir bewusst: Ich habe weder einen Specht noch das berüchtigte Wirtshaus gesehen.

Spezialtipp: Ein Wirtshaus, in das niemand mehr einkehren kann

Wie es halt mit den Sagen so ist, was Genaues weiß man halt nicht, und so bin ich bei meinen Recherchen über das berühmte »Wirtshaus im Spessart« auf zwei Quellen gestoßen:
Eine dieser Quellen geht davon aus, dass es einstmals in Rohrbrunn gestanden haben, nunmehr aber durch die dortige Autobahnraststätte ersetzt worden sein soll. Die andere Quelle benennt das Gasthaus St. Hubertus in Rothenfels als die »kleinste Stadt Bayerns«. Nun haben Sie die Qual der Wahl, sich für eines von beiden zu entscheiden.

17 Entlang der Mosel

Von der Porta Nigra in Trier zum Deutschen Eck in Koblenz

Ich kannte die Mosel bisher nur von den Landkarten her, und was mich dabei am meisten beeindruckte, war vor allem ihr windungsreicher Verlauf. Irgendwie setzte ich diese Schleifen und Bögen mit Kurven und Kehren gleich, die man zum Motorradfahren ja braucht wie das Salz in der Suppe. Dass die Kurven dann in Wirklichkeit nicht so eng werden würden wie auf der Landkarte mit ihrem kleinen Maßstab, war mir schon klar, dennoch übte dieses Gebiet mit seinem milden Klima, der reizvollen Landschaft und den sehenswerten Städten einen solchen Reiz auf mich aus, dass ein Besuch für mich mit an oberster Stelle auf meiner Wunschliste stand. 243 Kilometer misst die Mosel von der luxemburgisch-französischen Grenze bis zur Mündung in den Rhein, in der Luftlinie allerdings nur 120 Kilometer, was ihren windungsreichen Verlauf bereits verdeutlicht. Der schönste Teil soll an der so genannten Mittelmosel zwischen Trier und Koblenz liegen, wohin dann auch meine Reise zielte.

Dort, wo sich das Moseltal nach Süden und Südwesten öffnet und die Bergrücken des Hunsrück im Südosten sanfter zum Ufer hin abfielen, suchten und fanden römische Siedlungsbauer im Jahr 16 vor Chris-tus einen günstigen Platz für einen Brückenschlag. Am Schnittpunkt zweier wichtiger Heeres- und Handelsstraßen gelegen, entwickelte sich die zu Ehren des Kaisers Octavianus Caesar Augustus »Augusta Treverorum« genannte Siedlung zur wichtigsten Etappenstadt jenseits des Rheins. So kann die heutige Universitäts- und Domstadt Trier auf eine fast 2000-jährige Kulturgeschichte zurückblicken, die ihr auch den Beinamen »Das zweite Rom« eingebracht hat.

Übertrieben ist das nicht, denke ich, als ich meine Maschine am Pferdemarkt geparkt habe, die Kutzbad- und Simeonstraße hochgeschlendert bin und plötzlich vor dem imposantesten Bauwerk römischer Geschichte diesseits der Alpen, der Porta Nigra, stehe. Die Porta Nigra ist ein monumentaler Bau, 36 Meter breit, 22 Meter tief und 30 Meter hoch, mit rundbögigen Öffnungen und Doppeltürmen, den die Römer um 180 nach Christus als Zeichen der Macht aus Sandstein errichteten. Durch Witterungseinflüsse und in neuester Zeit wohl auch durch die Luftverschmutzung hat der ursprünglich helle Sandstein reichlich dunkle Patina angesetzt. Über den Hauptplatz, wohl einen der schönsten Plätze Deutschlands, vorbei an Dom und Liebfrauenkirche, Konstantinbasilika und Kurfürstlichem Palais schlendere ich durch den Palastgarten mit den Kaiserthermen hinunter zum Amphitheater.

An idyllischen Weinbergen entlang durch das Rheinische Schiefergebirge

Nun aber rasch zurück zur Maschine und hinaus aus der Stadt, wo noch so viele Sehenswürdigkeiten auf mich warten. Zuerst einmal bin ich aber mehr zufällig als gewollt auf der Stadtautobahn und erkenne die sich in der Ferne am gegenüberliegenden Ufer träge ausdehnenden Orte wie Pfalzel und Quint. Beim Autobahndreieck Moseltal wechsle ich dann dort hinüber, aufs linke Moselufer nach Schweich. Ich folge der B 53 am Fluss entlang, der nun langsam die Talweitung des Trierer Beckens verlässt und sich in engen Windungen zwischen den steilen, weinbergbedeckten Hängen des Rheinischen Schiefergebirges seinen Weg sucht.

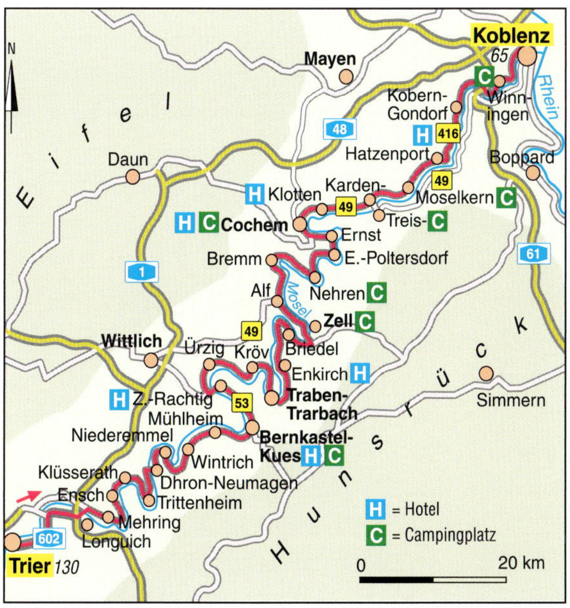

Weinberge soweit das Auge reicht. Man übersieht fast die architektonisch interessante Hängebrücke bei Wehlen.

Nicht lange bleibe ich auf der linken Talseite, schon bei Trittenheim, wo sich die Mosel tief ins Tal hineingeschnitten und die Weinberge an den steilen Hängen gerade noch bestellbar sind, wechsle ich über eine schön geschwungene Brücke ans andere Ufer, wo sich die Rebenhänge an schon wesentlich flacheren Hängen emporziehen.

Der Fluss macht noch einige Schleifen, bevor er hinter Wintrich gemäßigter dem reizvollen Städtchen Bernkastel-Kues zusteuert, über dem sich die Burgruine Landshut erhebt. Im 14. Jahrhundert soll sich hier der sterbenskranke Erzbischof Boemund II. an einem Wein dieses Moselstrichs gesund getrunken haben, welcher folgerichtig nunmehr unter der Bezeichnung »Bernkasteler Doktor« kredenzt wird. Anstößiger erscheint da schon die Bezeichnung, die für den etwas moselabwärts im Örtchen Kröv gekelterten Rebensaft verwendet wird. Der berühmte Kröver Nacktarsch geht jedoch eigentlich auf das alte Wort Nektar zurück, also den himmlischen Trank, den schon die Römer und Griechen zu genießen wussten.

Über Traben-Trarbach erkenne ich am südlichen Ufer die Ruine der Grevenburg, während auf einem Hochplateau über der nördlichen Seite des Flusses die Reste der ehemaligen Zwingburg Mont Royal ihre düsteren Absichten verkünden. Von 1687–1692 durch den berühmten Festungsbaumeister Vauban errichtet, sollte damals von hier aus das ganze von Frankreich eroberte Gebiet beherrscht werden.

Linke Seite: Die Porta Nigra in Trier, das imposanteste Bauwerk der Römer nördlich der Alpen, sollte unbedingt auf dem Programm stehen.

Herrliche Ausblicke auf das Moseltal

Auf teils enger, kurvenreicher Straße geht es weiter nach Zell, dessen berühmte Lage »Schwarze Katz« auf den fast mosaikartig angeordneten Rebenfeldern über dem Ort abgeerntet wird. Hinter Alf verläuft die Mosel für ihre Verhältnisse fast gerade, nur von einer weiten Linksschleife bei Bremm unterbrochen, bevor sie sich bei Senhals wieder weiterschlängelt.

Stimmungsvoll taucht auf der gegenüberliegenden Flussseite das Stadtbild von Beilstein auf, das jederzeit als kleinere Ausgabe von Rothenburg ob der Tauber durchgehen könnte. Verwischt wird dieser Eindruck dann aber von der zinnen- und türmebewehrten Reichsburg von Cochem, die malerisch auf einem Hügel über dem Ort gelegen auftaucht. Der Fußmarsch von der Moselpromenade hinauf durch das Maut-Tor, vorbei an der St.-Rochus-Kapelle, wird mit einem herrlichen Blick hinunter ins Moseltal belohnt.

Der landschaftlich reizvollste Teil liegt nun hinter mir, die Mosel fließt geruhsamer, und die Berghänge sind nicht mehr so steil. Langweilig wird es hier trotzdem nicht, dafür sorgen auch weiterhin die verwinkelten Winzerstädtchen mit ihren alten Fachwerkhäusern. Und in Koblenz lasse ich es mir nicht nehmen, zum Deutschen Eck zu fahren, wo die Mosel in den Rhein mündet.

Cochem mit der Reichsburg ist einer der malerischsten Orte im Moseltal. Und die Uferpromenade ist ein bekannter Treffpunkt für Motorradfahrer.

Streckenbeschreibung

STRECKENVERLAUF	Trier – Kenn – Longuich – Mehring – Schleich – Ensch – Klüsserath –Trittenheim – Dhron-Neumagen – Niederemmel – Wintrich – Mühlheim – Bernkastel-Kues – Zeltingen – Rachtig – Machern – Ürzig – Kröv – Traben-Trarbach – Enkirch – Briedel – Alf – Bremm – Nehren – Ellenz-Poltersdorf – Ernst – Cochem – Klotten – Treis-Karden – Moselkern – Hatzenport – Löf – Kobern-Gondorf – Winningen – Koblenz
STRECKENLÄNGE	240 km
AUSGANGS- UND ENDPUNKT	Trier (130 m) Koblenz (65 m)
ANFAHRT ZUM AUSGANGSPUNKT	Autobahn Koblenz–Saarbrücken A 1, Ausfahrt Autobahndreieck Moseltal und über die Tangente Ehrang nach Trier
SERVICESTELLEN	Trier: Yamaha, Aprilia, Kawasaki u. a.; Zell: KTM, Yamaha; Kobern-Gondorf: KTM; Koblenz: alle Fabrikate
ÜBERNACHTUNGEN	Bernkastel-Kues: Garni Gästehaus; Zeltingen-Rachtig: Haus Rebstock; Enkirch: Moselromantik-Hotel Dampfmühle; Cochem: Hotel Panorama, Hotel Rosenhügel; Klotten: Gästehaus Zur Post, Haus Hubertus; Brodenbach: Haus am Walde, Haus Christiane, Hotel Pfeifer
CAMPINGPLÄTZE	Bernkastel-Kues; Zell; Nehren; Treis-Karden; Moselkern; Brodenbach; Winningen
TREFFS	Trier: Mugo-Kneip; Forsthaus Altenhof in Trier-Biewer; Cochem: Tourenrast am Parkplatz auf der Uferpromenade, Samstag und Sonntag vormittags und nachmittags
KARTE	Die Generalkarte 1:200.000, Blatt 5
SEHENSWÜRDIGKEITEN	**Trier:** Porta Nigra, Hauptmarkt mit Marktbrunnen, Museum, Touristeninformation im Simeonstift mit Städtischem Museum, Kurfürstliches Palais, Kaiserthermen **Bernkastel-Kues:** Kirche St. Michael mit frei stehendem Wehrturm, Burg Landshut, Fachwerkhäuser am Marktplatz **Traben-Trarbach:** Ruine der Grevenburg, Aussichtspunkt Festungsruine Mont Royal, 20 Min. nördlich **Beilstein:** Burgruine Metternich mit Restaurant **Cochem**: Reichsburg, Sesselbahn zum Aussichtspunkt Pinnerkreuz, Marktplatz mit alten Giebelhäusern und historischen Gaststätten **Treis-Karden:** Stiftskirche St. Castor **Moselkern:** Burg Eltz **Alken:** Burg Thurant, St.-Michaels-Kapelle, Wittburgscher Weinkeller **Koblenz:** Festung Ehrenbreitstein, Deutsches Eck am Zusammenfluss von Rhein und Mosel

Tipp: Philosophische Moselschifffahrt

Für eine Schifffahrt auf der Mosel bietet sich das Linienschiff zwischen Trittenheim und Bernkastel-Kues an. Es legt von Mai bis Oktober täglich um 9.30 Uhr in Trittenheim ab. In Bernkastel-Kues hat man dann zwei Stunden Aufenthalt, die man nutzen kann, um das Geburtshaus von Nikolaus von Kues zu besichtigen, einem Gelehrten des 15. Jahrhunderts, der als einer der Begründer der deutschen Philosophie gilt.

18

In der Eifel

Zur legendären Nordschleife des Nürburgrings

Die Eifel, das war bisher für mich immer nur der Nürburgring gewesen, vor allem mit seiner legendären Nordschleife. Aber ein Blick auf die Landkarte lehrte mich eines Besseren. Die Eifel ist ein riesengroßes Gebiet, das von Köln am Rhein im Norden bis Trier an der Mosel im Süden reicht. Im Osten mag Koblenz als grobe Eingrenzung dienen, während man im Westen eine Linie von Aachen entlang der belgischen Grenze Richtung Süden ziehen kann. Es gibt die nördliche Eifel, die südliche Voreifel, die Schneeifel, die Hohe Eifel, die Vulkaneifel und oben im Nordwesten die Rureifel. Die ganze Eifel scheint zudem ein einziges Gewirr von Straßen zu sein, deren kurvigen Verlauf man ihnen bereits auf der Karte ansieht, dass sie wie geschaffen zum Motorradfahren sind, und die häufig zu Orten führen, die ein »Bad« als Namenszusatz haben und allein schon deshalb als besuchenswert erscheinen.

Wo hier mit dem Motorradfahren beginnen und wo aufhören, eine ganze Woche würde wahrscheinlich nicht ausreichen, alle Kurven auszukosten und alle Sehenswürdigkeiten zu besichtigen. Ich habe nicht ewig Zeit, also beschränke ich mich schweren Herzens auf die östliche Hälfte der Eifel, mit der Vulkaneifel, der Hohen Eifel und natürlich dem Nürburgring. Bei Wittlich verlasse ich die A 48 und fahre gleich weiter in westlicher Richtung nach Kyllburg. Ein längerer Aufenthalt in Wittlich wäre vor allem Mitte August interessant, wenn hier die »Säuerbrenner-Kirmes« gefeiert wird und in der ganzen Innenstadt Schweinebraten geräuchert und Wein ausgeschenkt wird.

Jetzt mag ein kurzer Blick auf die historisch restaurierten Fassaden rund um den Marktplatz genügen. Denn bei Kyllburg wartet eines der landschaftlich schönsten und abwechslungsreichsten Täler der ganzen Eifel auf mich, das Kylltal hinauf nach Gerolstein. Nirgendwo sonst zeigt sich die Eifel in solcher Vielfalt, die von einem weiten Hochplateau über tiefe Schluchten und malerische Auwiesen, umrahmt von steilen Berghängen bis hin zu Eishöhlen und erloschenen Vulkanen alles umfasst.

Bald erkenne ich rechter Hand, von hohen Waldhängen umgeben, das ehemalige Zisterzienserkloster St. Thomas, dessen spätromanische Kirche als eine der besterhaltensten Nonnenkirchen der Region gilt. Dann liegt Mürlenbach vor mir, dessen alte Häuser und Gasthöfe sich um die Pfarrkirche scharen.

Eishöhlen bei Birresborn und der Vulkan von Kalem

Ich folge nun der nach Kopp abzweigenden Straße. Schon nach wenigen Metern sehe ich das Hinweisschild, folge der anfangs noch befestigten, dann in Schotter übergehenden Straße und keuche per pedes nochmals fast 20 Minuten einen Berghang hoch, bevor ich am Fuß eines alten Steinbruchs inmitteneines hoch gewachsenen Laubwaldes die Höhleneingänge entdecke. Obwohl die Höhlen mit einer starken Taschenlampe gefahrlos zu begehen sein sollen, sind mir die pechschwarzen kalten Löcher dann doch zu unheimlich, und schon nach

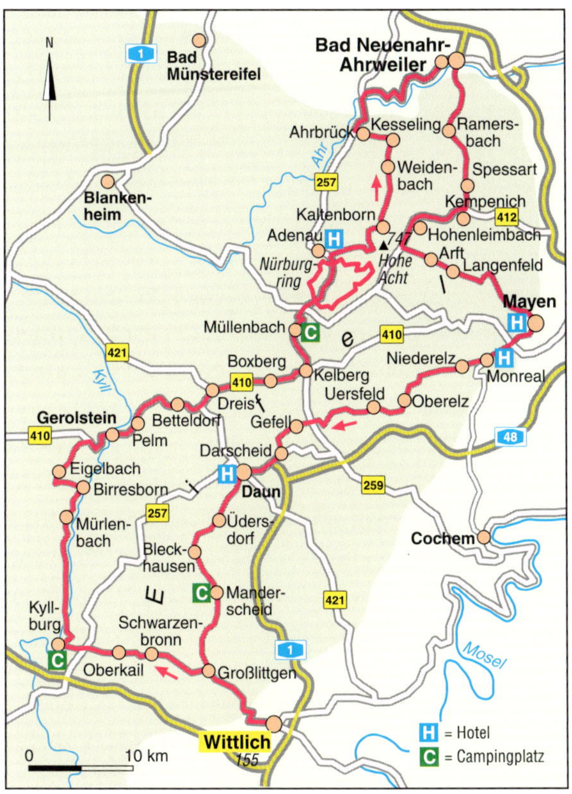

So richtig hoch ist sie mit ihren 747 Metern eigentlich nicht, aber in der Eifel ist die Hohe Acht damit bereits der höchste Berg.

wenigen Metern kehre ich lieber wieder um. Da ist der Vulkan von Kalem, gleich in der Nähe bei Eiglbad gelegen, schon viel angenehmer. Trockenmaar, von italienischem Wort »mare« = Meer abgeleitet, nennt man hier diese Landschaftsform, bei der sich durch Einbrechen des Gesteins in durch Gase gebildete Hohlräume ein Becken in das Grundgestein absenkte, in das wegen der Wasserundurchlässigkeit der Gesteinsschichten kein Grundwasser einsickern konnte.

Jetzt aber hinüber nach Gerolstein, dessen steil aufragende Felswände des Monterley Reste eines vor 350 Millionen Jahren hier geformten Korallenriffs sind, und schnell weiter in die Hohe Eifel, Richtung Adenau, wo eine Attraktion ganz anderer Art auf mich wartet, die Nordschleife des Nürburgrings.

Fast wie ein Relikt aus der Steinzeit des Automobilsports wirkt heute die 1925–1927 angelegte klassische Nordschleife, die auf knapp 21 Kilometern Länge mit 71 Kurven um die Nürburg führt und lange Zeit als anspruchsvollste und schönste Rennstrecke der Welt galt. Untrennbar ist sie mit Namen wie Rudolf Carracciola, Graf Berghe von Trips oder Nikki Lauda verbunden, dessen schrecklicher Feuerunfall im Jahre 1976 der Grund für die Einstellung des offiziellen Rennbetriebs auf dieser Strecke war. Den Anforderungen des hoch technisierten modernen Rennsports war sie allein aus sicherheitstechnischen Gründen schon länger nicht mehr gewachsen,

Linke Seite:
Das Bild zeigt die neue Grand-Prix-Strecke am Nürburgring, die zu den modernsten Strecken der Welt gehört. Von der alten Nordschleife kann man dies leider nicht behaupten.

und so baute man hier 1984 eine neue, nur gut 4,5 Kilometer lange Grand-Prix-Strecke, die zwar zu den modernsten und sichersten Rennstrecken der Welt zählt, aber niemals den legendären Bekanntheitsgrad der alten Strecke erreichen wird.

Adrenalin auf dem Nürburgring

Ich kann mir eine Runde auf der alten Nordschleife einfach nicht entgehen lassen, obwohl der Betrieb, der bei der Einfahrt in Nürburg herrscht, nicht unbedingt Gutes verheißt. Aber was soll's: Es ist einfach ein ganz besonderes Gefühl, die Maschine in Streckenteilen wie Schwedenkreuz, Fuchsröhre, Brünnchen, Schwalbenschwanz oder Döttinger Höhe einzulenken, wenngleich mein Adrenalinspiegel vor allem dann in die Höhe schnellt, wenn ich den kamikazehaften Fahrstil einiger Piloten beobachte, die offensichtlich den von Helmut Dähne mit einer getunten BMW aufgestellten Rundenrekord für Motorräder von 7 Minuten 48 Sekunden brechen wollen. Obwohl meine Zeit davon noch meilenweit entfernt ist, dauert es zurück auf der Landstraße noch einige Kilometer, bis sich meine Nerven wieder beruhigt haben und der Fahrstil der Straßenverkehrsordnung angepasst ist. Vor allem der schlechte Straßenbelag in der Region um Bad Neuenahr-Ahrweiler erfordert nämlich die ganze Konzentration.

Die Ahr ist dann auch mein Wendepunkt, und ich fahre hinunter in die von Vulkankuppen geprägte Landschaft von Mayen. Im Ort fällt mir der achteckige spitze Turmhelm der Kirche auf, welcher der Sage nach vom Teufel verdreht worden sein soll, tatsächlich aber durch einen Konstruktionsfehler zu einer schiefen Spirale gedreht wurde. Durch das enge Elztal geht es nach Monreal mit seinen malerischen Fachwerkhäusern und den Burgen und über Daun dann leider viel zu schnell wieder zurück nach Wittlich.

Abseits der Hauptstraßen hat man die kleinen Eifelsträßchen meistens für sich alleine. Nur an schönen Wochenenden herrscht auch hier regerer Ausflugsverkehr.

Streckenbeschreibung

STRECKENVERLAUF	Wittlich – Großlittgen – Schwarzenborn – Oberkail – Kyllburg – Mürlenbach – Birresborn – Eigelbach – Hinterhausen – Gerolstein – Pelm – Betteldorf – Dreis – Boxberg – Kelberg – Müllenbach – Nürburg – Adenau – Kaltenborn – Weidenbach – Kesseling – Ahrbrück – Altenahr – Mayschoß – Bad Neuenahr-Ahrweiler – Ramersbach – Spessart – Kempenich – Hohenleimbach – Arft – Langenfeld – Mayen – Monreal – Niederelz – Oberelz – Uersfeld – Gefell – Darscheid – Daun – Üdersdorf – Bleckhausen – Manderscheid – Großlittgen – Wittlich
STRECKENLÄNGE	275 km
AUSGANGS- UND ENDPUNKT	Wittlich (155 m)
ANFAHRT ZUM AUSGANGSPUNKT	Autobahn Trier–Koblenz A 48, Ausfahrt Wittlich
SERVICESTELLEN	Wittlich: , Yamaha; Gerolstein: Suzuki; Adenau: Honda, Yamaha, BMW; Bad Neuenahr-Ahrweiler: BMW; Mayen: Aprilia, Moto-Guzzi, Cagiva, Kawasaki, BMW
ÜBERNACHTUNGEN	Nürburg: Gasthaus Lindenhof, Dorint Hotel am Nürburgring; Adenau: Hotel Blaue Ecke; Mayen: Hotel Zum Alten Fritz; Monreal: Pension Zum Obertor; Daun/Pützborn: Gaststätte Zur Alten Schmiede;
CAMPINGPLÄTZE	Kyllburg; Müllenbach; Altenahr; Manderscheid
TREFFS	Nürburg: Altes Forsthaus; Adenau/Breitscheid: Gasthaus Beim Hannes; Daun-Pützborn: Zur Alten Schmiede; Ahrbrück: Café Fahrtwind
STRECKENSPERRUNG	Im Kurbereich von Bad Neuenahr-Ahrweiler besteht ganzjährig Nachtfahrverbot zwischen 22.00 und 7.00 Uhr und im Stadtkern von Daun zwischen 19.00 und 6.00 Uhr.
KARTE	Die Generalkarte 1:200.000, Blatt 4
SEHENSWÜRDIGKEITEN	**Wittlich:** Pfarrkirche St. Markus, Altes Rathaus, Meistermann Museum Kyllburg: Schloss Malberg, Stiftskirche mit Renaissance-glasmalereien
	Gerolstein: Naturkundliches Museum, Ruine Kasselburg mit Adlerflugvorführungen, römische Villa Sarabodis mit Prähistorischem Museum, Hustley-Felsen mit Klettergarten
	Adenau: Pfarrkirche, Fachwerkhäuser am Marktplatz
	Altenahr: Laurentiuskirche und Willibrordus-Kirche, römische Silberberg-Villa, Thermalhallenbad, Spielbank, Kurpark mit Trink- und Wandelhalle
	Mayen: Genovevaburg mit Eifeler Landschaftsmuseum, St.-Clemens-Kirche mit schiefem Turm
	Monreal: Aussichtsturm der Ruine Monreal, historisches Stadtbild

Spezialtipp: Eine schnelle Runde

Wenn Sie vorhaben, eine Runde auf der Nordschleife des Nürburgrings zu drehen, erkundigen Sie sich vorher über die Öffnungszeiten: Tel. 02691/302630, Fax 302650, Faxabruf 30266600, www.nuerburgring.de oder auch bei der Touristinfozentrale am Nürburgring. Sie könnten sonst vor verschlossenen Toren stehen. Eine Runde kostet Euro 14,–, 6-Runden-Karte Euro 70,–, 12-Runden-Karte Euro 135,–, eine Jahreskarte gibt es für Euro 620,–. Bitte beachten: Erlaubt sind nur Bikes mit Straßenverkehrszulassung, es gilt die Straßenverkehrsordnung.

19 Im Harz

Durch das nördlichste Mittelgebirge Deutschlands

Dass der Harz das nördlichste aller deutschen Mittelgebirge ist, ist unbestreitbar. Ob er auch, wie vielfach behauptet wird, das schönste Mittelgebirge ist, bleibt jedermanns eigener Einschätzung überlassen. Fest steht jedoch in jedem Fall, dass der Harz mit seinen dunklen Wäldern, den tief eingeschnittenen Tälern mit steil aufragenden Klippen, seinen Bächen, Stauseen, Burgen und Höhlen einem Idealbild schon sehr nahe kommt. Fest steht auch, dass der Harz neben seiner abwechslungsreichen Landschaft auch eine außergewöhnliche Kunst- und Kulturgeschichte, insbesondere der Romanik und Gotik, vorweisen kann, die sich vor allem in den Städten von der ehemaligen Kaiserpfalz Goslar bis zur Fachwerkstadt Wernigerode niedergeschlagen hat, aber auch in zahlreichen Klosteranlagen, Schlössern und Burgen bis heute lebendig geblieben ist.

Während der Anfahrt fällt mir ein, dass ich mich nun auf den Spuren so berühmter Persönlichkeiten wie Heinrich Heine, Heinrich von Kleist, Theodor Fontane und Johann Wolfgang von Goethe bewege, die alle den Harz besucht und in ihren Gedichten und Romanen beschrieben haben. Goethe etwa lässt im ersten Teil des Faust die Hexen mit dem Teufel auf dem Brocken tanzen, Heine schildert die Natur in seiner Harzreise und Fontane Landschaft und Mensch in seinem Roman »Ellernklipp«.

Ob sie auch in Seesen waren, weiß ich nicht. Ich wähle diesen Ort als Ausgangspunkt, weil er gut über die A 7 zu erreichen ist. Stattliche Fachwerkhäuser bestimmen das Ortsbild, ein Blick auf den Wohnturm der ehemaligen Burg und die barocke Pfarrkirche St. Andreas, die einst Schlosskirche war, dann geht es der Beschilderung »Lautenthal« folgend hinein in den Naturpark Harz. Auf kurvigen Straßen erreiche in die Oberharzer Bergstadt, wo der Bergbau nur noch in Form einer Multivisionsschau in der »Bergwerks- und Hüttenschau« sowie bei einem Besuch des »Tiefen Sachsenstollens« betrieben wird.

Eindrucksvolles Goslar

Der Laue folgend gelange ich auf eine wellige Hochfläche, auf der sich auch der Erholungsort Hahnklee-Bockswiese ausbreitet. Die hier alljährlich am 30. April stattfindende Walpurgisfeier ist weit über den Ort hinaus bekannt, und mindestens ebenso bekannt ist die Gustav-Adolf-Kirche, die 1908 nach dem Vorbild norwegischer Stabkirchen gebaut wurde. Drei Dächer wurden hier übereinander gesetzt, darauf nochmals drei Dachreiter mit einem spitz zulaufenden Turm. Kirche und freistehender Glockenturm wurden aus dunklem Holz errichtet, das Kaiser Wilhelm II. gestiftet haben soll.

An der Abzweigung Kreuzeck folge ich der Beschilderung nach Goslar, dessen bedeutendstes Bauwerk, die Kaiserpfalz, schon am Beginn der Altstadt auf mich wartet. Kaiser und Könige, von Otto I. über Friedrich I., auch als Barbarossa bekannt, bis König Wilhelm von Holland, hielten hier im Kaiserhaus Hof, aber so beeindruckend die monumentalen Wandgemälde des Kaisersaals auch sind, den besonderen Reiz Goslars machen die dekorativ verzierten Fachwerkhäuser aus verschiedenen Jahrhunderten aus, die sich vor allem rund um den Marktplatz, mit dem von einem vergoldeten Reichsadler verzierten

Einsame Seitenstraßen gibt es zuhauf im Harz.

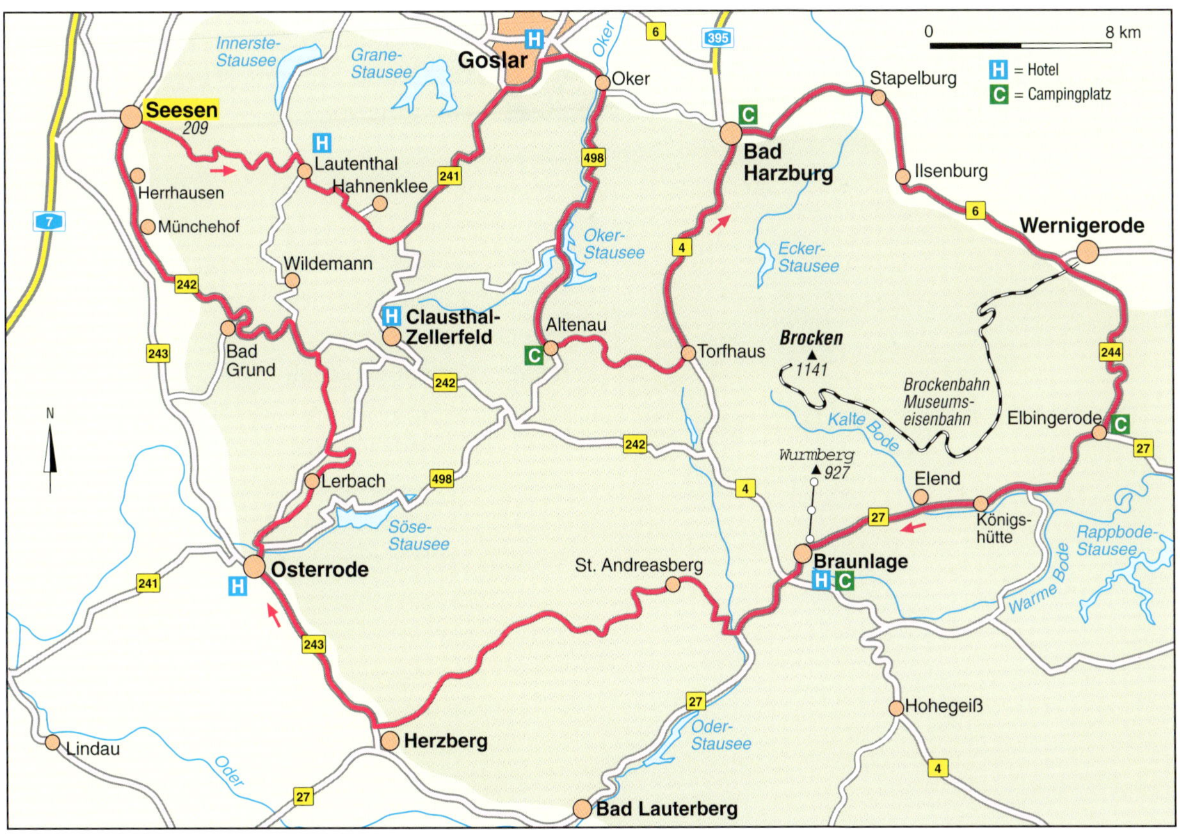

Linke Seite: Die Kaiserpfalz in Goslar, wo einst Kaiser und Könige, von Otto I. über Friedrich I., auch Barbarossa genannt, bis zu König Wilhelm von Holland Hof hielten.

Das Rathaus von Wernigerode aus der Mitte des 16. Jahrhunderts beeindruckt durch seine filigrane Fachwerkgestaltung.

Brunnen verteilen. Nur ungern verlasse ich das pittoreske Städtchen wieder, aber mit dem Okertal wartet eines der schönsten Flusstäler des Harzes auf mich. 60 Meter hoch ist der Wasserfall, der bei Romkerhall zu Tale stürzt, und damit fast so hoch wie die 67 Meter hohe und 250 Meter lange Staumauer des Okerstausees, des größten Stausees im Harz. In landschaftlich herrlicher Kulisse ist er ein Paradies für Wassersportler jeder Art, und für diejenigen, die partout nicht nass werden wollen, steht sogar ein Motorboot zur Verfügung.

Sagenumwobener Brocken

Bei Altenau verlasse ich das Tal der Oker und wechsle über eine kleine Landstraße hinüber nach Torfhaus, wo vor nicht allzu langer Zeit die innerdeutsche Grenze verlief. Die Grenze ist Vergangenheit, gegenwärtig aber ist der sagenumwobene Brocken, mit 1142 Meter höchster Berg des Harzes, der sich von hier im Osten als lang gestreckter, teils bewaldeter, teils begrünter Bergrücken präsentiert. Kaum zu glauben, dass dort oben, wo der Aussichtsturm vom höchsten Punkt herübergrüßt, das Brockengespenst sein Unwesen treiben soll.

Leider ist der Brocken nur zu Fuß oder von mit der Brockenbahn in Wernigerode zu erreichen, und so bleibt mir der Gipfel verwehrt. Aber das Gespenst soll ohnehin nur eine harmlose Luftspiegelung sein, wenn unter bestimmten Wetterverhältnissen der Schatten von Wanderern auf gegenüberliegende Wolken fällt und dabei riesenhaft vergrößert wird.

Über Bad Harzburg, Wernigerode und Braunlage umfahre ich den Berg großräumig und wechsle erst beim Forsthaus Oderhaus auf kleinere kurvenreiche Sträßchen über. St. Andreasberg liegt dabei noch mitten im Harz, während Herzberg und Osterode schon am Rande angesiedelt sind. Hinter Osterode fällt mir siedend heiß ein, dass ich ja auch noch die berühmten Tropfsteinhöhlen des Harzes besuchen wollte, wozu ich aber bei Elbingerode einen kurzen Abstecher nach Rübeland hätte machen müssen, wo sich mit der Baumannshöhle und der Hemannshöhle die bekanntesten finden.

Zum Glück bietet sich bei Bad Grund noch die Iberger Tropfsteinhöhle für eine Besichtigung. Deren bizarre Gesteinsformationen tragen Namen wie »Backofen der Zwerge«, »Hand des Riesen« oder »Madonna«. Auf dem Rückweg nach Seesen bin ich damit beschäftigt nachzudenken, ob mit der letzten Bezeichnung eine amerikanische Popsängerin gemeint ist.

Streckenbeschreibung

STRECKENVERLAUF	Seesen – Lautenthal – Goslar – Altenau – Torfhaus – Bad Harzburg – Stapelburg – Ilsenburg – Wernigerode – Elbingerode – Königshütte – Elend – Braunlage – St. Andreasberg – Herzberg – Osterode – Lerbach – Bad Grund – Münchehof – Herrhausen – Seesen
STRECKENLÄNGE	186 km
AUSGANGS- UND ENDPUNKT	Seesen (209 m)
ANFAHRT ZUM AUSGANGSPUNKT	Autobahn Kassel – Hannover A 7, Ausfahrt Seesen
SERVICESTELLEN	Goslar: BMW, Honda, Kawasaki, Yamaha; Clausthal-Zellerfeld: Aprilia
ÜBERNACHTUNG	Goslar: Altstadthotel Gosequell, Hotel Das Brusttuch; Braunlage: Haus Fernblick; Claustahl-Zellerfeld: Haus Schubert; Osterode: Pension Simona, Hotel Glück auf
CAMPINGPLÄTZE	Altenau; Bad Harzburg; Elbingerode; Braunlage
STRECKENSPERRUNG	Im Kurbereich von Bad Harzburg besteht eine ganzjähriges Nachtfahrverbot zwischen 20 und 7 Uhr.
TREFFS	B 498 zwischen Oker und Altenau: täglich nachmittags hinter der Staumauer der Okertalsperre; B 4 am Großparkplatz Torfhaus: täglich nachmittags, Samstag und Sonntag vormittags und nachmittags; B 27 am Ortsende von Elend: täglich nachmittags
KARTE	Die Generalkarte 1:200.000, Blatt 3
SEHENSWÜRDIGKEITEN	**Seesen:** Wilhelm-Busch-Museum im Stadtteil Mechtshausen ca. 8 km nordwestlich, Herzögliches Jagdschloss, Burg Sehusa
	Lautenthal: Niedersächsisches Bergbaumuseum
	Hahnklee-Bockswiese: Gustav-Adolf-Kirche
	Goslar: Kaiserpfalz mit Ulrichskapelle, Marktplatz mit Glockenspiel, Rathaus, Rammelsberger Bergbaumuseum, alte Stadtbefestigung
	Bad Harzburg: Bergbahn zum 500 m hohen Burgberg, Spielbank
	Wernigerode: Harzmuseum, Krell'sche Schmiede mit Schmiedemuseum, Reste der alten Stadtbefestigung mit Westerntor
	Braunlage: Kabinenseilbahn auf den 927 m hohen Wurmberg, Trinitatiskirche
	Bad Grund: Iberger Tropfsteinhöhle

Spezialtipp: Zwergenöfen – Riesenhände

Auch im Harz kommen Höhlenforscher voll und ganz auf ihre Kosten. Die Iberger Tropfsteinhöhle etwa einen Kilometer nördlich von Bad Grund ist eine der bekanntesten. Die Tropfsteingebilde haben Namen wie »Backofen der Zwerge«, »Hand des Riesen« und »Madonna«. Neben den von oben nach unten wachsenden Stalaktiten gibt es auch so genannte Heliktiten, die hakenförmig gekrümmt sind und entgegen der Schwerkraft nach oben wachsen. Die Höhle ist geöffnet von April bis Oktober, täglich 9.00 bis 17.00 Uhr, im November, Februar und März Dienstag bis Sonntag, Dezember und Januar Donnerstag bis Sonntag täglich 10.00 bis 16.00 Uhr.

20 Durch den Teutoburger Wald

Zu Hermann dem Cheruskerfürsten

Bereits weit im Norden, bevor die Landschaft flach und die Straßen gerade werden, gibt es nochmals ein Gebirge, in dem vor allem geschichtsbewusste Motorradfahrer auf ihre Kosten kommen. Bewaldetes Hügelgebiet wäre eigentlich der richtigere Ausdruck, denn mit Höhen bis zu 468 Metern ist der Teutoburger Wald, von dem hier die Rede ist, kein richtiges Gebirge. Zum Motorradfahren eignet er sich trotzdem vortrefflich, und zur Geschichte ist zu sagen, dass Hermann der Cheruskerfürst im Jahre 9 nach Christus in dieser Gegend die Legionen des römischen Feldherrn Quinctilius Varus kräftig vermöbelt haben soll. Die Schlacht muss sich dabei ziemlich in die Länge gezogen haben, denn der Teutoburger Wald ist mit durchschnittlich 7 bis 15 Kilometern nicht sehr breit, aber mit grob gerechnet 100 Kilometern Ausdehnung zwischen Osnabrück und Paderborn reichlich lang.

Hier findet eher die Schlacht am kalten Büffet statt und nicht die berühmte Schlacht im Teutoburger Wald.

Ich lege meinen Startort etwas außerhalb des Teutoburger Waldes, nach Ibbenbüren, etwa 20 Kilometer westlich von Osnabrück, wo der Sammler Robert Stockmann in einem alten Schulgebäude ein Motorradmuseum eingerichtet hat, bei dem alle Liebhaber von originalgetreu restaurierten Oldtimern ins Schwärmen geraten können. Es ist erstaunlich, auf welch hohem technischem Stand die Zweiräder bereits um 1930 waren, und trotzdem möchte ich den Komfort meiner modernen Maschine nicht missen, mit der ich mich nun auf den Weg nach Tecklenburg mache. Malerisch liegt der kleine Ort mit seinen alten Fachwerkhäusern am Rande des Teutoburger Waldes. Kleinere Landstraßen verbinden hier dörfliche Ansiedlungen, über die ich nun, dem in südöstlicher Richtung verlaufenden Bergkamm folgend, Bad Iburg erreiche.

Klimatisch begünstigt am Südfuß des immerhin bereits 331 Meter hohen Dörenberges gelegen, weist es ein sehenswertes Schloss auf, das als Geburtsstätte der ersten Königin von Preußen gilt: Sophie Charlotte, der Großmutter Friedrichs des Großen. Bad Laer hat dafür einen Wehrturm aus dem 10. Jahrhundert sowie eine neugotische Kirche mit romanischen Treppenturm und Bad Rothenfelde, das ich als Nächstes ansteuere, hält mit der über 800 Jahre alten St. Mauritiuskirche dagegen.

Landschaftlich besticht die dicht bewaldete Strecke von Dissen Richtung Melle mit der Nöller Schlucht. Bei Placke am Fuße des Beutling weiche ich jedoch

auf Nebenstraßen aus, hinüber nach Borgholzhausen. Ich bleibe auf den kleinen Straßen und erreiche langsam das Einzugsgebiet von Bielefeld.
Die dortigen Sehenswürdigkeiten lasse ich für dieses Mal unbesehen links liegen. Ich möchte mir schließlich heute noch zwei der größten Attraktionen des Teutoburger Waldes ansehen, von denen die erste das Hermannsdenkmal ist.

Das Hermannsdenkmal der Grottenburg

Ich folge der B 68 über Sennestadt und Schloss Holte-Stuckenbrock Richtung Detmold. Ab dem Lippischen Wald präsentiert sich die Landschaft reizvoll und ich durchfahre die Döresschlucht, von der Historiker behaupten, dass die legendäre Schlacht hier ausgetragen worden sein soll. Hundertprozentig weiß man es wohl immer noch nicht, ganz sicher aber hat sie nicht dort stattgefunden, wo sich das Hermannsdenkmal befindet: auf der 386 Meter hohen Bergkuppe der Grottenburg, unweit von Detmold. Beeindruckend ist das vom Sockel bis zur Schwertspitze 53,5 Meter lange steinerne und kupferne Monument, das vom Bildhauer Ernst von Bandel zwischen 1838 und 1875 errichtet wurde. Ich steige zur Aussichtsgalerie empor und genieße den Rundblick über die kuppige Wald- und Wiesenlandschaft.

Bad Iburg ist der Geburtsort der ersten Königin von Preußen, Sophie Charlotte, der Großmutter Friedrichs des Großen.

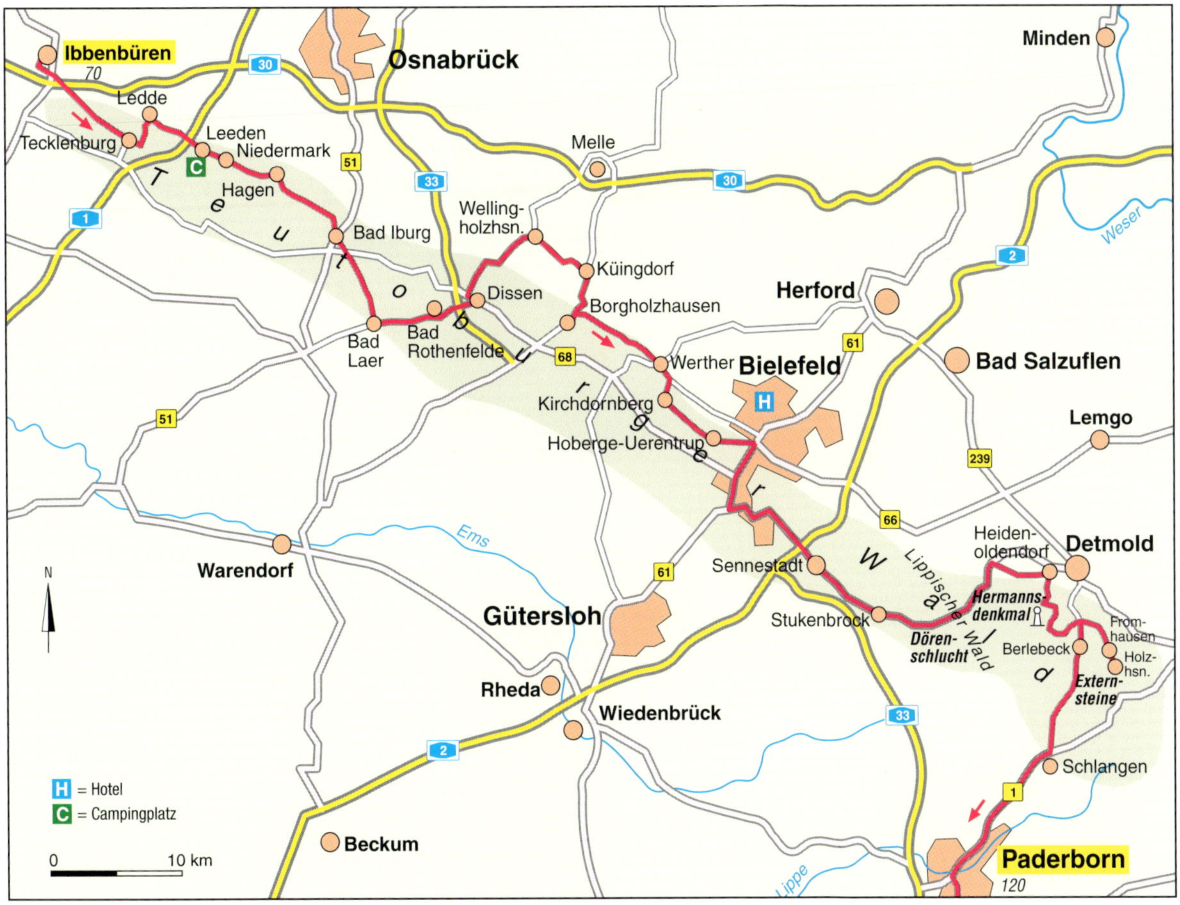

Die legendären Externsteine

Die zweite Attraktion ist nicht weit entfernt. Über Heiligenkirchen und Fromhausen bin ich rasch in Holzhausen, wo die Externsteine auf mich warten. Es sind 13 bis zu annähernd 40 Meter hohe Sand-steinfelsen, die teilweise bestiegen werden können und von denen manche mit Brücken verbunden sind. Man vermutete einst eine heidnische Kultstätte, aber schon im 12. Jahrhundert entstanden hier zwei christliche Kapellen. Der Sage nach soll der Teufel für den heidnischen Sachsenführer Widukind einen riesigen Tempel errichtet haben, den er, als sich dieser doch taufen ließ, wutentbrannt zerstörte, sodass nur die Externsteine stehen blieben.

Bei der Anfahrt sind mir die Hinweisschilder zum Vogelpark Berlebeck aufgefallen. Ich fahre deshalb einige Kilometer zurück und besuche dort die älteste und größte Adlerwarte Europas. Mehr als 80 Raubvögel, vom Steinadler über Falken bis hin zu Geiern, sind hier zu besichtigen, von denen einige zweimal täglich frei fliegen dürfen.

Der Umweg von den Externsteinen über Berlebeck lohnt sich aber noch aus einem anderen Grund: Die Straße, die von hier über den 350 Meter hohen Gausekötepass hinüber nach Schlangen führt, ist fahrerisch ein Genuss, der mit Erreichen der B 1 leider viel zu früh endet. Schlangen macht seinem Ortsnamen leider

Die Externsteine bei Holzhausen sind bis zu 40 Meter hoch. Bei ihnen soll einst eine heidnische Kultstätte gewesen sein.

Streckenbeschreibung

STRECKENVERLAUF	Ibbenbüren – Tecklenburg – Ledde – Niedermark – Hagen – Bad Iburg – Bad Laer – Bad Rothenfelde – Dissen – Borgholzhausen – Werther – Kirchdornberg – Hoberge-Uerentrup – Bielefeld – Sennestadt – Heidenoldendorf – Fromhausen – Holzhausen – Berlebeck – Schlangen – Paderborn
STRECKENLÄNGE	184 km
AUSGANGS- UND ENDPUNKT	Ibbenbüren (70 m) Paderborn (120 m)
ANFAHRT ZUM AUSGANGSPUNKT	Autobahn Osnabrück–Hengelo A 30, Ausfahrt Ibbenbüren
SERVICESTELLEN	Ibbenbüren: Honda, Yamaha; Bad Iburg: Honda
ÜBERNACHTUNG	Bielefeld: Novotel Bielefeld-Johannisberg
CAMPINGPLATZ	Tecklenburg/Leeden
TREFFS	Tecklenburg: Parkplatz »Schöne Aussicht« Samstag und Sonntag; Paderborn: Bikerinnen treffen sich im Rizz in der Innenstadt jeden ersten, dritten und fünften. Mittwoch im Monat ab 20.00 Uhr.
STRECKENSPERRUNGEN	In Bad Rothenfelde sind die Salinerstraße, die Bahnhofstraße und die Hannoversche Straße zwischen Freitag 19.00 Uhr und Sonntag 24.00 Uhr sowie an Feiertagen gesperrt.
KARTE	Die Generalkarte 1:200.000, Blatt 6 und 9
SEHENSWÜRDIGKEITEN	**Ibbenbüren:** Motorradmuseum Stockmann **Tecklenburg:** Burgruine mit Aussichtsturm, Fachwerkhäuser im Ortskern, Wasserschloss »Haus Marck« ca. 2 km südlich **Bad Iburg:** Schloss mit Rittersaal und Klosterkirche, Töpferei- und Münzmuseum im Schloss, Uhrenmuseum gegenüber dem Rathaus **Bad Laer:** Puppen- und Trachtenmuseum, alte Fachwerkhäuser **Bad Rothenfelde:** Oldtimer-Museum: Heimatmuseum, Vogelpark **Borgholzhausen:** Ravensburg, Luisenturm ca. 2 km südlich, Schloss Brinke **Berlebeck:** Größte und älteste Adlerwarte Europas mit Freiflug-Demonstration **Paderborn:** Dom, Diözesanmuseum mit Imad-Madonna, 200 Quellen der Pader in Domnähe, karolingische Kaiserpfalz, Schloss Neuhaus

keine Ehre, die Weiterfahrt in Richtung Paderborn gestaltet sich ziemlich geradlinig.

Spezialtipp: Maschinenmuseum

Wem das Motorradmuseum in Ibbenbüren Lust auf mehr gemacht hat, der sollte noch das Oldtimermuseum in Bad Rothenfelde in der Parkstraße 7a besuchen. 55 Modelle von zwei bis vier Rädern aus den letzten fünf Jahrzehnten sind in dem Bauernhaus aus dem 18. Jahrhundert zu besichtigen. Darunter ein Automag mit Handanlasser und Kettenantrieb und ein dreisitziges Vehikel namens »Kleeblatt« von Citroën. Neben motorisierten Fahrzeugen gibt es allerlei altes Gerät von Schreibmaschinen über Fotoapparate bis hin zu Radios. Geöffnet ist das Museum täglich von 10.00 bis 17.00 Uhr.

21

Die Störtebeker-Straße

Auf den Spuren des Piraten »Stürzbecher«

Auf den Spuren des berüchtigsten Seeräubers der deutschen Geschichte leitet mich diese Tour an der Küste der spröden Nordsee entlang. Von der Mündung der Ems bis zur Mündung der Weser genieße ich das Biken in der steifen Brise des Nordens.

Die Knock, das Südkap der Krummhörn an der Emsmündung, ist ein beliebter Treff für Motorradfahrer.

Drei Stunden vor dem Hochwasser treffe ich auf der Autobahn A 31 in der Seehafenstadt Emden ein. Für meinen Trip über die Störtebekerstraße habe ich mich nach den Gezeiten erkundigt, denn es wäre frustrierend, an der Nordseeküste entlangzufahren und »das Meer ist fort«. An der Ampelanlage am Ende der Autobahn zweige ich rechts auf die Landstraße in Richtung »Larrelt/Rysum« ab und bin auf der Störtebekerstraße. 70 km/h ist offiziell das Höchste der Gefühle auf der zweispurigen Straße, die mit ständig wechselnden Belägen aufwartet und an manchen Sommerwochenenden Hunderten von Bikern den Weg zur Knock weist. Die ausgeschilderte Knock, erreichbar in einem kurzen Abstecher, ist das Südkap der Krummhörn an der Mündung der Ems. Jenseits des Stroms zeigt sich die Küste des niederländischen Groningerlands, weiter stromaufwärts weitet sich die Wasserfläche der Dollartbucht, an deren Gestaden das Rheiderland liegt. Aussicht, Weite und Wasser locken zu jeder Jahreszeit Spaziergänger an die Knock, die zugleich ein bedeutendes Surf- und Lenkdrachenrevier ist.

Zurück auf der Störtebekerstraße passiere ich – nun auf erbärmlichem Flickenteppichbelag – die drei alten Warfendörfer Rysum, Loquard und Campen. Ich sehe zu meiner Linken den 65 Meter hohen Campener Leuchtturm. Dieser ist von Campen aus in wenigen Minuten in einem ausgeschilderten Abstecher erreichbar und bietet eine einzigartige Rundschau (Öffnung des Leuchtturms und des Restaurants daneben meist nur an Wochenenden). Weiter geht es auf meist schlechtem, geflicktem Asphalt und auf rilligen, teilweise zerbrochenen Betonplatten durch die aussichtsreiche, landschaftlich einzigartige Gegend, die sich Krummhörn nennt. Mehrere alte Dörfer bleiben zurück, links zeigt sich der bunte Leuchtturm von Pilsum, der leider nicht bestiegen werden kann, dann erreiche ich das Fischerdorf Greetsiel mit seinem malerischen Krabbenkutterhafen. Das Ortszentrum dieses ehemaligen Häuptlingssitzes, vor dem als Wahrzeichen die Zwillingswindmühlen stehen, ist für Autos und Motorräder gesperrt; es gibt dort mehrere Cafés und Kneipen.

Touristentrubel an der Nordseeküste

»Das platte Land ist wunderschön«, denke ich, als ich unter blauem Himmel durch Wiesen- und Feldmark an den Dörfern Eilsum, Grimersum und Wirdum mit ihren uralten Kirchtürmen vorbei in Richtung Marienhafe holpere, »aber warum können die ihre Straße nicht asphaltieren?« Doch da grüßt schon die Windmühle von Upgant-Schott, und ich bin in der alten Störtebeker-Festung Marienhafe. Überlebensgroß steht die Statue des »Stürzbechers« vor dem massigen Turm der ehemaligen Kirche, in der der Seeräuber und seine Freibeuter sich in den Jahren 1396–1400 verschanzten. Bei guter Sicht ist die Besteigung des als Aussichtsturm und Störtebekermuseum eingerichteten Turms wärmstens zu empfehlen.

In Marienhafe schwenke ich auf die B 72 in Richtung Norden ein und habe endlich wieder guten Asphalt unter den Rädern, aber dafür verstopfen jede Menge Autos von Inseltouristen die Straße. Ich lasse mich aber nicht nerven, und mache eine kurze Pause in der Fußgängerzone von Norden, der alten Hauptstadt des Norderlands: Eiscafés, Restaurants – ein hübsches Städtchen.Die Straße zwischen Norden und dem Seebad Norddeich, wo die Fähren nach Norderney und Juist abfahren, ist exzellent

Wie auf diesem Denkmal in Marienhafe soll er ausgesehen haben, der berühmteste Pirat, den Deutschland vorzuweisen hat: Klaus Störtebeker.

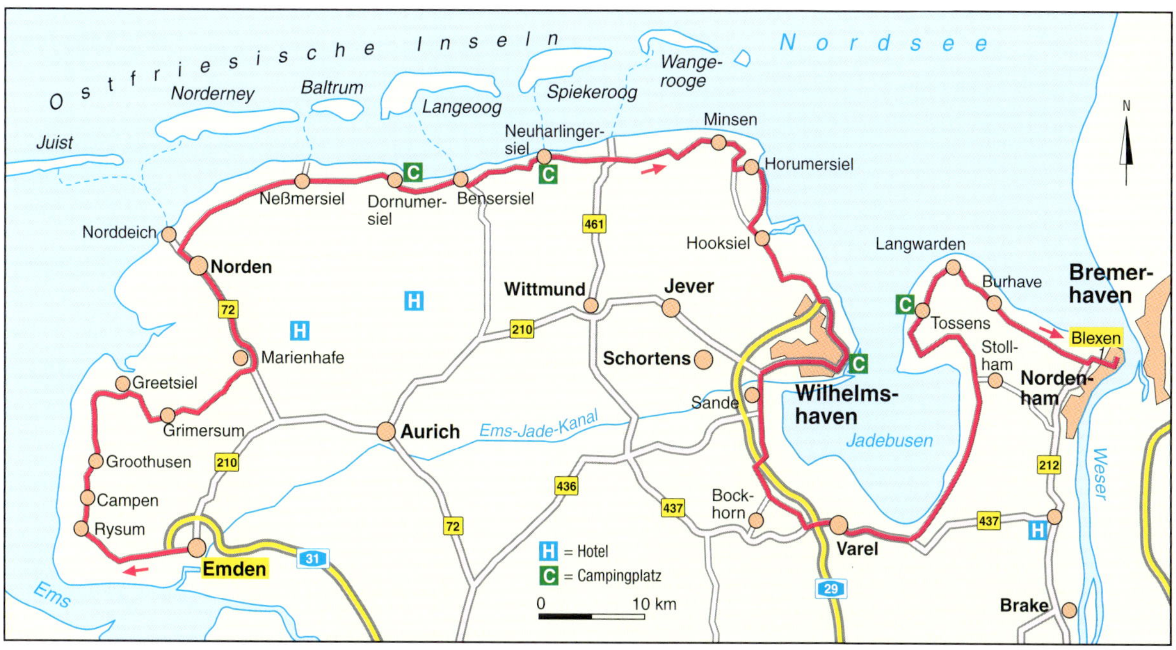

asphaltiert, aber die Masse der Autos, die sich in dieselbe Richtung bewegen wie ich, lässt in der Hauptsaison kaum mehr als Stop-and-go zu. Um Stress zu vermeiden, schenke ich mir den Abstecher nach Norddeich, biege rechts Richtung »Flugplatz« ab und folge der Störtebekerstraße, die sich aussichtsreich an der Küstenlinie entlangzieht. Hier gibt es wieder schlechten Belag und jede Menge Schlaglöcher – dafür aber eine gigantische Aussicht. Jetzt versperrt mir nur noch eine Gruppe Wanderer oder Demonstranten die Straße, einer wirft eine Kugel auf die Straße, die anderen schreien und gestikulieren, ich muss anhalten und erkundige mich: Von wegen Wanderer oder Demonstranten – »Boßeln, ostfriesischer Volkssport«, lautet die Erklärung. Vorsichtig lenke ich an der Boßelgruppe vorbei und fahre weiter über winzige Dörfer und durch weites Feld- und Wiesenland.

Highlights: Die Fährhafendörfer mit Ausblick zu den Nordseeinseln

In Neßmersiel (Abstecher) schaue ich hinüber auf die Insel Baltrum, die sich mit dem links davor liegenden Norderney fast zu berühren scheint. In Dornumersiel (kurzer Abstecher zum Hafen) und erneut in Bensersiel fällt der Blick auf die Insel Langeoog. Neuharlingersiel ist Startpunkt der Fähre nach Spiekeroog. In Carolinensiel (links kurzer Abstecher zum Wangerooge-Hafen Harlesiel) verlasse ich Ostfriesland und rolle durch das Wangerland dem Jadebusen zu.

Dort finde ich an der Nordküste von Schillig einen wunderschönen Sandstrand mit kleinen Dünen. Nach erfrischender Pause fahre ich südwärts in den Badeort Horumersiel mit seinen Cafés, dann geht es rasch weiter via Hooksiel in die junge Industriestadt Wilhelmshaven und in die alte Stadt Varel (mit dem Nordseebad Dangast: Abstecher) an der Südküste des Jadebusens. Varel war der Hauptort der Friesi-

Der Leuchtturm von Campen mag schon einigen verirrten Seeleuten den rechten Weg gewiesen haben.

STRECKENBESCHREIBUNG

STRECKENVERLAUF	Emden – Rysum – Loquard – Campen – Greetsiel – Grimersum – Marienhafe – Norden – Neßmersiel – Dornumersiel – Neuharlingersiel – Minsen – Horumersiel – Hooksiel – Wilhelmshaven – Sande – Bockhorn – Varel – Stollhamm – Tossens – Langwarden – Burhave – Nordenham-Blexen
STRECKENLÄNGE	248 km
AUSGANGS- UND ENDPUNKT	Emden (1 m)Nordenham-Blexen (1 m)
ANFAHRT ZUM AUSGANGSPUNKT	Autobahn Leer–Emden A 31
SERVICESTELLEN	Emden: Yamaha; Norden: BMW, Aprilia, Kawasaki, Ducati, Yamaha; Wilhelmshaven: Aprilia
ÜBERNACHTUNGEN	Upgant–Schott/Osterupgant: Hotel Nordstern; Eversmeer: Pension Kunze; Stadland/Rodenkirchen: Gasthof Hülsmann
CAMPINGPLÄTZE	Dornumersiel; Neuharlingersiel; Wilhelmshaven; Butjadingen
STRECKENSPERRUNG	In Tossens/Butjadingen besteht im Kurbereich während der Saison Nachtfahrverbot zwischen 22.00 und 6.00 Uhr.
KARTE	Die Generalkarte 1:200.000, Blatt 3
SEHENSWÜRDIGKEITEN	**Emden:** Renaissancerathaus mit Ostfriesischem Landesmuseum, Hafentor von 1635, Kunsthalle mit zeitgenössischer Kunst und klassischer Moderne, »Otto Huus« des Komikers Otto Waalkes **Greetsiel:** »Zwillinge von Greetsiel« genannte Windmühlen am Dorfeingang, evangelische Kirche (15. Jahrhundert) **Neuharlingersiel:** Buddelschiffmuseum **Wilhelmshaven:** Küstenmuseum, Nationalparkzentrum »Das Wattenmeerhaus«, Rosarium mit Schaugarten, Jade-Windenergie-Park **Bockhorn:** Friesenkirche, Klinkerzentrum mit Keramiksammlung **Varel:** Schlosskirche mit Altar im Stil des norddeutschen Manierismus

schen Wehde, einst befand sich hier eine der vier heiligen Tingstätten von Rüstringen, des friesischen Gaus an der Wesermündung. Von Varel aus folge ich der Störtebekerstraße fast immer an der Küste des Jadebusens entlang, schwinge oben im Land Butjadingen der Küstenlinie folgend rechts und erreiche in Nordenham-Blexen den Endpunkt der Tour.

Spezialtipp: Seefahrergeschichte in Mini

Wie passt ein originalgetreu nachgebauter Windjammer mit einer Masthöhe von 50 Millimetern in eine Flasche, hier auch Buddel genannt, mit einer Halsöffnung von 15 Millimetern? Das ist hier die Frage. Im Buddelschiffmuseum in Neuharlingersiel erhalten Sie Aufklärung. 150 Buddels mit einem Fassungsvermögen von 0,5 bis zu 60 Litern gibt es dort samt Inhalt zu bestaunen. Die Palette reicht vom Einbaum bis zum Unterseeboot. Erfunden wurde dieses Gedulds- und Geschicklichkeitsspiel wohl von Seeleuten, die sich während einer Flaute langweilten und dabei feststellten, dass es mehr leere als volle Flaschen auf dem Schiff gab. Geöffnet ist das Museum von April bis Oktober von 10.00 bis 13.00 Uhr und 14.30 bis 18.00 Uhr.

22 Im Thüringer Wald

Rundfahrt durch das Herz der deutschen Kultur

Ziemlich genau in der Mitte Deutschlands, zumindest in der Längsachse gesehen, liegt das Bundesland Thüringen, das wohl wie kein zweites mit den bekanntesten Namen der deutschen Geistesgeschichte verbunden ist. Hier lebten und arbeiteten nahezu alle, die in der deutschen Kunst und Kultur Rang und Namen hatten.

Entlang des Rennsteiges findet man immer Gleichgesinnte zum Fachsimpeln.

In Arnstadt hatte Johann Sebastian Bach seine erste Kantorstelle, der Maler Lucas Cranach verbrachte seine letzten Lebensjahre in Weimar, das untrennbar mit Johann Wolfgang von Goethe und Friedrich Schiller verbunden ist. Nach deren Tod kam Franz Liszt, und Walter Gropius versammelte Maler von Kandinsky über Klee bis Feininger um sich. In Jena lehrten Johann Gottlieb Fichte, Friedrich Wilhelm Schelling und Friedrich Hegel. Theodor Storm schrieb in Heiligenstadt unter anderem seinen »Pole Poppenspäler«, und Heinrich Heine ließ sich hier taufen. Nun könnte man allein mit der Aufzählung weiterer Persönlichkeiten bequem die Zeilen für diese Tour füllen, aber dann käme das Motorradfahren zu kurz. Dabei ist es beileibe nicht so, dass sich Kunst und Motorradfahren ausschließen, aber schöne Landschaft und kurvige Sträßchen sollten dann schon auch sein. Und auch damit kann Thüringen aufwarten im Thüringer Wald und dem unmittelbar anschließenden Thüringischen Schiefergebirge, einem insgesamt gut 160 Kilometer langen Gebirgszug, der sich von Eisenach in südöstlicher Richtung erstreckt, bevor er hinter dem Flüsschen Haßlach allmählich abflacht und in den Frankenwald übergeht.

Landschaft hin, Kurven her, ich beginne die Tour in Eisenach mit Kultur. Die Wartburg steht auf dem Programm, die geschichtsträchtigste aller deutschen Burganlagen. Schon um das Jahr 1200 soll hier der berühmte Sängerwettstreit zwischen Walther von der Vogelweide, Heinrich von Ofterdingen und Wolfram von Eschenbach ausgetragen worden sein. Martin Luther lebte hier unter dem Decknamen Junker Jörg in den Jahren 1521 und 1522, und sein Stübchen, in dem er die Bibel ins Deutsche übersetzte, kann besichtigt werden. Es gibt dort eine Zugbrücke, ein romanisches Torhaus, zahlreiche Wehrgänge, ein Ritterhaus, die Vogtei und im spätromanischen Landgrafenhaus, dem Palas, den Rittersaal und den historischen Speisesaal. Noch ein Blick von der Burg hinüber nach Norden zu den Hörselbergen, wo neben Wotan und dem Wilden Heer auch Frau Holle wohnen soll, dann mache ich mich wieder auf den steilen Abstieg hinunter zum Parkplatz.

Vorbei an Touristenhighlights der Region

Auf die Maschine und raus aus der Stadt auf der B 88, die ich bei Heiligenstein verlasse und auf die Landstraße nach Ruhla abbiege. Bald erkenne ich linker Hand den Großen Inselberg, der mit 916 Metern zwar nicht die höchste Erhebung des Thüringer Waldes, dafür aber die bekannteste und meist besuchte ist.

Ich bleibe in gebührender Entfernung und fahre weiter in südöstlicher Richtung, wobei mir auffällt, dass viele Ortschaften hier Doppelnamen haben, Floh-Seligenthal etwa, Rotterode-Altersbach oder Steinbach-Hallenberg. Oberhof, das ich nach steil ansteigender Straße erreiche, hat nur einen Namen, dafür kann der Luftkurort mit seinem anerkannten Heilklima eine Bobbahn und Skisprungschanzen bieten – allerdings auch Besucherzahlen, die sich über das Jahr auf eine sechsstellige Zahl summieren und den Kurort zu überschwemmen

Spartanisch: Luthers Arbeitszimmer in der Wartburg.

Die Wartburg in Eisenach ist eine der bekanntesten und geschichtsträchtigsten Burganlagen Deutschlands.

scheinen, weshalb ich gleich weiterfahre. Ich bleibe auf den kleinen Sträßchen, die sich entlang des Rennsteigs halten, einem uralten Kurierpfad, der dem Kamm des Thüringer Waldes folgt und der zu einem der schönsten Höhenwanderwege Europas zählt. Bei Meuselbach-Schwarzmühle verlasse ich den Rennsteig und biege nach Norden ab, ins Schwarzatal, um nach Saalfeld zu gelangen.

Auf der Klassikerstraße

Etwa in der Mitte des malerischen Flusstales thront auf einem steilen Bergsporn stolz Schloss Schwarzenburg über der gleichnamigen Ortschaft, während von Burg Greifenstein am Talausgang nur eine Ruine übrig geblieben ist. Wenig später bin ich in Saalfeld. Hier interessieren mich vor allem die Feengrotten am Rande der Stadt, Überreste eines ehemaligen Alaunschieferbergwerkes, in deren stillgelegten Höhlen Ablagerungen verschiedenfarbiger Mineralien Tropfsteingebilde von märchenhafter Schönheit geschaffen haben.

Zurück im Freien verstaue ich meine Regenkombi, die ich zum Schutz vor dem Tropfwasser übergestreift habe im Tankrucksack und fahre weiter in südlicher Richtung auf der B 281 bis Limbach, wo ich wieder auf Landstraßen ausweiche und zugleich die Rückfahrt antrete. Ich fahre noch etwas an der Schwarza entlang, wechsle aber bald zur Schleuse über, mit der ich auch den hohen Teil des Thüringer Waldes verlasse und der Werra zustrebe, deren breites Tal mich nach Eisenach zurückbringen soll.

Klassikerstraße nennt man die hier verlaufende B 89, die bei Meiningen in die B 19 übergeht, aber nicht etwa klassischer Motorräder oder Autos, sondern der klassischen Dichter und Denker wegen, die hier wie eingangs bereits erwähnt, so überreichlich gewirkt haben. So gilt Meiningen, die erste größere Stadt, die ich wieder erreiche, als Thüringens berühmteste Theater- und Musikstadt, in deren Hofkapelle schon Richard Strauss und Max Reger dirigierten. Ich dirigiere mein eigenes kleines Orchester in Form klangvoller Phonzahlen aus den Auspufftöpfen meiner Maschine weiter auf der zwischen der Rhön im Westen und dem Thüringer Wald im Osten verlaufenden Bundesstraße. Bei Barchfeld verlasse ich den Fluss, der hier noch einen langen Weg zur Weser vor sich hat. Ich habe es nicht

Streckenbeschreibung

STRECKENVERLAUF	Eisenach – Ruhla – Brotterode – Kleinschmalkalden – Floh-Seligenthal – Schnellbach – Schöntal – Steinbach-Hallenberg – Unterschönau – Oberschönau – Oberhof – Schmücke – Allzunah – Neustadt/Rennsteig – Großbreitenbach – Meuselbach-Schwarzmühle – Mellenbach-Glasbach – Oberhain – Sitzendorf – Bad Blankenburg – Saalfeld – Arnsgereuth – Reichmannsdorf – Lichte – Neuhaus/Rennweg – Scheibe-Alsbach – Goldisthal – Masserhammer – Gießübel – Waldau – Schleusingen – Themar – Untermaßfeld – Meiningen – Wasungen – Breitungen – Barchfeld – Waldfisch – Etterwinden – Willhelmsthal – Eisenach
STRECKENLÄNGE	307 km
AUSGANGS- UND ENDPUNKT	Eisenach (250 m)
ANFAHRT ZUM AUSGANGSPUNKT	Autobahn Chemnitz–Frankfurt A 4/A 5, Ausfahrt Eisenach
SERVICESTELLEN	Eisenach: Aprilia, Triumph; Floh-Seligenthal: Honda; Sitzendorf: Suzuki; Saalfeld: Yamaha; Schleusingen: Aprilia, Suzuki; Meiningen: Suzuki
ÜBERNACHTUNGEN	Eisenach: Steigenberger Hotel Thüringer Hof; Oberhof: Treff Hotel Panorama; Sitzendorf: Gaststätte Zum Bergmann; Bad Blankenburg: Hotel Weinhaus Eberitzsch
CAMPINGPLÄTZE	Großbreitenbach; Eckardshausen/Wilhelmsthal
KARTE	Die Generalkarte 1:200.000, Blatt 11
SEHENSWÜRDIGKEITEN	**Eisenach:** Wartburg, Lutherhaus, Lutherdenkmal, Stadtschloss, Nikolaikirche **Oberhof:** Biathlonstadion, Sprungschanzen, Rennsteiggarten ca. 1 km südlich **Schwarzburg:** Schloss Schwarzburg **Bad Blankenburg:** Ruine Greifenstein, Friedrich-Fröbel-Museum **Saalfeld:** Rathaus, Burgruine Hoher Schwarm, Feengrotten, Schloss mit Schlosskapelle **Schleusingen:** Stadtkirche St. Johannis, Schloss Bertholdsburg mit Museum und Spielzeugausstellung, Naturtheater bei Steinbach **Meiningen:** Schloss Elisabethenburg, Schloss Landsberg, Goethe-Park **Wasungen:** Stadtkirche mit spätgotischem Turm

mehr so weit, die düstere Drachenschlucht trennt mich noch von Eisenach und der Wartburg, in deren Schatten ich mir nun eine Thüringer Bratwurst genehmige.

Spezialtipp: Eisenach – Autostadt

Wenn Sie auf den Straßen von Eisenach keinen Wartburg – gemeint sind die knatternden Zweitaktvehikel – mehr entdecken, besuchen Sie den Automobil-Ausstellungs-Pavillon in der Wartburgallee. Hier stehen Oldtimer, der älteste von 1898, die in der ehemaligen Fahrzeugfabrik Eisenach AG gefertigt wurden.

1920 kauften die Bayerischen Motorenwerke das Unternehmen und ließen dort bis 1945 Automobile fertigen. Ab dann trugen die dort hergestellten Autos den Schriftzug »EMW« für Eisenacher Motoren Werke.

23

Vom Elbsandsteingebirge ins Lausitzer Bergland

Auf Panoramastraßen durch die Sächsische Schweiz

So berühmt das Elbsandsteingebirge ist, umso weniger bekannt ist das Lausitzer Bergland, von dem vor allem das Zittauer Gebirge, ganz in der Südostecke Sachsens gelegen, am liebenswertesten ist. Beim Studium der Strecke fiel mir auf, dass sich hier eine recht abwechslungsreiche und für Motorradfahrer gut geeignete Straßenführung ergeben müsste, und so machte ich mich von der Elbniederung bei Loschwitz auf den Weg in eine recht unbekannte Region. Bereut habe ich es nicht, denn nach dem Trubel im Elbsandsteingebirge war die Ruhe im zweiten Teil der Strecke wirklich wohltuend. Die Naturschönheiten um die Bastei gehören zweifellos zu den herausragenden Erlebnissen, aber auch Höhenwege mit ihren weiten Kurven und traumhaften Ausblicken sind gerade für Motorradfans das Tüpfelchen auf dem i für eine genussreiche Tour. Schönste Zeiten sind das Frühjahr, wenn frisches Grün in allen Schattierungen auf den Höhen und in den Niederungen das Auge erfreut, und der Herbst mit seiner leuchtenden Farbenpracht im beeindruckenden Kontrast zum hellen Sandstein.

In Loschwitz erreiche ich unmittelbar das Ufer der Elbe, wo eine stählerne Brücke namens »Blaues Wunder« als technisches Denkmal den Fluss überspannt, und folge erst einmal seinem Lauf, bevor es wieder aufwärts geht. Ich befinde mich auf der Sächsischen Weinstraße, die sich zwischen Rebhängen dahinzieht, einen schönen Blick auf die Elbniederung freigibt und sich zum Schloss Pillnitz schlängelt. Vom Schloss selbst sieht man von dieser Seite nicht viel, aber vom Parkplatz aus sind es nur wenige Meter, eine Besichtigungspause lohnt sich.
Weinberge begleiten mich zunächst noch, dann umgibt mich ein dichter Mischwald fast bis Pirna mit seiner sehenswerten Altstadt und einem empfehlenswerten Naturbad. Auf Kopfsteinpflaster nehme ich Kurs auf Wehlen, dem Tor zum Elbsandsteingebirge. Waldstreifen wechseln hier mit Wiesen, und immer ist die Landschaft von welligen Hügeln geprägt. Obwohl in Wehlen ein Schild auf eine

Sackgasse hinweist, fahre ich abwärts bis zum Ende, das sich als ein großer Parkplatz direkt an der Elbe offenbart. Von hier aus lässt sich der hübsche Ort bequem erkunden, nur wenige Meter sind es zum Markt mit seinen schönen Fachwerkhäusern, und wer sich einen eindrucksvollen Blick sichern möchte, steigt vom Markt aus zum Burgberg hinauf.
Nach einem gemütlichen Aufenthalt fahre ich wieder aufwärts, beim Dorf Wehlen muss ich aufpassen, um den Abzweig zur Bastei nicht zu verpassen. Ich hatte mir aber den schönen Gasthof Zur Eiche auf der rechten Seite gemerkt, hier schwenke ich scharf nach rechts und komme auf eine herrliche Panoramastraße. Die Hügellandschaft des Elbsandsteingebirges liegt mir wahrlich zu Füßen, in der Ferne rechts sehe ich den Lilienstein, den schönsten Tafelberg der Gegend, der sich aus der Ebene erhebt.

Biken auf der Panoramastraße

Links erscheint am Horizont die Hügellandschaft um Stolpen, in dessen Burg die berühmte Mätresse Augusts des Starken, Gräfin Cosel, 49 lange Jahre schmachten musste. Während ich genüsslich die Landschaft betrachte, erscheint rechts der Hinweis zur Bastei. Nun heißt es erst mal die Straße verlassen und das Motorrad am großen Parkplatz abzustellen. Mit einem Pendelbus geht es zur Bastei, der bekanntesten und sicherlich auch der imposantesten Aussicht in der Sächsischen Schweiz. Knapp 200 Meter hoch über der Elbe, die sich malerisch zwischen den Felsen, Wäldern und Wiesen dahinschlängelt, bietet sich ein grandioses Panorama. Basteibrücke, Burg Neurathen und der Lilienstein gehören zu den bemerkenswerten Blickpunkten, interessant zu beobachten sind auch mehrere Kletterer an den senkrechten Wänden. Eine Gaststätte auf der Bastei sorgt für das leibliche Wohl – erstmals zu Pfingsten 1812, als zwei Rindenhütten zur Bewirtung von Gästen aufgestellt wurden.
Zurück auf der Panoramastraße fahre ich langsam und genieße nochmals die schöne Aussicht, bevor es nach Rathewalde erst mal abwärts geht. Eine Haarnadelkurve folgt der nächsten, Wald umgibt mich, bis im Talgrund die saftigen Wiesen dominieren. Ich bin im Polenztal angekommen, der Sandstein wurde vom Lausitzer Granit abgelöst und die Wiesen stehen im März und April voller Märzenbecher. Hier klapperten einst zahlreiche Mühlen, heute ist es still geworden, Bock- und Russigmühle sind als Gaststätten eingerichtet.

Wer in Eibau einen kurzen Stopp einlegt, kann die Fassade dieses Umgebindehauses bewundern. Umgebindehäuser sind ein Haustyp, den es nur in der Lausitz gibt, er ist eine Mischung aus Blockbauweise und Fachwerk.

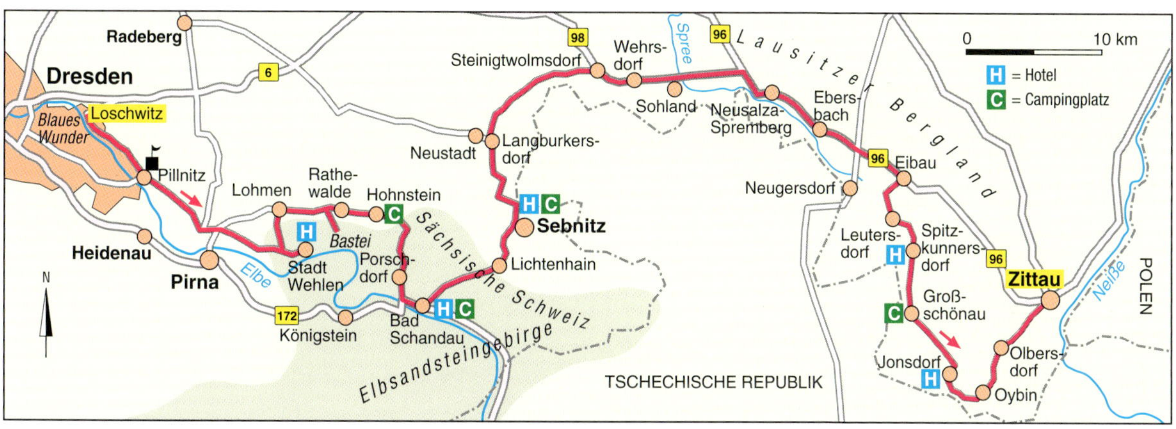

Linke Seite: Wenn diese Sitzgelegenheit vor der Feste Königstein auch unbequem sein mag, anmerken lässt sich dies die Gruppe jedenfalls nicht.

Blick vom Elbufer auf das Dörfchen Wehlen. Hier darf man die Abzweigung zur Bastei nicht verpassen.

Durch den Wald nach Bad Schandau

Nun umgibt mich Laubwald, die Straße schlängelt sich wieder aufwärts und auf einem Felssporn entdecke ich die Burg Hohnstein, schon 1200 böhmische Grenzfeste zur Markgrafschaft Meißen. Majestätisch prägt sie das Ortsbild, das noch mehr reizvolle Motive bieten kann. Da ist das Alte Rathaus mit dem Ratskeller in historischen Gewölben oder die Apotheke, ein sehenswertes Fachwerkhaus. Die Hauptstraße führt durch eine schmale Gasse aufwärts, ich halte nochmals an und genieße den eindrucksvollen Blick auf den Ort, bevor ich Bad Schandau ansteuere.

Eine Obstbaumallee begleitet mich anfangs, dann fahre ich im Wald hinab nach Bad Schandau. Der Kurbetrieb begann hier 1936, und seitdem beherrschen prächtige Gebäude die Elbfront. In Bad Schandau muss ich mich entscheiden, ob ich den Weg nach Sebnitz durch das Kirnitzschtal mit dem Lichtenhainer Wasserfall oder über den Ort Lichtenhain wähle. Ich nehme die zweite Variante, weil ich weiß, dass das Kirnitzschtal sehr überlaufen ist und keine tollen Aussichten bietet. Ich folge weiter der schönen Asphaltstraße über Lichtenhain nach Sebnitz, das mir bald zu Füßen liegt.

Von Kurort zu Kurort

Die Landschaft wird sanfter und die Architektur anders. Auffällig sind in Wehrsdorf die ersten Umgebindehäuser, ein Baustil der Lausitz mit dicken Balken und sehenswerten Türstöcken aus Sandstein. Diese interessante Bauweise begleitet uns auch weiter. In Sohland verlockt ein schöner Stausee direkt an der Straße zum Rasten, und kurz danach sehe ich rechts das große Freizeitbad Weißbachtal. Ich genieße die weite Landschaft, Greifvögel kreisen, das Asphaltband schlängelt sich zwischen Feldern und Wiesen, und am Horizont bildet das Zittauer Gebirge eine markante Kulisse. Diese Kreidesandsteinplatte hebt sich etwa 600 Meter aus dem Zittauer Becken und ähnelt am Nordabfall den bizarren Felsformen im Elbsandsteingebirge. Dann nimmt mich der Kurort Jonsdorf gefangen. Hier dominieren wieder farbenprächtige Umgebindehäuser mit schönen Gärten, im Kurpark bietet sich eine Rast an, und wer Lust zum Wandern hat, kann sich auf den Weg zu den Mühlsteinbrüchen machen, eine vierstündige Rundwanderung zwischen bizarren Felsen.

Als ich wieder abwärts fahre, verengt sich die Straße, steile Felswände ragen zu beiden Seiten auf und geben kurz danach den Blick auf den Kurort Oybin frei. Er breitet sich am Fuße des gleichnamigen Felsens aus, auf dem Kaiser Karl IV. im Mittelalter eine Burg gebaut hatte, von der nur noch Ruinen übrig sind. Kurze Zeit später bin ich in Zittau. Wegen ihrer Lage an alten Fernhandelswegen erlangte die Stadt früh eine bedeutende Stellung in der Oberlausitz. Davon kann ich mich im historischen Stadtkern überzeugen und darüber hinaus auch viele klassizistische Gebäude bewundern.

Streckenbeschreibung

STRECKENVERLAUF	Loschwitz – Pillnitz – Pirna – Wehlen – Bastei – Lohmen – Rathewalde – Hohnstein – Porschdorf – Bad Schandau – Lichtenhain – Sebnitz – Langburkersdorf – Steinigtwolmsdorf – Wehrsdorf – Sohland – Neusalza-Spremberg – Eibau – Leutersdorf – Spitzkunnersdorf – Großschönau – Jonsdorf – Oybin – Olbersdorf – Zittau
STRECKENLÄNGE	165 km
AUSGANGS- UND ENDPUNKT	Dresden-Loschwitz (133 m) Zittau (240 m)
ANFAHRT ZUM AUSGANGSPUNKT	Autobahn Dresden–Bautzen A 4, Ausfahrt Ottendorf-Okrilla und auf der Landstraße über Radeberg, Bühlau nach Loschwitz
SERVICESTELLEN	Pirna: Aprilia, Honda, Kawasaki, u. a.; Rathewalde: Honda; Hohnstein: Aprilia; Zittau: Alle japanischen Fabrikate
ÜBERNACHTUNGEN	Wehlen: Gaststätte und Pension Am Nationalpark; Bad Schandau: Hotel Sigl's; Sebnitz: Hotel Sebnitzer Hof; Spitzkunnersdorf: Jägerstube; Jonsdorf: Pension und Gaststätte Am Buchberg
CAMPINGPLÄTZE	Hohnstein; Bad Schandau; Sebnitz; Großschönau
TREFFS	In Dresden: »Marios Feierabendtreff« in der Wehlener Straße 35, täglich, an Werktagen jedoch nur bis 23 Uhr. Jeden Freitag gibt es eine Bikerfete. In Eibenau trifft man sich am Wochenende bei der »Eisdiele«.
KARTE	Die Generalkarte 1:200.000, Blatt 8
SEHENSWÜRDIGKEITEN	**Loschwitz:** Blaues Wunder **Pillnitz:** Schloss mit Wasserpalais, Bergpalais, Schlosspark mit Kamelie **Pirna:** Markt mit schönen Bürgerhäusern, Kirche (um 1300) **Wehlen:** Aussicht vom Burgberg, Aufstieg vom Markt, sehenswerter Pflanzengarten **Hohnstein:** Malerisches Stadt- bild mit Burg, Stadtkirche und Fachwerkhäusern **Bad Schandau:** Markt mit ehem. Brauhof aus der Renaissance, Kirche mit Sandsteinkanzel von 1572 **Sebnitz:** Umgebindehäuser **Sohland:** Stausee der Spree **Eibau:** Umgebindehäuser mit schönen Gärten **Oberkunnersdorf:** Denkmalgeschützter Ort mit vielen Umgebindehäusern **Großschönau:** Weber- und Damastmuseum **Jonsdorf:** Barocke Türstöcke aus Sandstein, schöner Kurort mit zahlreichen Umgebindehäusern, Kurpark **Oybin:** Berg Oybin mit Ruine der Klosterkirche, Bergkirche (18. Jahrhundert) **Zittau:** Historischer Stadtkern mit Rathaus im italienischen Renaissancestil, Rolandbrunnen von 1585, Weberkirche mit Weberfriedhof, Glockenuhr aus Meißner Porzellan

24 Zwischen Berlin und der Wörlitzer Parklandschaft

Klöster, Parks und Alleen im Süden Berlins

Schon oft habe ich die Region Teltow-Fläming südlich von Berlin durchquert, aber so richtig Zeit genommen habe ich mir für die Sehenswürdigkeiten bisher nicht. Dabei gibt es hier eine ganze Menge zu entdecken, mal ganz abgesehen von der reizvollen, leicht welligen Landschaft, die ihren Stempel durch die Eiszeit aufgedrückt bekam und bei Radwanderern sehr beliebt ist. Nun habe ich mich entschlossen, diese Gegend einmal näher unter die Lupe zu nehmen und dabei auch die weltberühmte Parklandschaft um Wörlitz einzubeziehen. Das Ergebnis kann sich sehen lassen – zu verstecken braucht sich diese außerordentlich abwechslungsreiche Landschaft mit schönen Baumalleen, interessanten Städten und viel Natur ganz und gar nicht.

Schon bald nach Trebbin umgibt mich eine leicht hügelige Landschaft, die von Feldern und Kiefernwäldern geprägt ist, zwischen denen sich eine kurvenreiche Straße schlängelt. Auf sehr guter Fahrbahn komme ich gut voran, Pferdeweiden vor Woltersdorf lenken kurz den Blick nach rechts und schon bald bin ich in Luckenwalde. Über diese Stadt der Hut- und Tuchmacher geben Sammlungen im Heimatmuseum am Markt Auskunft.

Weiter geht die Fahrt in Richtung Süden, zwischen großen Waldgebieten beiderseits der Straße wechseln Felder mit Waldinseln, und bald ist Kloster Zinna erreicht. Am Ortseingang suche ich den Hinweis zum Kloster und wäre beinahe daran vorbeigefahren. Kurz bremsen und nach rechts abbiegen heißt es, dann stehe ich vor dem eindrucksvollen Gebäude aus Granitquadern. In der Kirche stammen Teile des Chorgestühls aus dem 14. Jahrhundert, sehenswerte Glasmalereien in den Seitenfenstern der Hauptapsis stellen die Heiligen Benedikt und Bernhard dar.

Nach Kloster Zinna überquere ich die Nuthe, ein kleines Flüsschen, das mich schon eine Weile be-

gleitete und genieße die wunderschöne Allee. Bald bietet sich ein schöner Fernblick über die Felder.
Auf der langen geraden Strecke hinter Jüterbog macht das Fahren Spaß. Am Horizont ist bereits Hohenahlsdorf zu erkennen. Schnurgerade verläuft die Straße weiter, rechts lugt die Kirche von Langenlipsdorf zwischen den Bäumen hervor und zahlreiche schön restaurierte Bauernhöfe bestimmen das Bild des Ortes.
Auf einer schmalen Landstraße, die sich ohne die geringste Krümmung durch Kiefernwälder zieht, komme ich gut voran, rechts lädt ein Rastplatz zum Verweilen ein, und kurz nach Schweinitz überquere ich die Schwarze Elster. Besonders schön ist diese Landschaft hier im Frühsommer, wenn die gelben Rapsfelder zwischen den dunklen Kiefernwäldern leuchten. Im Osten erkenne ich das Renaissanceschloss von Annaburg auf einer Anhöhe, und rechts an der Straße bietet der Schauraum einer Porzellanfabrik, dem, der noch Platz im Gepäck hat und für Bruchsicherheit garantieren kann, die Gelegenheit zum Einkaufen.

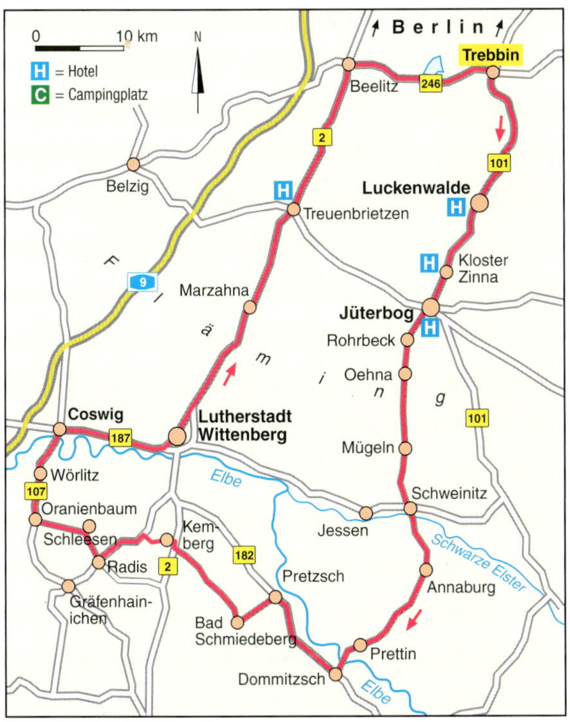

Eine willkommene Abwechslung ist das Übersetzen mit der Fähre nach Coswig.

Durch den Naturpark Dübener Heide

Bald erreiche ich die Elbe, lasse mich von der Fähre übersetzen und mache im Restaurant Fährhaus auf der anderen Seite Rast. Weiter geht nun die Fahrt auf der deutschen Alleenstraße in den Naturpark Dübener Heide, wo zahlreiche Wanderwege durch die ausgedehnten Wälder führen.
Hinter Bad Schmiedeberg wird die Landschaft hügeliger, der Ort Meuro bietet auf einem kleinen Hügel ein schönes Panorama, und bald zeigt sich der schlanke neogotische Westturm der Kirche von Kemberg. Rechts fällt mir ein Hinweis zum Parkplatz beim Bergwitzsee auf, und sofort nutze ich die Gelegenheit für eine kleine Erfrischung.
Nachdem ich mich im Heidegasthof in Nadekau noch gestärkt habe, erreiche ich frohen Mutes Oranienbaum, einen gepflegten Ort mit holländischer Tradition. Den Marktplatz ziert ein herrlicher Orangenbaum, und der Ort sowie Schloss und Park sind nach den Entwürfen des niederländischen Architekten Ryckwaert erbaut.
Glanzpunkt von Wörlitz, meiner nächsten Station, ist der Landschaftspark, der maßgeblich von Fürst Franz von Anhalt-Dessau und seinen Gartenkünstlern geschaffen wurde. Hier lohnt sich ein längerer Aufenthalt das ganze Jahr über. Doch besonders schön ist der Park mit seinen vielen verschiedenen Baumarten im Herbst, wenn die bunten Blätter der Bäume die gesamte Parkfläche in ein traumhaftes Farbenmeer verwandeln.

Linke Seite: Bevor Sie Trebbin verlassen, sollten Sie vielleicht noch einen Blick auf die Annenkapelle werfen.

Durch den hügeligen Fläming

Hinter Wörlitz wird die Straße schlechter, Kopfsteinpflaster begleitet mich bis zur Elbe, wo ich wieder eine Fähre zum Übersetzen nach Coswig benutze. Auf einer schönen Allee nähere ich mich Gribow, wo ein Waldbad zur Rast einlädt.

Auf schnurgerader Straße, fahre ich genüsslich dahin, teilweise in leichtem Auf und Ab inmitten der Hügellandschaft des Fläming, und nähere mich der Lutherstadt Wittenberg. Hier schlug Martin Luther 1517 an der Schlosskirche seine Thesen zur Reformation an.

Das letzte Stück meiner Fahrt führt beinahe schnurgerade auf der B 2 nach Norden, wo ich über Treuenbrietzen nach Beelitz komme. Hier bestimmen riesige Spargelfelder die Aussicht vom Motorrad aus. Wiederum begleitet mich dann eine Allee zurück zum Ausgangspunkt in Trebbin, wo ich etwas müde, aber glücklich über diese schöne Fahrt ankomme.

Spezialtipp: Die Elbe per Raddampfer

Wer den Motorradsattel mit einer Schifffahrt vertauschen möchte, der hat an der Elbe dazu mehrfach Gelegenheit. Die Raddampfer, die übrigens zur ältesten und größten Rad-

Der Landschaftspark in Wörlitz gehört zu den Glanzpunkten auf dieser Route. Der Floratempel ist nur eine der Sehenswürdigkeiten in dieser großartigen Anlage.

Streckenbeschreibung

Streckenverlauf	Trebbin – Luckenwalde – Kloster Zinna – Jüterbog – Annaburg – Prettin – Pretzsch – Bad Schmiedeberg – Kemberg – Radis – Oranienbaum – Wörlitz – Coswig – Lutherstadt Wittenberg – Treuenbrietzen – Trebbin
STRECKENLÄNGE	228 km
AUSGANGS- UND ENDPUNKT	Trebbin (38 m)
ANFAHRT ZUM AUSGANGSPUNKT	Autobahn Berliner Ring A 10, Ausfahrt Genshagen und auf der B 101 bis Trebbin
SERVICESTELLEN	Jüterbog: Honda, Suzuki; Griebo: Yamaha; Lutherstadt Wittenberg: Suzuki
ÜBERNACHTUNGEN	Luckenwalde: Hotel Pelikan, Hotel Zur Stadt Magdeburg, Hotel Vierseithof; Kloster Zinna: Hotel Klostereck; Jüterbog: Hotel Zum Goldenen Stern, Pension Wiesenblick; Treuenbrietzen: Rosendiele Hotel Garni
CAMPINGPLÄTZE	Gribow
STRECKENSPERRUNG	Die Elbfähren Prettin und Coswig verkehren nur zwischen 6.30 und 20.00 Uhr, bei schlechten Witterungsverhältnissen wird der Fährbetrieb eingestellt.
KARTE	Die Generalkarte 1:200.000, Blatt 10
SEHENSWÜRDIGKEITEN	**Trebbin:** Stadtkirche St. Marien, Annenkapelle auf dem ehemaligen Friedhof
	Luckenwalde: Marktturm, der als Glockenturm für die Kirche St. Johannes fungiert
	Kloster Zinna: Kirche des Klosters, Alte und Neue Abtei, Abtshaus mit Heimatmuseum
	Jüterbog: Stadtmauer mit drei Stadttoren, Liebfrauenkirche und Kirche St. Nikolai
	Annaburg: Renaissanceschloss, Pfarrkirche und Fachwerkbauten
	Prettin: Renaissanceschloss mit Schlosskirche, Pfarrkirche mit Flügelaltar
	Pretzsch: Renaissanceschloss mit Bergfried, Schlosspark
	Bad Schmiedeberg: Rathaus mit reich geschmückten Portalen
	Kemberg: Teile der Stadtbefestigung, spätgotisches Rathaus mit Maßwerk giebeln
	Oranienbaum: Schloss im holländischen Barockstil, Park mit großem Parterre, Pagode und Teehaus
	Wörlitz: Großer Landschaftspark mit Kanälen, Brücken, Grotten, Bauten, vielen seltenen Gehölzen
	Lutherstadt Wittenberg: Renaissancerathaus, Residenzschloss mit spätgotischer Schlosskirche, Lutherhaus

dampferflotte der Welt gehören, verkehren zwischen Seußlitz und Dêcin und halten auch an Stationen, die an unserer Reiseroute liegen. Gelegenheiten zum Umsteigen bieten sich in Loschwitz, Pillnitz, Pirna, Wehlen oder Bad Schandau. Ein besonders attraktives Reiseziel ist Königstein, wo sich ein Spaziergang hinauf zur berühmten Festung anbietet.

25 Im Oderbruch

Durch den »Gemüsegarten von Berlin«

In die Schlagzeilen kam der Oderbruch 1997 und 2002, als dort die Jahrhunderthochwasser Wiesen und Felder überflutete und viele Menschen aus den Häusern vertrieb. Inzwischen hat sich das Leben wieder normalisiert, die Wunden aber sind noch nicht völlig verheilt, und jedes Jahr macht sich erneut Angst breit. Dabei gehören Überschwemmungen dort eigentlich zum Alltag der Menschen, jedes Frühjahr wieder, wenn die Schneeschmelze in den Sudeten einsetzt. Schon seit der Eiszeit vor 20.000 Jahren transportiert die Oder Schmelzwasser aus den Sudeten und in Jahrtausenden entstand eine sehr fruchtbare Auen- und Sumpflandschaft. Wegen der regelmäßigen Überschwemmungen ließen sich hier nur wenige Menschen nieder, siedelten vorwiegend auf höher gelegenen Stellen und errichteten als Schutz vor dem Hochwasser Kuhmistwälle.

Erst als vor etwa 250 Jahren Preußenkönig Friedrich II. den Oderbruch trockenlegen ließ, wurde aus einer sumpfigen Wildnis fruchtbares Ackerland und bald der Gemüsegarten für Berlin. Die Oder mit ihren Auen, Deichen und Fließen ist eingebettet in eine reizvolle Landschaft, die sich entweder zu markanten Höhenzügen wie bei Lebus aufschwingt oder sich als Niederung bis 20 Kilometer Breite am Fluss entlangzieht – für Motorradfahrer ein ideales Gelände, wo sich ein schwungvolles Asphaltband zwischen Getreide- oder Sonnenblumenfeldern schlängelt und nur in den verschlafenen Dörfern noch Kopfsteinpflaster übrig geblieben ist.

Kurz nach Angermünde mit seiner alten Stadtmauer und dem Pulverturm umgibt mich wellige Landschaft, allerlei Gebüsche begleiten die Straße, und der spitze Kirchturm von Parstein zeigt mir die Nähe des Ortes. Hier verlockt der Parsteiner See, ein Eldorado für Wasserratten und wegen seiner Sauberkeit berühmt. Wer zum Wandern aufgelegt ist, dem empfiehlt sich ein Abstecher zum Pehlitzwerder. Hier befinden sich Reste des Vorgängerbaus vom Kloster Chorin und alte Baumriesen von seltener Schönheit. In mehreren Kurven schlängelt sich die Märkische Eiszeitstraße zwischen Mischwäldern abwärts, ich nähere mich der Alten Oder und der wichtigsten Siedlung im Niederoderbruch. Erstmals 927 als slawisches Dorf Barsdyn erwähnt, bauten Anfang des 13. Jahrhunderts die Askanier auf dem heutigen Albrechtsberg eine Burg und 1231 gilt als Gründungsjahr von Oderberg. Als ich mich dem Fluss bei der Brücke nähere, fällt mir am Ufer ein Schiff auf feuchtem Grund liegend auf, es gehört zum Heimat- und Binnenschifffahrt-Museum.

Birkenalleen und Sonnenblumenfelder

Bald umgibt mich der Neuenhagener Sporn, ein Schwemmsandwall zwischen zwei Endmoränenzügen, wo der Oder ein neues Bett gegraben wurde und vor 250 Jahren die Trockenlegung des Oderbruchs begann. Durch eine schöne Allee fahre ich weiter, wo die Bäume nicht so dicht stehen, kann ich den Blick in eine weite Landschaft mit Feldern und Bauminseln genießen. Obwohl die lang gezogene Streckenführung schnelles Fahren ermöglicht, genieße ich die Weite, eine herrliche Birkenallee begleitet mich nach Neureetz. Alte Fachwerkhäuser

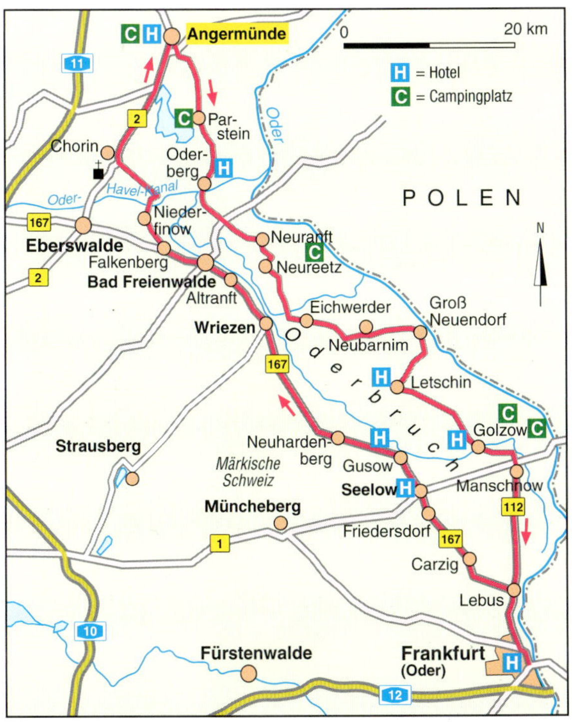

Im Oderbruch gibt es immer wieder schöne und lauschige Plätzchen zum Rasten.

und schmuckvoll verzierte Vorgärten mit Buchsbaumeinfassungen der Beete geben diesem Dorf seinen ganz besonderen Charakter. Zur Rast lädt ein Sitzplatz bei Neumädewitz ein, dann mache ich mich wieder auf den Weg durch die schöne Landschaft. Pappelalleen unterbrechen die großen Äcker, von Altlewin nach Niederbarnim nimmt mich eine herrliche Eichenallee auf, und in Groß Neuendorf betrachte ich vom Damm beim alten Hafen die Weite der Oderniederung. Obwohl die gut ausgebaute, fast geradeaus führende Straße eine ideale Rennstrecke ist, lasse ich mir Zeit. Die leuchtend gelben Sonnenblumen auf den Feldern gleichen dem Gemälde van Goghs und bieten vor dem blauen Himmel mit den schnell dahinziehenden Wolkenfetzen einen romantischen Anblick. Wer könnte da nicht ins Schwärmen geraten. Der Sonnenblume widmet Golzow jährlich ein Fest, das meist Mitte September stattfindet und vielleicht auch ein Grund ist, zu einer Motorradtour in den Oderbruch aufzubrechen.

Hinter Manschnow schiebt sich links eine grüne Kulisse ins Blickfeld, es sind die über 80 Meter hohen bewaldeten Endmoränen, die am Horizont eine Barriere bilden. Am Steilhang einer zur Oder abfallenden Hochfläche liegt Lebus, von 1124 bis zum Ende des 13. Jahrhunderts Bischofssitz, die Kirche St. Marien ist allerdings erst 1810 gebaut worden. Kurz danach erreiche ich Frankfurt/Oder, Grenzort

Linke Seite: In Oderberg finden wir dieses Museumsschiff, das Einblicke in die Binnenschifffahrt vergangener Zeiten vermittelt.

Das Zisterzienserkloster Chorin mit seinem grandios gestalteten Schaugiebel an der Westwand des Langhauses.

und wichtige Straßen- und Eisenbahnverbindung nach Polen. Bereits im Mittelalter war es wegen seiner Lage an wichtigen Handelswegen von Ost nach West und Nord nach Süd eine der bedeutendsten Städte der Mark. Daran erinnert nicht viel, denn die meisten herausragenden Bauwerke der Blütezeit wurden im Zweiten Weltkrieg zerstört.

Eine Hügellandschaft mit Getreidefeldern begleitet mich nach Norden, in Friedersdorf lohnt sich ein Besuch der Kirche mit sehenswerter Barockausstattung, und in Seelow kreuze ich die B 1, eine alte Reichsstraße von Aachen nach Königsberg. In Gusow suche ich den Hinweis zum Baggersee, zuerst sehe ich allerdings den Wegweiser zum Schloss Gusow, einem Gebäude aus dem 17. Jahrhundert, in dem eine Zinnfigurenausstellung zu besichtigen ist. Am Ortsausgang finde ich endlich beim Motel Derfflinger den Hinweis »Strandbad« und stürze mich dort erst einmal in die Fluten.

Gemütlich nähere ich mich zwischen Tabakfeldern fahrend Neuhardenberg, dessen Ortsbild von einer lang gestreckten Allee mit Bürgerhäusern, Schloss und Kirche, deren Pläne aus der Feder des klassizistischen Baumeisters Karl Friedrich Schinkel stammen, bestimmt wird. Wer Lust hat, kann von Neuhardenberg aus noch einen Abstecher in die Märkische Schweiz nach Buckow unternehmen, das am Schermützelseeliegt. Bewaldete Hügel und kleine Seen begleiten mich weiter über Altranft, ein Angerdorf mit Fachwerkhäusern, das zum Freilichtmuseum ausgebaut wurde, bis nach Bad Freienwalde. Neben mehreren Kirchen ist hier das Schloss auf dem Apothekerberg zu erwähnen, das von David Gilly als Witwensitz für die Königin Friederike-Luise von Preußen gebaut wurde.

Wieder nimmt mich die Märkische Eiszeitstraße auf, diesmal sind es zahlreiche Kurven, die meine Aufmerksamkeit erfordern, bis ich beim Abzweig nach Niederfinow dem Schiffshebewerk zusteuere, das einen Höhenunterschied von 36 Metern überbrückt und zwischen 1924 und 1927 errichtet wurde. Dieses gigantische Bauwerk des Oder-Havel-Kanals ist beeindruckend, besonders schön auch die Aussicht von der Plattform auf die Landschaft.

Bei Liepe verlasse ich die Landstraße und fahre auf fester Sandstraße durch einen herrlichen Buchenwald nach Chorin, wo ich das 1270 bis 1273 gegründete Zisterzienserkloster besichtige. Eindrucksvoll ist der Schaugiebel an der Westseite des Langhauses, aber auch der Kreuzgang, in denen spätromanische Details und hochgotische Formen vereint sind. Zur Rast begebe ich mich zur nahen, oberhalb gelegenen Klosterschenke und genieße von dort den Blick den Amtssee am Kloster. Auf der gut ausgebauten Fernstraße komme ich wieder nach Angermünde.

Spezialtipp: Gondelfahrt in Wörlitz

Bereits von der Straße aus ist der Wörlitzer See zu sehen, der den Kern der Parkanlage bildet. Zahlreiche Seearme und Kanäle bieten genug Fahrwasser für eine Gondelfahrt, die am Gasthof Eichenkranz beginnt. Unweit davon befindet sich das klassizistische Schloss. Am anderen Ufer steht das Nymphäum, einst als Eiskeller gebaut, und zurückschauend erkennt man den englischen Sitz. An der Amtsfähre wird der jüdische Vestatempel sichtbar. Die Gondel erreicht den kleinen Walloch mit Floratempel und Venustempel. In der Ferne sieht man das Schloss. Durch die weiße Brücke fahrend, erkennt man den Kuhstall und nach der Hornzackenbrücke das Gotische Haus mit seiner venezianischen Front.

Streckenbeschreibung

STRECKENVERLAUF	Angermünde – Parstein – Oderberg – Neuranft – Neureetz – Neubarnim – Groß Neuendorf – Letschin – Golzow – Gorgast – Manschnow – Lebus – Frankfurt/Oder – Carzig – Friedersdorf – Seelow – Gusow – Neuhardenberg – Wriezen – Altranft – Bad Freienwalde – Niederfinow – Eberswalde – Chorin – Angermünde
STRECKENLÄNGE	210 km
AUSGANGS- UND ENDPUNKT	Angermünde (48 m)
ANFAHRT ZUM AUSGANGSPUNKT	Autobahn Berlin–Prenzlau A 11, Ausfahrt Joachimsthal und auf der B 198 über Groß Ziethen nach Angermünde
SERVICESTELLEN	Neuenhagen: Yamaha; Frankfurt/Oder: Honda, BMW, Yamaha, Kawasaki, Simson
ÜBERNACHTUNGEN	Angermünde: Hotel Am Seetor; Oderberg: Restaurant & Pension Grüne Aue; Letschin: Gasthof Zum Alten Fritz; Golzow: Gasthaus & Pension Wagner; Frankfurt/Oder: Pension & Gasthof am Schloss; Seelow: Hotel Brandenburger Hof, Waldhotel; Gusow: Motel Derfflinger
CAMPINGPLÄTZE	Parstein; Neukūstrinchen; Gorgast; Zechin; Alt-Zeschdorf; Herzsprung bei Angermünde
KARTE	Die Generalkarte 1:200.000, Blatt 10
SEHENSWÜRDIGKEITEN	**Angermünde:** Turm einer slawischen Burg, Heiliggeistkapelle und Marienkirche
	Oderberg: Kirche von Stüler, Museum für Binnenschifffahrt
	Groß Neuendorf: Alter Oderhafen, schöner Blick auf die Oder
	Rathsdorf/Altgaul: Storchenmuseum
	Lebus: Reste der Burg, Heimatstube
	Frankfurt/Oder: Rathaus mit Prunkgiebeln, Kleist-Gedenkstätte mit Museum, Ruine der Marienkirche, barockes Junkerhaus
	Friedersdorf: Kirche mit reicher barocker Innenausstattung
	Seelow: Kirche von Karl Friedrich Schinkel
	Gusow: Wasserschloss mit Museum
	Neuhardenberg: Kirche und klassizistisches Schloss von Karl Friedrich Schinkel, Landschaftspark von Lenné
	Altranft: Freilichtmuseum
	Bad Freienwalde: Georgenkirche in Fachwerkbauweise von 1696, klassizistisches Schloss von David Gilly, Oderlandmuseum
	Niederfinow: Schiffshebewerk im Oder-Havel-Kanal
	Eberswalde: Forstbotanischer Garten und Tierpark
	Chorin: Zisterzienserkloster mit grandios gestaltetem Schaugiebel

26 Die Mecklenburgische Seenplatte

Durch die größte Seenlandschaft Deutschlands

Schon lange ist die Mecklenburgische Seenplatte für mich eine sehr eindrucksvolle Reiselandschaft, denn nirgends breiten sich so viele Seen dicht nebeneinander aus, sind durch unzählige Fließe und Flussarme miteinander verbunden und sorgen immer wieder für traumhafte Szenerien. Dazu kommt, dass die Umgebung noch recht unberührt ist, sodass sich nicht selten Störche und Kraniche, Enten und Schwäne, aber auch zahlreiche andere Tierarten im Bereich der Seen ein Stelldichein geben. Schon oft bin ich in dieser reizvollen Gegend unterwegs gewesen, immer wieder locken die glasklaren Gewässer zum Baden, gibt es zur Rast einladende stille Winkel oder verträumte Dörfer mit Feldsteinkirchen und Kopfsteinpflaster zu entdecken. Es macht einfach Spaß, den kurvenreichen Ufern der Seen zu folgen oder auf schnurgeraden Landstraßen mit herrlichen Alleebäumen das nächste Ziel anzusteuern.

Also breche ich wieder auf, diesmal von Rheinsberg, wo sich am Grienericksee schon der preußische Kronprinz Friedrich 1736 niederließ. Sein Lustschloss war einst ein Ort der Geselligkeit, Künstler und Wissenschaftler versammelten sich damals, heute schlendern Urlauber und Touristen durch den idyllischen Ort.

Wald begleitet mich fast bis Zechlinerhütte, dann sehe ich links den von dunklen Wäldern umgebenen Schlabornsee, an dessen Ufer der kleine Ferienort liegt. Hier erinnert eine Gedenkstätte im Haus der Eltern an die Brüder Wegner, von denen Alfred Wegner, der Grönlandforscher, der bekanntere ist.

Die Straße führt wieder durch Wald, bei der Canower Schleuse überquere ich einen kleinen Kanal, der eine Verbindung zwischen dem Canower See und dem Labussee herstellt, und fahre nun auf holpriger Sandstraße durch einen dichten Wald. Bald erreiche ich die Endmoränenlandschaft südlich von Mirow, vom 94 Meter hohen Mühlenberg bei Schwarz bietet sich mir ein schönes Panorama: Zu Füßen liegen mir Schwarzer See, Fehlingsee, Vilzsee und Zotzensee, von einem Sitzplatz aus bequem zu genießen.

Mirow ist eine Kleinstadt am unteren Ende des lang gezogenen Mirower Sees. Das Renaissancetorhaus von 1588 gehört zur ehemaligen Residenz der mecklenburgischen Herzöge. Ich fahre am Mirower Kanal entlang und komme auf einer herrlichen Kastanienallee durch das Dorf Lärz, wo zahlreiche Wanderwegweiser zur Erkundung der Seenlandschaft zwischen Mirow und Müritz einladen. An der Kleinen Müritz, dem südlichsten Teil der Müritz, erhalte ich schon mal den ersten Eindruck von der Größe des Sees.

Se(h)en ohne Ende

Der beste Überblick bietet sich allerdings vom Turm der Marienkirche in Röbel, den ich unbedingt besteigen muss. Traumhaft die Aussicht mit den buchtenreichen Ufern, Segelbooten und zahlreichen kleinen Orten am Ufer.

Eine gut ausgebaute Landstraße führt mich nach Westen zum Plauer See, den ich an der Südspitze bei Stuer erreiche. Hier nahm 1845 eine Kaltwasserbadeanstalt ihren Betrieb auf, um die zahlreichen Quellen nahe dem Plauer See zu nutzen. Zu den berühmten Gästen gehörte auch Fritz Reuter, der niederdeutsche Volksdichter.

Logisch, dass die Mecklenburgische Seenplatte ein Paradies für Wassersportler jeglicher Art ist.

Die gut ausgebaute Straße veranlasst mich, etwas schneller zu fahren, und so bin ich bald in Plau, einer reizvollen Kleinstadt an der Mündung der Elde in den Plauer See. Dank der günstigen Lage versammeln sich hier viele Wassersportler, und Plau ist auch Ausgangspunkt für Wasserwanderungen. Wahrzeichen der Stadt ist der 12 Meter hohe Burgturm als Rest der einstigen Stadtmauer.

Ich nähere mich dem Naturpark Nossentiner-Schwinzer Heide, einem Waldgebiet mit sehr schönen Wanderwegen, bleibe aber nur in Tuchfühlung, denn Alt Schwerin ist meine nächste Station. Hier schaue ich mir das interessante Freilichtmuseum mit zahlreichen Schnitterhäusern und einer Bockwindmühle an, bevor ich weiter nach Malchow fahre. Diese Stadt breitet sich an einer reizvollen Kette schmaler Rinnenseen aus, die den Plauer See mit dem Fleesensee verbindet. Am Ufer bildet die Klosterkirche eine reizvolle Kulisse, und in der historischen Innenstadt ist das Fachwerkrathaus besonders schön.

Zwischen Äckern und Wiesen fahre ich auf einer gut ausgebauten Asphaltstraße und nähere mich wieder der Müritz, diesmal bei Klink. Hier lädt das große Müritz-Hotel zum Bleiben ein, ein Badestrand zum Verschnaufen. Ich steuere am Seeufer weiter nach Norden und überquere den Reeck-Kanal, die Verbindung zwischen Müritz und Kölpinsee. Von der Brücke schaue ich eine Weile den zahlreichen Motorbooten und Seglern zu, bevor ich mich in Waren umsehe. Hier wird das Bild des Alten Marktes von

Linke Seite: Schloss Rheinsberg war einst das Lustschloss von Kronprinz Friedrich von Preußen.

In Malchow müssen wir teilweise noch mit holprigem Kopfsteinpflaster vorlieb nehmen.

der St.-Georgs-Kirche beherrscht, die hinter dem Alten Rathaus emporragt. Den Neuen Markt beherrscht die gotische Marienkirche, ihr Turm prägt das Stadtbild.

Durch Ackerlandschaft nach Neubrandenburg

Die Straße zieht sich teilweise schnurgerade in leichtem Auf und Ab durch eine ausgesprochene Ackerlandschaft dahin und erreicht Prenzlin, das sich bereits im 13. Jahrhundert im Schutze einer Burg entwickelte. Erhalten blieben zwei Backsteingebäude aus dem 16. Jahrhundert, und als besondere Sehenswürdigkeit gilt der »Hexenkeller«, ein schwalbennestartig angebauter Aborterker am Nordgiebel des Burgkomplexes mit Steinsitzen, in dem die Hexen angekettet wurden.

Hinter Prenzlin wird die Landschaft wieder abwechslungsreicher, die weite Hügellandschaft wird von kleinen Waldinseln geprägt, und stellenweise begleiten die Straße niedrige Gebüsche, die vor allem im Frühjahr in voller Blüte stehen. Schließlich empfängt mich Neubrandenburg, auch Stadt der Vier Tore genannt. Hier ließ der Markgraf von Brandenburg ab 1248 am Tollensee eine Stadt erbauen, die mit einer 2.300 Meter langen Mauer umgeben wurde. Diese mittelalterliche Stadtmauer ist vollständig erhalten, und auch die vier Stadttore sind in alter Schönheit zu bewundern.

Südlich von Neubrandenburg bestimmen wieder Endmoränenhügel das Bild, ab und zu erheische ich noch einen Blick auf den Tollensee, bevor ich mich durch wald- und seenbestimmte Landschaft fahrend Neustrelitz nähere. Diese einstige Ackerbürgerstadt verdankt ihren Ursprung dem »Hamburger Vergleich« im Jahre 1701. Damals wurde Mecklenburg in die Herzogtümer Mecklenburg-Schwerin und Mecklenburg-Strelitz geteilt, und Strelitz wurde als Residenz auserkoren. Es entstand unweit des Zierker Sees ein Schloss, heute nicht mehr vorhanden, und ein Park, der zu den schönsten in Mecklenburg gehört.

Bald nimmt mich Wesenberg auf, das Ende des 13. Jahrhunderts im Schutze einer Burg entstand, von der nur Reste des Bergfrieds erhalten sind. Eine große Linde neben der Kirche, die mit geschätzten 800 Jahren und einem Stammumfang von acht Metern als Naturdenkmal geschützt ist, lädt zum Verweilen unter dem grünen Blätterdach ein. An der etwas erhöht stehenden wuchtigen Kirche in Wustrow vorbeifahrend, nähere ich mich Canow, zwischen Labussee und Canower See gelegen. Am letztgenannten See bietet sich ein Sitzplatz zum Rasten an, und eine kleine Gaststätte gleich daneben sorgt für das leibliche Wohl. Nachdem ich mich gestärkt habe, bin ich bald wieder in Rheinsberg und damit am Ausgangspunkt meiner Tour.

Spezialtipp: Vogelparadies Müritz

Am Ostufer der Müritz bietet sich eine sehr schöne Wanderung zur Beobachtung von Kranichen am Rederangsee an. Am besten fährt man von Waren bis Schwarzenhof und wandert vom dortigen Park-

Streckenbeschreibung

STRECKENVERLAUF	Rheinsberg – Canow – Diemitz – Mirow – Röbel – Plau – Malchow – Waren – Prenzlin – Neubrandenburg – Neustrelitz – Wesenberg – Wustrow – Rheinsberg
STRECKENLÄNGE	217 km
AUSGANGS- UND ENDPUNKT	Rheinsberg (56 m)
ANFAHRT ZUM AUSGANGSPUNKT	Autobahn Berlin-Hamburg A 24, Ausfahrt Neuruppin und über Neuruppin und Köpernitz nach Rheins. berg. Oder Ausfahrt Birkenwerder und auf der B 96 über Oranienburg und Grausee nach Rheinsberg.
SERVICESTELLEN	Waren: Kawasaki; Neubrandenburg: Honda, Kawasaki, Suzuki; Burg Stargard: Honda
ÜBERNACHTUNGEN	Rheinsberg: Pension Zu den vier Jahreszeiten, Gast- und Logierhaus Zum jungen Fritz; Zechlinerhütte: Haus am See; Klink: Hotel Müritz; Waren: Ferienhotel Reschke
CAMPINGPLÄTZE	Fürstenberg/Havel; Zechlinerhütte; Canow; Röbel; Plau; Alt Schwerin; Malchow; Waren; Neubrandenburg
KARTE	Die Generalkarte 1:200.000, Blatt 9
SEHENSWÜRDIGKEITEN	**Rheinsberg:** Schloss mit Schlosspark, Obelisk für Prinz August Wilhelm
	Mirow: Barockschloss, Renaissancetorhaus, Grabmal von Großherzog Adolf Friedrich VI. auf der »Liebesinsel« im Mirower See
	Röbel: Fachwerktraufenhäuser im Stadtbild, Pfarrkirche St. Marien mit spätgotischen Schnitzkunstwerken im Inneren
	Plau: Schlichte Fachwerkbauten, mittelalterlicher Burgturm
	Malchow: Neogotische Klosterkirche von Friedrich Wilhelm Buttel, historische Innenstadt mit Fachwerkhäusern
	Waren: Kirche St. Georg am Markt (14. Jahrhundert), gotische Marienkirche, Rathaus am Stil der Tudorgotik orientiert
	Neubrandenburg: Gut erhaltene Stadtmauer mit vier Stadttoren, Stadtkirche St. Marien als Hauptwerk der Backsteingotik mit schönem Ostgiebel
	Neustrelitz: Barocke Stadtkirche und klassizistisches Rathaus, Schlosspark mit Hebetempel, Götterallee und Orangerie
	Wesenberg: Reste der Burg mit quadratischem Bergfried, Kirche

platz auf dem mit einem roten Eichhörnchen markierten Weg. Am See erlauben zwei Beobachtungsplätze den Blick über die Wasserfläche, wo man die Kraniche auf ihren Rastplätzen sehen kann. Durch Schutzmaßnahmen ist die Zahl der Kraniche gestiegen, und da einige Pärchen im Nationalpark brüten, können Kraniche den ganzen Sommer über beobachtet werden. Im Herbst nimmt die Zahl der Vögel zu, da sie sich an ihren Schlafplätzen im Uferbereich sammeln. Eine Beobachtung ist dann allerdings schwieriger, weil sie sich erst mit einbrechender Dämmerung einfinden.

27 An der Ostseeküste

Von Wismar nach Rügen

Auch wenn an der deutschen Ostseeküste nicht immer die Sonne scheint, hat sich diese mit Naturschönheiten reich gesegnete Küste seit Ende des letzten Jahrhunderts immer mehr zum Eldorado für Sonnenanbeter und Badefans entwickelt. Kein Wunder, denn die zahlreichen Buchten mit schönen Sandstränden, aber auch die Halbinseln und Inseln laden zum Verweilen ein. Beeindruckend sind ebenfalls die kulturhistorischen Sehenswürdigkeiten mancher Städte, idyllisch die kleinen Fischerdörfer und für echte Motorradfans die flachen Landstriche mit schnurgeraden Straßen.

Auch eine geruhsame Art, seine Freizeit zu verbringen: auf einem Kutter im Hafen von Wismar.

Ich stehe auf dem Marktplatz von Wismar, der mit 10.000 Quadratmetern der größte von Mecklenburg-Vorpommern ist und von der so genannten »Wasserkunst« geziert wird. Dieser pavillonartige Bau im Stil der holländischen Renaissance ist ein Wahrzeichen der Stadt und versorgte bis Ende des 19. Jahrhunderts etwa 220 Häuser und zahlreiche öffentliche Wasserstellen mit dem kostbaren Nass. Von hier strebe ich mal auf Kopfsteinpflaster, mal auf glattem Asphalt nach Norden, genieße den Blick zur Wismarbucht und werde fast verleitet, in Groß Strömkendorf im Hotel Schäfereck eine Rast einzulegen. Dieses schilfgedeckte Hotel und Restaurant bietet eine große Terrasse und erlesene Speisen. Ich bleibe hart, fahre weiter, lasse mich links von der schönen Sicht auf den Breitling, ein schmales Wasser zwischen der Insel Poel und dem Festland ablenken. Bald schiebt sich auf einem kleinen Hügel die Windmühle von Stove in mein Blickfeld, die zur Rast einlädt. Nach einer kurzen Besichtigung packe ich noch ein paar Brote aus Mehl ein, das in dieser Mühle gemahlen wurde. Auf einer Lindenalle nähere ich mich Neubukow, das um 1250 hinter dem Salzhaff entstand und an dessen Gründungszeit noch die weithin sichtbare Kirche erinnert.

Die flache Landschaft wird von Feldern und Wiesen geprägt, nur von der schmalen Straße durchzogen, und bald erreiche ich die Ostseeküste von Kühlungsborn. Am feinen Sandstrand bietet sich eine Rast an und natürlich ein Bad in den Fluten. Erfrischt geht es weiter, romantische Baumalleen begleiten mich nach Heiligendamm, der weißen Stadt am Meer. Weiße Villen im klassizistischen Baustil lassen noch den alten Glanz erkennen, der hier – im ersten Seebad an der Osteeküste – im vorigen Jahrhundert vorherrschte. Nur einen Katzensprung entfernt liegt Bad Doberan, das seinen Aufschwung Großherzog Friedrich Franz I. von Mecklenburg verdankt, der den Ort zu seiner Sommerresidenz

machte. Ein Spaziergang durch den Ort lohnt sich ebenso wie eine Fahrt mit dem Molli, der »Bäderbahn« zwischen Kühlungsborn und Bad Doberan. Auf angenehm zu fahrender Asphaltstraße nähere ich mich Warnemünde, das »Liebe auf den ersten Blick« für sich in Anspruch nehmen kann. Die breite Strandpromenade hinter den Dünen mit dem feinen Sandstrand ist Bummelmeile, im alten Strom dümpeln Segler und Kutter, kleine Restaurants locken mit Fischgerichten. Der feine Sandstrand wird nur dort unterbrochen, wo die Unterwarnow in die Ostsee mündet. Für Motorradfahrer ist das kein Problem, gibt es doch eine Autofähre, die regelmäßig übersetzt.

Ostseebad mit Tradition

Während sich der lange Strand von Markgrafenheide – der vor allem hüllenlos Badende anzieht – hinter einer bewachsenen Düne an der Straße hinzieht, ist Graal Müritz ein Ostseebad mit Tradition. In dieses schöne, von den Wäldern der Rostocker Heide und einem fünf Kilometer langen Sandstrand geprägte Seebad kamen schon im 19. Jahrhundert viele Badelustige; richtigen Aufschwung erhielt es jedoch erst um die Jahrhundertwende. Wer im Mai oder Juni hier weilt, kann sich an den herrlichen Rhododendronblüten im Kurpark erfreuen. Wald- und kurvenreich ist die Strecke Richtung Ribnitz-Damgarten, der Asphalt schlecht und rutschig. Bevor wir dort ankommen, präsentiert sich in Klockenhagen ein sehenswertes Freilichtmuseum. Mehrere eingerichtete alte Bauernhäuser, Scheunen, Katen und eine Bockwindmühle gehören zu den Sehenswürdigkeiten, die aus verschiedenen Dörfern Mecklenburgs zusammengetragen wurden. Eine besondere Rarität ist das als »Tweipott« bezeichnete Hallenhaus, das vorher 200 Jahre in Stäbelow bei Rostock stand.

Dort, wo die Recknitz in den Ribnitzer See mündet, stiftete 1323 Herzog Heinrich von Mecklenburg ein Klarissinnenkloster, die Wiege von Ribnitz-Damgarten. Seltenheitswert hat im Kloster das Bernstein-

Diese Strandkörbe stehen in Kühlungsborn, aber man findet sie überall entlang der Ostseeküste.

museum, das mit Broschen, Ketten und Ringen aus Bernstein einen Einblick in die Natur- und Kulturgeschichte dieses fossilen Harzes gibt. Unweit steht die dreischiffige Backsteinkirche St. Marien, an der B 105 erinnert das Rostocker Tor an die einstige Stadtbefestigung.

Der Ribnitzer See begleitet mich eine Weile, dann steuere ich auf die Künstlerkolonie Ahrenshoop auf dem Darß zu, die auf der schmalen Landbrücke zwischen dem Saaler Bodden und der Ostsee liegt. Hier verstecken sich zwischen dichtem Buschwerk reetgedeckte Häuser, hier breitet sich ein schöner Sandstrand aus. Baden ist auch zwischen Prerow und Zingst angesagt. Bevor ich mich nach Süden wende, verweile ich kurz in Zingst, das seit 1850 Badegäste zählen kann. An die Zeit, als hier vor allem Schiffsbauer und Seefahrer lebten, erinnern schöne Seemannshäuser mit Krüppelwalmdach.

Grüßen ist auch an der Ostseeküste ein Muss unter Motorradfahrern.

Weiter geht die Fahrt nach Barth, wo der dreigeschossige Speicher in der Badstübnerstraße an die Zeit erinnert, als Barther Segelschiffe im 19. Jahrhundert über die Weltmeere fuhren. Durch flaches Land und kleine Dörfer nähere ich mich auf guter Straße Stralsund, der pulsierenden Hansestadt am Strelasund. Wegen der Stadttore, sehenswerter Kirchen und einer schönen Fußgängerzone lohnt sich hier eine Besichtigungspause, bevor ich über den Rügendamm die Insel Rügen erreiche. Gleich nachdem ich die B96 nach der Brücke verlassen habe, zeigt sich die idyllische Seite der Insel. Weite Wiesen, kleine Fischerdörfer und eine urige Baumallee begleiten mich bis Putbus.

Ein kühles Bad zum Abschluss

Ein Abstecher führt mich zur »Inselhauptstadt« Bergen. Glanzpunkt ist die Kirche St. Marien mit spätromanischen Fresken, die die Freuden des Paradieses und die Schrecken der Hölle darstellen, sowie ein slawischer Grabstein, der den Ranengott Swantevit darstellen soll. Vom Marktplatz aus unternehme ich eine genüssliche Wanderung zum Rugard, einem 91 Meter hohen Berg mit dem Ernst-Moritz-Arndt-Turm, von dem sich ein zauberhafter Blick über die Insel bis zu den Kirchtürmen von Stralsund bietet. Nach Putbus zurückgekehrt genieße ich wieder die Fahrt auf der Deutschen Alleenstraße, in Nadelitz fällt ein rohrgedecktes niederdeutsches Hallenhaus am Dorfeingang auf, und nach Groß Stresow versetzt mich eine Pflasterstrecke mit uralten Alleebäumen in frühere Zeiten. Auf der B 196 ist es damit schlagartig vorbei, bei Lancken-Granitz bietet sich ein kurzer Abstecher zu einem Gräberfeld aus der Zeit um 2.000 vor Christus an.

Bequem fährt es sich auf dem letzten Stück dieser Tour bis zum Ostseebad Göhren, einem beliebten Seebad. Nichts wie hinein in das kühle Nass! Mal sehen was der Abend noch bringt. Vielleicht ein kleiner Ausflug nach Groß Zicker mit dem sehenswerten Pfarrwitwenhausoder eine kleine Wanderung auf den 66,5 Meter hohen Bakenberg mit schöner Aussicht auf das Mönchsgut. Möglichkeiten gibt es viele, auch eine Fahrt mit dem »Rasenden Roland« wäre nicht schlecht, aber dazu ist morgen noch Zeit. Ich habe mir vorgenommen, Rügen in den nächsten Tagen auf eigene Faust zu entdecken.

Streckenbeschreibung

STRECKENVERLAUF	Wismar – Groß Strömkendorf – Neubukow – Ostseebad Rerik – Ostseebad Kühlungsborn – Bad Doberan – Warnemünde – Markgrafenheide – Seeheilbad Graal Müritz – Klockenhagen – Ribnitz-Damgarten – Ostseebad Dierhagen – Ostseebad Ahrenshoop – Ostseebad Prerow – Ostseebad Zingst – Barth – Stralsund – Putbus – (Bergen) – Ostseebad Göhren
STRECKENLÄNGE	230 km
AUSGANGS- UND ENDPUNKT	Wismar (5 m) Ostseebad Göhren/Rügen (35 m)
ANFAHRT ZUM AUSGANGSPUNKT	Über die Autobahn Berlin–Hamburg A 24 bis Dreieck Schwerin, dann Autobahn A241 bis Schwerin und über B 106 bis Wismar
SERVICESTELLEN	Wismar: Yamaha; Satow bei Rostock: Yamaha; Rostock: Aprilia, Honda, Yamaha u. a.
ÜBERNACHTUNGEN	Wismar: Pension Gästehaus Wismaria, Hotel Altes Brauhaus; Groß Strömkendorf: Hotel Restaurant Café Schäfereck; Ostseebad Kühlungsborn: Hotel am Strand; Warnemünde: Hotel Am Alten Strom, Kur- und Ferienhotel Sanddorn; Barth: Hotel Stadt Barth; Stralsund: Pension Klabautermann, Pension Villa Beer
CAMPINGPLÄTZE	Ostseebad Rerik; Ostseebad Kühlungsborn; Markgrafenheide; Ostseebad Prerow; Ostseebad Zingst; Altefähr/Rügen; Lobbe/Rügen
KARTE	Die Generalkarte 1:200.000, Blatt 9
SEHENSWÜRDIGKEITEN	**Wismar:** Turm der Ratskirche St. Marien, Marktplatz mit der Wasserkunst, Wismars ältestes Bürgerhaus, der »Alte Schwede«, Schabbel-Haus im Stil der niederländischen Renaissance **Neubukow:** Kirche aus dem 13. Jahrhundert **Ostseebad Rerik:** Pfarrkirche mit reicher Barockausstattung **Bad Doberan:** Klosterkirche mit reich vergoldetem Hochaltar, Parkanlage Kamp in der Stadtmitte **Warnemünde:** Alter Strom mit Fischerbooten und Segeljachten, hübsche Giebelhäuser, Strandpromenade **Klockenhagen:** Freilichtmuseum **Ribnitz-Damgarten:** Klosterkirche und Bernsteinmuseum, Rostocker Tor als Rest der Stadtmauer **Ostseebad Ahrenshoop:** Kunstkaten, ein Reetdachhaus und die Dorfkirche in Form eines kieloben liegenden Bootes **Ostseebad Prerow:** Kirche als ältestes Gotteshaus auf dem Darß, zahlreiche bunt bemalte Haustüren **Ostseebad Zingst:** Dorfkirche und Pfarrhaus im neogotischen Stil **Barth:** Dammtor und runder Backsteinturm **Stralsund:** Gotisches Rathaus und Wulflam-Haus, am Markt die Kirche St. Nikolai, Kniepertor, Katharinenkloster **Bergen:** Kirche mit spätromanischen Fresken, Ernst-Moritz-Arndt-Turm auf dem Rugard

28 Entlang der Lübecker Bucht

Von Lübeck nach Fehmarn

Ich wollte schon immer einmal nach Fehmarn, das sich auf zahlreichen Fotos immer wieder mit goldgelben Rapsfeldern vor tiefblauem Himmel präsentiert. Eine Bilderbuchlandschaft, wie ich mich überzeugen konnte. Dazu schenkte mir die Großwetterlage über der Ostsee einen blauen Himmel mit weißen Wattewölkchen und herrliches Badewetter. Übrigens gehört Fehmarn mit seinen knapp 2.000 Sonnenstunden im Jahr und 511 Millimeter Regen im Jahr zu den sonnenreichsten und regenärmsten Gebieten Deutschlands.

Bevor ich mich auf den Weg nach Fehmarn begebe, verweile ich noch einige Stunden in der Hansestadt Lübeck, eigentlich viel zu kurz. Um mich von der herrlichen Lage der Stadt zu überzeugen, steige ich auf den Turm der Kirche St. Petri an der Holstenstraße. Ausgesprochen schön ist die Aussicht auf die Stadt, aber ebenso der Blick entlang der Ostseeküste Richtung Fehmarn.

Vom nahen Holstenplatz mit dem Holstentor, einem Backsteinbau mit wuchtigen Kegelhelmen, ist es nicht weit zum Markt mit dem Rathaus aus dem 12. Jahrhundert. Beeindruckend ist dessen Marktfront im Stil der Gotik und als Pendant dazu die Kirche St. Marien, eine hochgotische Basilika, deren Mittelschiff mit einer Höhe von 40 Metern als das höchste Backsteingewölbe der Welt gilt. Über die Breitestraße komme ich zur Schiffergesellschaft, einem mittelalterlichen Versammlungshaus mit originalen Einrichtung.

Reich an historischen Gebäuden ist auch die Königsstraße mit der Kirche St. Katharinen aus dem frühen 14. Jahrhundert, dem Behnhaus (klassizistisch) und Drägerhaus (spätklassizistisch) sowie der Kirche des Heilig-Geist-Hospitals (1227) mit sehenswerten Malereien aus dem 14. Jahrhundert und einer fast vollständig erhaltenen Klosteranlage mit Kreuzgang, Kapitelsaal und Sakristei. Über die Mühlenstraße komme ich zur Mühlenbrücke, rechts ist der gewaltige Dom nicht zu übersehen.

Durch die Holsteinische Schweiz

Nun verlasse ich Lübeck in Richtung Norden und entdecke hinter Bad Schwartau allmählich die Naturlandschaft der Holsteinischen Schweiz: Sanfte Hügel heben sich aus dem Flachland, zwischen Feldern breiten sich kleine Laubwaldinseln aus, der Lauf des Flüsschens Schwartau begleitet mich eine Weile. Schon bald erreiche ich Neustadt in Holstein, das als »Nova Crempe« bereits 1244 gegründet wurde. Als natürlicher Hafen bot sich die Engstelle auf einem Höhenrücken am Binnenwasser an, wo der mächtige Kornspeicher steht.

Auf sich dahinschlängelnder Straße am Rande des Naturparks Holsteinische Schweiz nähere ich mich Lensahn, wo ich die Gelegenheit wahrnehme, dem Museumshof einen Besuch abzustatten. Bald erreiche ich Oldenburg in Holstein, dessen Grundstein gelegt wurde, als im 7. Jahrhundert auf einem Moränenhügel die mächtige Ringwallanlage Starigard entstand. Heute noch ein bedeutsames archäologisches Bodendenkmal Schleswig-Holsteins, überragt sie mit einer Höhe von 18 Metern manche Häuser Oldenburgs. Wer sich näher dafür interessiert, kann auf einem großen Diorama im Wallmuseum die weitläufige Fürstenburg mit Graben, Wallanlage und Palisadengang betrachten. Mit jedem Kilometer in Richtung Norden wird die Landschaft flacher, ich nähere mich allmählich der Ostseeküste und damit Heiligenhafen. Aus einem idyllischen Hafenort hat sich ein moderner Kurort mit großem Yachthafen entwickelt, in manchen Gassen um die Kirche St. Nikolaus vom Ende des 15. Jahrhunderts laden dennoch gemütliche Lokale ein.

Über die gigantische Stahlbogenbrücke, die mit 965 Meter Länge den Fehmarnsund überspannt, erreiche ich Fehmarn. In der schmalen Passage tummeln sich Segelboote und Yachten, die auch die einstigen Fährhäfen anlaufen.

Die Weite der Insel breitet sich vor mir aus, die mit saftigen Wiesen und gelben Rapsfeldern im Frühjahr und goldgelben Getreidefeldern im Sommer ein fruchtbarer Landstrich ist. Hier, in der Kornkammer Schleswig-Holsteins, zeugen vom Reichtum der Bauern früherer Zeiten prachtvolle Kirchen, von denen Burg die größte hat. Bereits 1231 erstmals erwähnt, ist Burg mit schmalen, kopfsteingepflasterten Gassen, alten Fachwerkhäusern und reichem Blumenschmuck eine romantische Kleinstadt und zugleich Inselmetropole.

Diese Landschaftsaufnahme gibt anschaulich die Stimmung im Hinterland der Küste wieder.

Linke Seite: Die Kirche St. Marien in der Hansestadt Lübeck gilt als das höchste Backsteingebäude der Welt.

Puttgarden – das Nadelöhr nach Dänemark

Mit Puttgarden erreiche ich die Nordküste Fehmarns mit ihrem Fährbahnhof. Hier herrscht hektische Betriebsamkeit, denn die zur dänischen Insel Lolland auslaufenden Schiffe schlucken im Stundentakt zahlreiche Eisenbahnzüge, Autos und Lastwagen.

Dieser mächtige Kornspeicher in Neustadt wird wegen seines eigentümlichen Walmdachs auch Pagodenspeicher genannt.

Genüsslich fahre ich zwischen Feldern mit Raps und Getreide, ein mächtiger Sendeturm zieht die Blicke auf sich und in Gammendorf lädt das Café zum Backhus zur Rast ein. Um mich zu erfrischen, unternehme ich einen kurzen Abstecher zum schönen Sandstrand, an dem das Niobe-Denkmal an den tragischen Untergang des Segelschulschiffs »Niobe« im Jahr 1932 erinnert, bei dem 69 Besatzungsmitglieder ertranken. Eine Besichtigungspause bietet sich im gemütlichen Ort Petersdorf an, und wer sich für Vögel interessiert, kann im Wasservogelreservat Wallnau bei Petersdorf Bekassinen, Brandenten, Gänsesäger, Graugänse, Uferschnepfen oder auch Turmfalken beobachten.

Auf schmaler Straße komme ich nach Lemkenhafen, wo 1787 ein Fehmarner Kornhändler und Schiffsreeder eine Segelwindmühle errichten ließ. Bis 1953 in Betrieb, wurde sie restauriert und dient heute als Museum mit Aussichtsplateau. Die wohl bedeutsamste Kirche der Insel steht in Landkirchen. In dieser reich ausgestatteten Kirche St. Petri tagte bis 1867 die Landesversammlung, die gleichzeitig als Verwaltungszentrum diente. Nun verlasse ich Fehmarn wieder und unternehme während meiner Fahrt nach Süden gelegentlich einen Abstecher zur Küste. Hier bieten schöne Sandstrände ausreichend Gelegenheit zur Rast und zum Baden.

Allmählich nähere ich mich Cismar, wo 1256 ein Kloster gegründet wurde, das von Heinrich dem Löwen eine Reliquie mit dem Blutstropfen Christi geschenkt bekam. 1560 schließlich wurde das Kloster aufgelöst. Heute wird es touristisch genützt. Im alten Refektorium speisen heute Touristen, und im Brunnenkeller kann man sich über die einstige Bedeutung des Klosters informieren.

Nachdem ich in dem beliebten Badeort Grömitz nochmals eine kurze Pause eingelegt habe, erreiche ich wieder Neustadt und setze meine Tour nun entlang der Neustädter Bucht fort. Sie ist weniger von kulturhistorischen Höhepunkten geprägt, als vielmehr einfach der Erholung gewidmet. Vor Sierksdorf lädt der Hansa-Park mit Wildwasser- und Loopingbahn ein, Haffkrug kann mit erkennbaren Traditionen eines Fischerdorfes sowie schönem Sandstrand aufwarten und der Timmendorfer Strand bietet als moderner Kurort alle Annehmlichkeiten eines Ostseeurlaubs. In Travemünde angekommen, verschnaufe ich noch einmal und genieße die ursprüngliche Natur und den schönen Sandstrand auf dem Priwall. Der Blick schweift noch einmal über das Wasser bis Travemünde, wo die Passat als schwimmendes Museum vertäut liegt, bevor ich mich wieder Richtung Lübeck, dem Ausgangs- und Endpunkt meiner Reise, bewege.

Spezialtipp: Museumshof Lensahn

Lohnend ist eine Rast auf dem 200 Jahre alten Prienfeldhof, wo über 3.000 historische Exponate zu bewundern sind: Schleifsteine, alte Wagen, Stampfbutterfässer, Petroleumlampen, Schermaschinen,

STRECKENBESCHREIBUNG

STRECKENVERLAUF	Lübeck – Lensahn – Heiligenhafen – Burg – Puttgarden – Lemkenhafen – Neukirchen – Cismar – Grömitz – Neustadt – Ratekau – Lübeck
STRECKENLÄNGE	224 km
AUSGANGS- UND ENDPUNKT	Lübeck (15 m)
ANFAHRT ZUM AUSGANGSPUNKT	Autobahn Hamburg–Oldenburg A 1 bis Lübeck
SERVICESTELLEN	Lübeck: Kawasaki, Aprilia; Oldenburg: Triumph, Honda, Aprilia u. a.; Sahrensdorf auf Fehmarn: Aprilia, Honda, Kawasaki u. a.
ÜBERNACHTUNG	Lübeck: Hotel Jensen am Holstentor, Hotel Stadtpark Garni, Hotel Garni Arnimsruh; Heiligenhafen: Hotel Mira Mare; Burg auf Fehmarn: Hotel Fehmarn; Puttgarden: Johnsen's Gasthof; Timmendorfer Strand: Hotel Fuchsbau
CAMPINGPLÄTZE	Wulfen auf Fehmarn; Landkirchen auf Fehmarn; Gammendorf; Katharinenhof auf Fehmarn; Grube; Scharbeutz
TREFF	Täglich ab 21 Uhr, samstags und sonntags ab 15 Uhr, ist das »Riders Café« in Lübeck, Leinweberstraße 4, Treffpunkt für Motorradfahrer.
KARTE	Die Generalkarte 1:200.000, Blatt 1
SEHENSWÜRDIGKEITEN	**Lübeck:** Kirche St. Petri, Holstentor, Rathaus mit schöner Renaissancetreppe, Kirche St. Marien mit bronzenem Tauffass, Schiffergesellschaft, Buddenbrookhaus mit Rokokofassade, Kirche St. Jakobi, Heilig-Geist-Hospital, gotisches Burgtor, Burgkloster, Kirche St. Katharinen, Kirche St. Aegidien, Museum St. Annen im ehemaligen Kloster der Augustinerinnen mit der größten Sammlung vollständig erhaltener Schnitzaltäre in Deutschland, Dom (13./14. Jahrhundert) **Lensahn:** Freilichtmuseum **Oldenburg:** Wallmuseum, Markt mit Rathaus **Heiligenhafen:** Kirche St. Nikolaus (Ende 15. Jahrhundert), Alter Salzspeicher mit Obergeschoss aus Fachwerk **Burg:** Kirche St. Nikolai, Kapelle St. Jürgen mit sehenswerter Ausmalung aus der Erbauungszeit **Lemkenhafen:** Segelwindmühle mit Mühlenmuseum **Cismar:** Kloster mit großartiger gotischer Backsteinkirche **Neustadt:** Stadtkirche mit mittelalterlicher Ausmalung und prächtigem Altar, Pagodenspeicher **Ratekau:** Feldstein-Wehrkirche

Sensen, Honigschleuder und vieles mehr. Zudem können alte Geräte und Maschinen aus Landwirtschaft und Haushalt ausprobiert werden: Nach alter Tradition lässt sich z. B. mit Mahlsteinen und alter Schrotmühle Korn malen. Auf einem Naturlehrpfad stehen alle Wald- und Obstbäume Deutschlands, dazwischen sind Bachmäander und Teichbiotope angelegt worden. Auskunft: Tel. 0 43 63/9 11 22.

29 Die Deutsche Alpenstraße, 1. Abschnitt

Vom Berchtesgadener Land zum Wendelstein

Was die landschaftliche und fahrerische Schönheit dieser Tour anbelangt, nimmt sie einen der ganz vorderen Ränge ein. Führt sie doch nicht nur durch einige der schönsten Landschaften Deutschlands – wovon mit den Berchtesgadener Alpen, dem Karwendel und Wettersteingebirge, dem Werdenfelser Land bis hin zum östlichen und westlichen Allgäu nur einige zu nennen wären –, sondern setzt auf einigen Streckenabschnitten wie etwa der Roßfeld-Höhenringstraße, dem Sudelfeld oder dem Oberjoch auch einige fahrerische Glanzpunkte. Und wer sich damit noch nicht zufrieden gibt, dem bieten sich künstlerische und kulturelle Leckerbissen, die von prächtig bemalten Häuserfassaden über barocke Kirchen und Klöster bis hin zu den weltberühmten Königsschlössern von Hohenschwangau und Neuschwanstein reichen.

Ein letzter Blick auf die Karte, bevor ich in Berchtesgaden den Anlasserknopf meiner Maschine drücke, den Gang einlege und zuerst der Beschilderung »Obersalzberg« folge. Für den zweiten Gang reicht es noch, dann heißt es Drehzahl halten, den mit 24 Prozent Steigung zählt dieser etwa drei Kilometer lange Streckenabschnitt bis zum Hotel Obersalzberg zu den steilsten Straßenstücken im gesamten Alpenraum. War bis dahin eher ein kräftiges Drehmoment gefragt, kommen hinter der Mautstelle Ofnerboden die Fahrwerksqualitäten voll zum Tragen, denn die folgenden Kehren hinauf zum Roßfeld zählen mit zum Schönsten, was man sich als Sportfahrer wünschen kann.

Beim Parkplatz Henenköpfl gönne ich mir und meiner Maschine etwas Erholung und genieße in hochalpiner Umgebung eine weitreichende Aussicht über das Salzburger Land tief unten. Trotz der wärmenden Frühlingssonne ist es hier in 1540 Meter Höhe noch recht frisch, und so beginne ich bald die Abfahrt über die nicht ganz so kurvenreiche Nordseite der Roßfeld-Höhenringstraße und bin bald darauf wieder in Berchtesgaden.

Kurvig & aussichtsreich

Ich folge nun dem Verlauf der breit ausgebauten B 305 und schaudere bei dem Gedanken, dass das mächtig vor mir aufragende Massiv des Watzmanns der Legende nach ein zu Stein erstarrter König samt Frau und Kindern sein soll.

Ein kurzer Abstecher noch hinüber zum Königssee, dem wohl bekanntesten Alpensee überhaupt, dessen klares, grünes Wasser sich gut 190 Meter tief zwischen den Felswänden des Watzmanns, des Hagengebirges und des Steinernen Meeres absenkt. Um den See in seiner gesamten Schönheit erfassen zu können, müsste ich eigentlich die Berggipfel der Umgebung besteigen oder zumindest mit dem Schiff hinüber zur Halbinsel St. Bartholomä, zu Füßen der berüchtigten Ostwand des Watzmanns, fahren, aber dafür fehlt mir leider die Zeit.

Also zurück zur Bundesstraße, hinauf zum Schwarzbachwachtsattel und durch die düstere Weißbachschlucht hinunter ins Ruhpoldinger Becken. Zwischen Löder- und Mittersee zur Rechten und dem Weitsee zur Linken schlängelt sich die Straße über Seegatterl nach Reit im Winkl, wo ich langsam ins Chiemgau überwechsle, das mich neben der beeindruckenden Aussicht auf Gipfel wie Hochplatte, Geigelstein, Kampenwand und Hochgern auch mit einem weiterhin recht kurvenreichen Straßenverlauf verwöhnt. Durch schmucke Ortschaften wie Grassau, Bernau oder Aschau nähere ich mich langsam einem weiteren Höhepunkt dieser Tour: der Auffahrt über den Tatzelwurm zum Sudelfeld.

Kurz hinter Brannenburg sehe ich dann auch schon die Beschilderung »Bayrischzell/Tatzelwurm«, bevor eine Mautstelle nochmals kurz meinen Tatendrang stoppt. Dann geht es auf bis zu 18 Prozent

Die Roßfeld-Höhenringstraße ist eine der beliebtesten und schönsten Motorradstrecken Deutschlands. Auch wenn die Strecke gut ausgebaut ist, sollte man seine Fahrkünste nicht überschätzen …

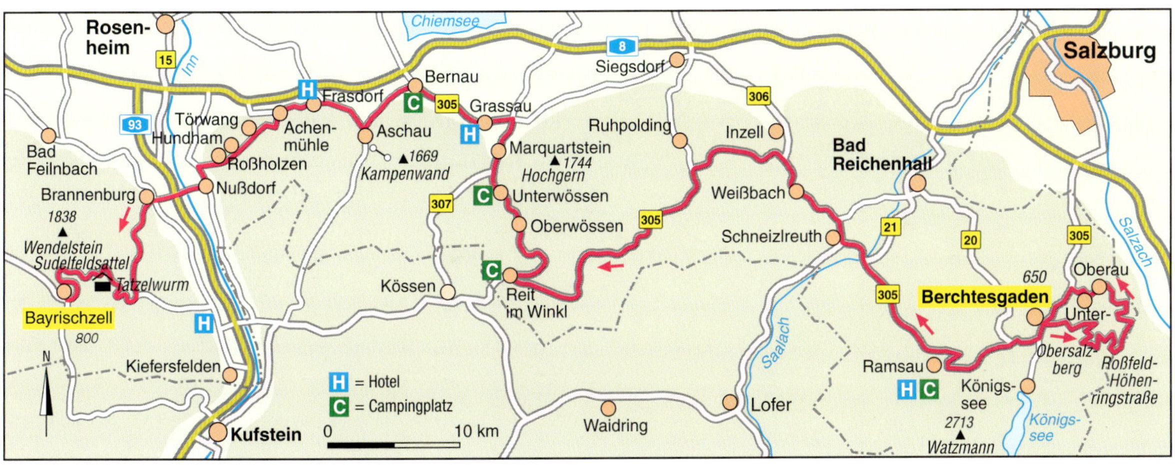

Linke Seite: Unterwegs auf der deutschen Alpenstraße bei Aschau im Chiemgau. Ganz klein im Hintergrund ist Schloss Hohenaschau zu erkennen.

ansteigender Trasse durch das düstere, schluchtartige Förchenbachtal hinauf zum Tatzelwurm-Straßendreieck. Aber auch wer dem Schild zum Gasthof Feuriger Tatzelwurm folgt, wird dort keinen Drachen finden – allenfalls eine sehenswerte Felsklamm hinter dem Gasthof, die von einem tosenden Wildbach durchzogen wird und in welchem der Sage nach einst tatsächlich ein Tatzelwurm gehaust haben soll.

In Kehren auf den Sudelfeldsattel

Sagenumwoben, zumindest in den Geschichten der Motorradfahrer, sind dann auch die zahlreichen Kehren, die sich vom Parkplatz am Tatzelwurm-Straßendreieck zum Sudelfeld hinaufziehen. Im Gegensatz zum Tatzelwurm kann man die meisten Geschichten, die sich vor allem auf Schräglage, Kurvengeschwindigkeit und den damit verbundenen Fahrspaß beziehen, aber ruhig glauben. Darüber hinaus sollte man aber die herrliche Umgebung, die in den felsigen Wänden des Großen Traithen gipfelt, nicht einfach links liegen lassen.
Gelegenheit für schöne Aussichten bietet sich an den vielen Parkmöglichkeiten entlang der Strecke bis hinauf zum Sudelfeldsattel in 1092 Meter Höhe, wo das bekannte Café Kotz als Motorradfahrertreffpunkt schon weit mehr als regionale Bedeutung gewonnen hat.

Maibäume – wie hier in Oberaudorf – sind Teil des bayerischen Brauchtums.

STRECKENBESCHREIBUNG

STRECKENVERLAUF	Berchtesgaden – Obersalzberg – Roßfeld-Höhenringstraße – Oberau – Unterau – Berchtesgaden – Ramsau – Schneizlreuth – Weißbach – Reit im Winkl – Unterwössen – Oberwössen – Marquartstein – Grassau – Rottau – Bernau – Aschau – Frasdorf – Achenmühle – Törwang – Hundham – Roßholzen – Schadhub – Nußdorf – Brannenburg – Degerndorf – Tatzelwurm – Sudelfeldsattel – Bayrischzell
STRECKENLÄNGE	194 km
AUSGANGS- UND ENDPUNKT	Berchtesgaden (650 m)Bayrischzell (800 m)
ANFAHRT ZUM AUSGANGSPUNKT	Autobahn München–Salzburg A 8, Ausfahrt Knoten Salzburg-Süd oder Hallein
SERVICESTELLEN	Berchtesgaden/Unterau: Honda; Brannenburg: Alle Marken
ÜBERNACHTUNGEN	Ramsau: Gasthof Baltram; Grassau: Pension Türkenhof, Gasthaus Kampenwand; Frasdorf: Landgasthof Karner; Oberaudorf: Hotel Alpenhof
CAMPINGPLÄTZE	Ramsau; Reit im Winkl; Unterwössen; Bernau
TREFFS	Großparkplatz Tatzelwurm: Täglich nachmittags, Samstag und Sonntag vormittags und nachmittags; Sudelfeldsattel: Café Kotz, täglich außer Dienstag 8.00 bis 19.00 Uhr
MAUTGEBÜHR	Roßfeldstraße Euro2,50. Die Auffahrt von Brannenburg zum Großparkplatz Tatzelwurm ist mautpflichtig (Euro 2,50).
KARTE	Die Generalkarte 1:200.000, Blatt 8
SEHENSWÜRDIGKEITEN	**Berchtesgaden:** Salzbergwerk mit Salzmuseum und Floßfahrt auf Salzsee, Königliches Schloss
	Marquartstein: Rodelbahn im Erlebnispark bei Marquartstein
	Grassau: Pfarrkirche Mariä Himmelfahrt
	Aschau: Schloss Hohenaschau
	Brannenburg: Fahrt mit der Zahnradbahn bis auf 1724 m Höhe auf den Wendelstein (1838 m)
	Tatzelwurm: Sehenswerte Schlucht mit Wasserfällen beim Gasthof Feuriger Tatzelwurm
	Bayrischzell: Pfarrkirche St. Margaretha, Alpenfreibad

Nur noch zwei Kehren liegen dann auf meinem Weg hinunter nach Bayrischzell am Fuße des Wendelsteins.

Spezialtipp: Rutschfahrt ins Salzbergwerk Berchtesgaden

Zuerst werden Sie zünftig wie ein Bergmann eingekleidet: Kappe, schwarze Jacke, schwarze Hose für Männer, weiße Hose für Frauen. Dann geht es zuerst mit der Grubenbahn, schließlich via Rutsche 600 Meter tief unter die Erde. Nach einer Floßfahrt über einen Salzsee geht es über eine weitere Rutsche wieder zurück zur Grubenbahn. Geöffnet ist das Bergwerk vom 1. Mai bis 15.Oktober täglich von 8.30 bis 17.00 Uhr. Außerhalb dieses Zeitraums werktags von 12.30 bis 15.30 Uhr.

30

Die Deutsche Alpenstraße, 2. Abschnitt

Vom Wendelstein nach Oberammergau

Wie aus einem Bildband über die schönsten Orte und Landschaften Oberbayerns entnommen, präsentiert sich Bayrischzell zu Füßen des Wendelsteins. So ruhig und gepflegt sich der Urlaubsort auch zeigt, größere Sehenswürdigkeiten hat er nicht zu bieten, und so breche ich gleich nach dem Frühstück wieder auf. Fast schnurgerade und eben zieht sich die B 307 durch das Leitzachtal. Schon nach wenigen Kilometern Fahrt halte ich am Parkplatz der Wendelsteinseilbahn bei Osterhofen. So früh am Morgen habe ich den großen Parkplatz fast für mich alleine, und nur wenige Gäste stellen sich mit mir am Fahrkartenschalter an. Ich genieße das ruhige, fast schwerelose Höhergleiten und bin am Gipfel doch etwas überrascht: Fast schon eine kleine Stadt ist es, die hier oben auf engstem Raum entstanden ist. Neben einem Hotel und einem Sonnenobservatorium finde ich noch eine kleine Kapelle, und ein gut zwei Kilometer langer Spazierweg rund um den Gipfel eröffnet eine weit reichende Aussicht mit wechselnden Panoramen von den Alpen bis in die Münchner Tiefebene.

Wieder zurück im Tal weisen mich bei Aurach riesige Hinweisschilder auf den Abstecher hinauf zum Spitzingsee hin. Ich muss den Gasgriff recht kräftig aufdrehen, denn mit Steigungen zwischen 12 und 14 Prozent ist die Trasse recht steil, leider weist sie dafür aber kaum Kurven auf, sondern zieht sich recht geradlinig nach oben.An schönen Wochenenden ist entlang des Sees kaum noch ein Parkplatz zu ergattern, aber an Wochentagen und außerhalb der Ferienzeiten hält sich der Trubel um dieses beliebte Ausflugsziel doch in Grenzen.Ohnehin sind es meist Wanderer, und im Winter auch Skifahrer, welche von der herrlichen Bergwelt rund um den kleinen See profitieren, während Motorradfahrer mangels größerer Alternativen meist am Südende des Sees nur kurz Zeit verweilen, um dann wieder die Rückfahrt anzutreten.

In der kleinen, aber betriebsamen Marktgemeinde Schliersee lege ich nochmals einen Stopp ein. Der spitze Kirchturm der Pfarrkirche St. Sixtus, der direkt neben der Straße aufragt, hat meine Aufmerksamkeit geweckt. Ich betrete das Gotteshaus und bin vom prachtvollen Innenraum der Kirche mit schönen Stuckaturen und Schnitzereien aus dem Spätbarock von J. B. Zimmermann überrascht. Das Heimatmuseum unweit der Kirche im alten Schrödelhaus aus dem 15. Jahrhundert hat leider geschlossen, genauso wie das Schlierseer Bauerntheater, die wohl bekannteste Bauernbühne Deutschlands. In diesem Bauerntheater werden regelmäßig Theaterstücke über den Wildschütz Jennerwein aufgeführt, der in dieser Gegend gelebt und bei Ausübung seiner illegalen Tätigkeit dann von einem Förster auf tragische Weise ums Leben gebracht wurde. Sein Grab befindet sich auf dem Friedhof der Kirche im Ortsteil Westenhofen, deren Turm mir bei der Ortsausfahrt ebenfalls ins Auge sticht.

Wallberg – Ausflugsziel für Sportler aller Art

Ich wechsle hinüber zum Tegernsee, der gleichsam als größerer und auch bekannterer Bruder des Schliersees gilt. Auch die Villen, die sich hier über dem Ostufer erheben, sind deutlich protziger als am Schliersee, aber meine Aufmerksamkeit gilt diesmal etwas anderem. Über dem Südufer des Sees erhebt sich, wie ein gewaltiger Riegel, gut 1.700 Meter hoch, der Wallberg, ein klassisches Ausflugsziel der Münchner Skifahrer, Wanderer und neuerdings auch der Gleitschirm- und Drachenfliegerszene. Aber auch Motorradfahrer können ihn nutzen, führt doch eine Panoramastraße bis zum Parkplatz

Diese Glaskugeln zieren einen Garten bei Glashütte an der Deutschen Alpenstraße.

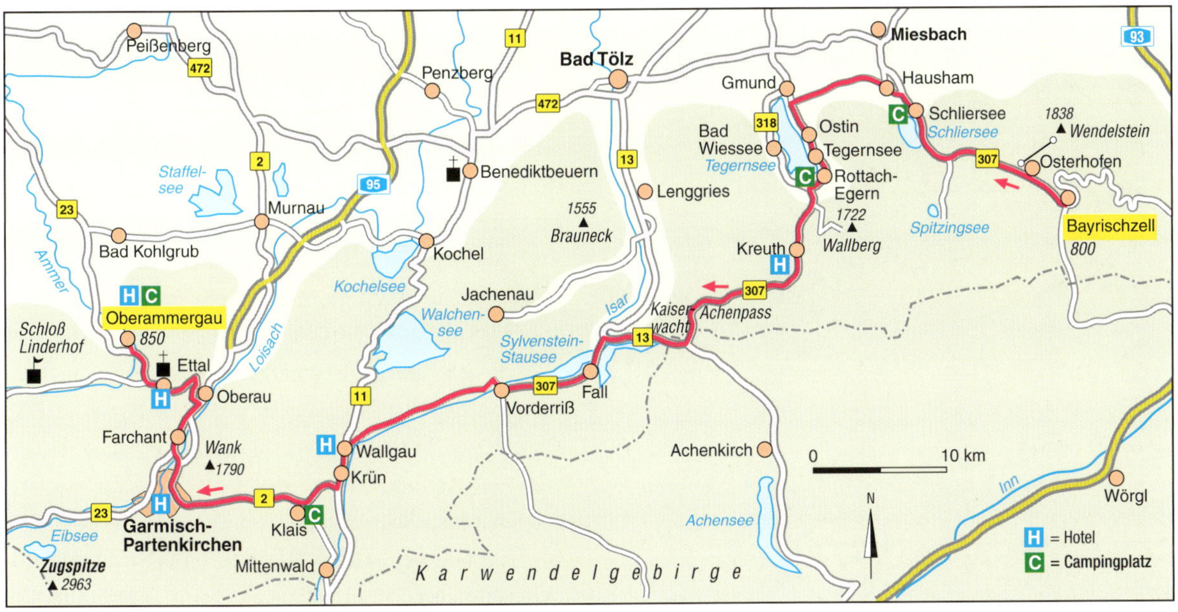

Linke Seite: Im Werdenfelser Land, zu Füßen des höchsten Bergs Deutschlands, der 2963 Meter hohen Zugspitze, scheint die Stimmung recht ausgelassen zu sein.

Auffallendes Merkmal von Kloster Ettal ist seine zentrale Kuppel mit einem Durchmesser von 25 und einer Höhe von fast 60 Metern.

Wallbergmoos in etwa 1.100 Meter Höhe, die nicht nur reizvolle Ausblicke bietet, sondern auch fahrerisch recht anspruchsvoll ist und früher als Rennstrecke für Autos und Motorräder diente.

Ich genieße die Auf- und Abfahrt über die etwa 3,5 Kilometer lange Mautstraße, denn fahrerisch anspruchsvoll wird die Strecke auf der Weiterfahrt erst wieder nach dem Achenpass und dem Sylvensteinstausee zwischen Vorderriß und Wallgau. Gefordert werden auf dem etwa 13 Kilometer langen Mautsträßchen aber in erster Linie die Federungselemente meiner Maschine, denn es präsentiert sich von seinem Belag her nicht immer in bestem Zustand. Vorsichtige Fahrweise erfordert zudem der unübersichtliche Straßenverlauf mit vielen Kuppen, Fahrbahnverengungen und Brückenüberfahrten.

Krönender Abschluss – die Kehrenstrecke zum Ettaler Sattel

Von Wallgau wäre es übrigens gar nicht weit hinüber zum Kesselberg, der den Kochelsee mit dem Walchensee verbindet und eines der beliebtesten Ausflugsziele der Motorradfahrer im oberbayerischen Raum ist (siehe Tour 9). Ich muss leider in die entgegengesetzte Richtung und werde dafür aber bald mit einem Blick auf Deutschlands höchsten Berg, die 2.963 Meter hohe Zugspitze entschädigt. Es ist schon beeindruckend, wie dieses mächtige Kalksteinmassiv fast übergangslos aus der Ebene des Werdenfelser Landes in die Höhe schießt. Leider wird meine Aufmerksamkeit bald ganz vom Verkehrsgewühl um Garmisch-Partenkirchen in Anspruch genommen.

Ich lasse den Ort deshalb buchstäblich links liegen, folge der B 2 Richtung Farchant, um in Oberau die Kehrenstrecke hinauf zum Ettaler Sattel voll auszukosten. Vorbei an der riesigen Kuppel vom Kloster Ettal, dessen Gründung bis ins 14. Jahrhundert auf Kaiser Ludwig IV. zurückgeht, erreiche ich Oberammergau, den Endpunkt der zweiten Etappe.

Streckenbeschreibung

STRECKENVERLAUF	Bayrischzell – Schliersee – Hausham – Ostin – Tegernsee – Rottach-Egern – Kreuth – Achenpaß – Kaiserwacht – Fall – Vorderriß – Wallgau – Krün – Klais – Garmisch-Partenkirchen – Farchant – Oberau – Ettal – Oberammergau
STRECKENLÄNGE	130 km
AUSGANGS- UND ENDPUNKT	Bayrischzell (800 m) Oberammergau (850 m)
ANFAHRT ZUM AUSGANGSPUNKT	Anschluss Tour 29 oder Autobahn München–Salzburg A 8, Ausfahrt Irschenberg und über Miesbach, Hausham, Schliersee nach Bayrischzell
SERVICESTELLEN	Hausham: Yamaha; Garmisch-Partenkirchen: Yamaha; Oberau: Cagiva
ÜBERNACHTUNGEN	Kreuth: Gasthof Glashütte; Wallgau: Gasthof Karwendelhof; Garmisch-Partenkirchen: Gasthof Zum Hirschen; Ettal: Hotel Zur Post; Oberammergau: Hotel Turmwirt Minotel
CAMPINGPLÄTZE	Schliersee; Rottach-Egern; Klais; Oberammergau
TREFFS	Sudelfeldsattel: Café Kotz, außer Dienstag täglich 8.00 bis 19.00 Uhr
MAUTGEBÜHR	Die Straße zwischen Vorderriß und Wallgau ist mautpflichtig. Die Mautgebühr beträgt Euro 2,50.
KARTE	Die Generalkarte 1:200.000, Blatt 8
SEHENSWÜRDIGKEITEN	**Bayrischzell:** Pfarrkirche St. Margaretha, Alpenfreibad, Seilbahn auf den Wendelstein bei Osterhofen **Schliersee:** Kabinenseilbahn zur Schliersbergalm mit Sommerrodelbahn, barocke Pfarrkirche St. Sixtus, Ortsteil Westenhofen mit Pfarrkirche und Grabstätte des Wildschütz Jennerwein **Bad Wiessee:** Jod-Schwefel-Heilbäder, Spielbank **Rottach-Egern:** See- und Warmbad, Museum, Pfarrkirche St. Laurentius **Kreuth:** Leonhardi-Kirche **Wallgau:** Alte Bauernhäuser aus dem 16. Jahrhundert **Garmisch-Partenkirchen:** Werdenfelser Heimatmuseum, Kirche St. Martin, Auffahrt zum höchsten Berg Deutschlands, der Zugspitze (2963 m), mit Zahnrad- oder Seilbahn **Ettal:** Benediktinerkloster Ettal, Abstecher ins Graswangtal zum Schloss Linderhof, ca. 10 km westlich **Oberammergau:** Heimatmuseum, Wellenbad, Passionsspielhaus, Lüftlmalerei an Häuserfassaden

Spezialtipp: Ins erste runde Wellenbad der Welt

Wer sich nach dieser Tour eine Abfrischung verdient hat, sollte das erste runde Wellenbad der Welt in Oberammergau besuchen. Es liegt am östlichen Ortsrand nahe der Talstation der Laber-Bergbahn und heißt sinnigerweise »Wellen Berg«. Es ist ein modernes Freizeitzentrum mit Frei- und Hallenbad, Sprungbecken, Sauna und Restaurant. Bei den angenehmen Wassertemperaturen von 25 °C in der Halle und sogar 34 °C im Freien dürfte die Regeneration nicht schwer fallen.

31 Die Deutsche Alpenstraße, 3. Abschnitt

Von Oberammergau zum Bodensee

Ich kannte Oberammergau bisher nur dem Namen nach wegen der hier alle zehn Jahre stattfindenden Passionsspiele. Die Zeitungsberichte, die ich darüber in Erinnerung habe, waren nicht immer positiv: Viel war über Streitigkeiten zwischen den Darstellern über die Besetzung von Hauptrollen die Rede, und auch Art und Text der Aufführung selbst waren oftmals sehr umstritten. Mit gemischten Gefühlen besichtige ich deshalb den Ort, der sich mir blitzsauber und freundlich präsentiert. Vor allem die reich bemalten Häuserfassaden beeindrucken mich. »Lüftlmalerei« wird diese Arbeitstechnik genannt und geht auf den hier früher ansässigen Maler Franz Seraph Zwinck zurück, der sein Handwerk in luftiger Höhe ausübte, worauf wohl auch die Namensgebung zurückzuführen ist. Als die schönsten Arbeiten gelten übrigens das »Geroldhaus« und das »Pilatushaus«, beide aus dem späten 18. Jahrhundert, sowie die Häuser im Mühlgraben 5, die Ettaler Straße 10 sowie im Lüftlmalereck 1.

In Unterammergau, das ich der Beschilderung »Füssen« folgend nach kurzer Fahrzeit erreiche, erblicke ich ähnlich wie in Oberammergau weitere dieser bemalten Häuserfassaden. Im breiten Ammergauer Becken zieht sich die Straße über Saulgrub nach Echelsbach, wo sie plötzlich einen scharfen Knick nach Westen macht. Dies wäre ohne die Echelsbacher Brücke nicht weiter erwähnenswert, die man nicht verpassen sollte, um den Tiefblick in die Ammerschlucht zu genießen. Allerdings ist dies nur schwindelfreien Personen zu empfehlen, denn gut 80 Meter geht es hier senkrecht nach unten.

Nach Überquerung der Brücke bin ich im Pfaffenwinkel, wie das Gebiet zwischen Lech und Ammer im Volksmund genannt wird. Dieser Name soll keine geringschätzige Bewertung des geistlichen Standes bedeuten, sondern in leichter Ironie die Anerkennung darüber ausdrücken, was die verschiedenen Mönchsorden von den Benediktinern über die Augustiner und Prämonstratenser bis zu den Franziskanern hier seit dem Mittelalter geleistet und geschaffen haben.

Hinterlassenschaften der »Pfaffen«

Beeindruckendstes Beispiel ist sicherlich die Wieskirche, zu der mich ein kurzer Abstecher hinter Wildsteig führt. Selbst unter der Woche herrscht ein gewaltiger Trubel auf dem mit Bussen und Pkws vollgestopften Parkplatz vor der Kirche, und mit einer Busladung Touristen schiebe ich mich in die nur wenige Schritte entfernte Kirche. Dort bin ich allerdings von dem festlichen Charakter, den Deckenbemalungen und der überreichen Fülle von vergoldeten Stuckornamenten an Decken, Wänden und Säulen tief beeindruckt. Ich blättere kurz in einem Kirchenführer und erfahre, dass Mönche des nahe gelegenen Klosters Steingaden 1730 hier für die Karfreitagsprozession einen aus Holzteilen gefertigten »Gegeißelten Heiland« aufgestellt hatten, der im Jahre 1738 echte Tränen geweint haben soll, worauf diese Stelle bald zum Wallfahrtsort aufblühte. Da Steingaden ohnehin auf meinem Weiterweg liegt, besuche ich auch das dortige Kloster, dessen Kirche St. Johann Baptist aus dem Jahre 1176 als zweiter bedeutender Kirchenbau in dieser Gegend gilt. Von der Lage her kann sie mit der Wieskirche jedoch nicht mithalten, dennoch ist der Kontrast zwischen dem romanischen Äußeren und dem Rokokoinneren recht reizvoll.

Reizvoll ist auch die Landschaft des östlichen Allgäus, die der eiszeitliche Lechgletscher hier geschaffen hat und die mich bei der Weiterfahrt in ihren Bann zieht. Hügelige Wiesen wechseln mit dunklen Wäldern und teils verschilften und vermoorten kleinen Seen ab, von denen sich die ausgedehnte Wasserfläche des künstlich geschaffenen Forggensees und des natürlichen Bannwaldsees abheben. Aufgewertet wird dies alles zudem durch den Kontrast zur fast übergangslos ansteigenden Felsmauer der Allgäuer Alpen, die diese weite Landschaft nach Süden hin fast drohend abzuschließen scheinen.

Am kurvenreichen Oberjoch kommen Fahrer aller Maschinen auf ihre Kosten (oben).

Die Königsschlösser Hohenschwangau und Neuschwanstein

Neuschwanstein, das Schloss des Märchenkönigs Ludwig II., ist schon von weitem zu erkennen. Die schlanken Türme scheinen eine Verlängerung der spitzen Felsnadel zu sein, auf der sie über der Pöllathschlucht errichtet wurde. Der König selbst erlebte die Fertigstellung 1886 nicht mehr, er ertrank kurz zuvor unter mysteriösen Umständen im Starnberger See. Der Rummel um Ludwig II. dauert an und seit 2005 gibt es ein zweites König-Ludwig-Musical …

Linke Seite: Ein Mitbringsel von der Reise sollte es schon sein, aber wie verstaue ich das gute Stück auf meiner Maschine?

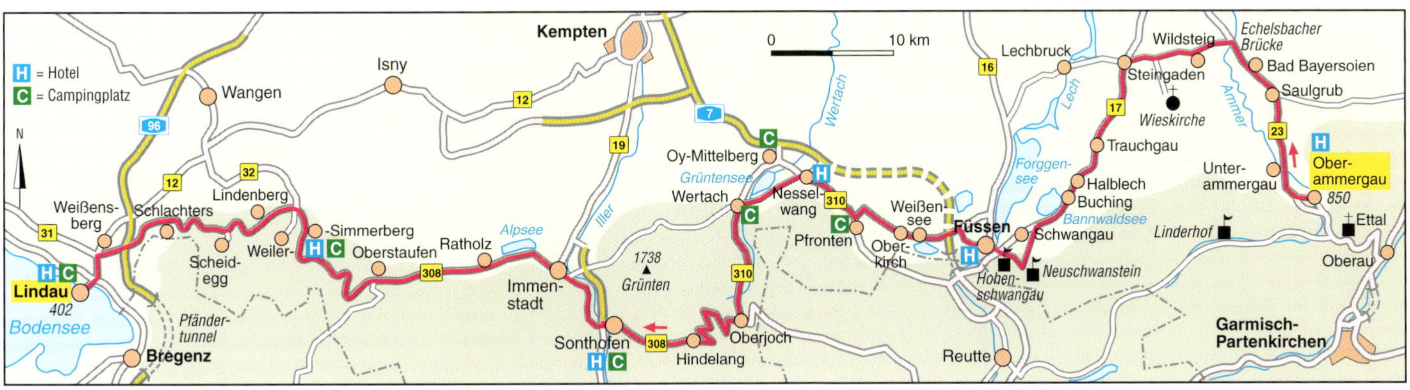

Hohenschwangau versteckt sich etwas am Ufer des Alpsees. Kronprinz Maximilian II. ließ den romantischen Bau auf einem Felsvorsprung über dem See als Sommerresidenz errichten. Ich schließe mich einer Führung durch die schönsten Räume an, die 45 Minuten dauert und mir Einblick in das herrschaftliche Leben des vorigen Jahrhunderts vermittelt.

Durch das hügelige Westallgäu

Der Verkehr in Füssen bringt mich wieder ins 20. Jahrhundert zurück – ich folge der Beschilderung »Pfronten/Weißbach«. Jetzt ist Fahren angesagt, kurvenreich geht die Straße abwärts, an Oy und Faistenoy am Grüntensee vorbei bis Wertach. Auch die kurvenreiche Seite des Oberjochs, Deutschlands höchste und kurvenreichste Passstraße, bewältige ich bei der Abfahrt.

Zwischen dem Alpsee im Norden und der Nagellfluhkette im Süden steigt die Straße zum »Paradies« an, eine durch eine Steinmauer unterteilte weite Kehre bei Oberstaufen, mit einem schönen Blick auf die Berge des Bregenzer Waldes.

Ich fahre gemächlich durch die hügelige Landschaft des Westallgäus, schwinge die sieben Kehren des Rohrachberges hinab, bevor ich die Maschine in Lindau am Bodensee ausrollen lasse.

Wenn Nebel aufzieht, weiß jeder Schiffer den Leuchtturm im Lindauer Hafen erst richtig zu schätzen.

Streckenbeschreibung

STRECKENVERLAUF	Oberammergau – Unterammergau – Saulgrub – Bayersoien – Echelsbach – Wildsteig – Steingaden – Trauchgau – Halblech – Buching – Schwangau – Füssen – Weißensee – Oberkirch – Pfronten – Nesselwang – Oy-Mittelberg – Wertach – Oberjoch – Hindelang – Sonthofen – Immenstadt – Ratholz – Bad Oberstaufen – Weiler-Simmerberg – Scheidegg – Schlachters – Weißensberg – Lindau
STRECKENLÄNGE	169 km
AUSGANGS- UND ENDPUNKT	Oberammergau (850 m) Lindau (402 m)
ANFAHRT ZUM AUSGANGSPUNKT	Anschluss Tour 30 oder Autobahn München–Garmisch A 96 Richtung Garmisch, am Autobahnende weiter bis Oberau, von dort über Ettal nach Oberammergau
SERVICESTELLEN	Bad Bayersoien: Honda; Sonthofen: Honda, Suzuki, Yamaha
ÜBERNACHTUNGEN	Oberammergau: Hotel Turmwirt Minotel; Füssen: Landhaus Sommer Minotel; Nesselwang: Alpenrose Minotel, Pension Silberdistel; Sonthofen: Gasthof Schwäbele Eck; Weiler-Simmerberg: Hotel Tannenhof
CAMPINGPLÄTZE	Pfronten; Oy-Mittelberg; Wertach; Sonthofen; Weiler-Simmerberg; Lindau
STRECKENSPERRUNG	Im gesamten Ortsbereich von Bad Oberstaufen besteht ganzjährig Nachtfahrverbot zwischen 22.00 und 6.00 Uhr.
KARTE	Die Generalkarte 1:200.000, Blatt 6 und 8
SEHENSWÜRDIGKEITEN	**Oberammergau:** Heimatmuseum, Wellenbad, Passionsspielhaus, Lüftlmalerei an Häuserfassaden **Echelsbach:** Echelsbacherbrücke, 76 m hoch über der Ammer **Steingaden:** Prämonstratenserkloster mit Stiftskirche St. Johann Baptist **Schwangau:** Schloss Neuschwanstein, Schloss Hohenschwangau **Füssen:** Stadtmuseum im Kloster St. Mang, Staatsgalerie im Hohen Schloss, Lechfall mit König-Max-Steig **Sonthofen:** Starzachklamm, Heimatmuseum Hofmühle **Bad Oberstaufen:** Bauernhausmuseum im Ortsteil Knechtenhofen **Lindau:** Hafenpromenade mit Mangturm, dem früheren Leuchtturm, Peterskirche am Schrannenplatz, spätgotische und barocke Häuser im Stadtkern

Spezialtipp: Zu den Königsschlössern

Fast schon Pflicht ist eine Besichtigung der beiden Königsschlösser Neuschwanstein und Hohenschwangau bei Schwangau, etwa fünf Kilometer vor Füssen. Vor allem Schloss Neuschwanstein, das Märchenschloss König Ludwigs II. von Bayern, das 1869–1886 durch den Baumeister E. Riedel errichtet wurde, gilt als Inbegriff der Romantik dieses Zeitalters. Wandern Sie nach einer Führung durch das prunkvolle Schloss noch etwa 15 Minuten auf gutem Weg zur Brücke über die Pöllat-Schlucht hinauf, und genießen Sie von dort eine unvergleichliche Aussicht über Schloss und Landschaft. Gutes Wetter natürlich vorausgesetzt.

32 Die Romantische Straße, 1. Abschnitt

Von den Weinbergen des Mains ins Nördlinger Ries

Ob die Kaufleute und Fuhrmänner, die im Mittelalter das kostbare Salz von Würzburg nach Füssen transportierten, diesen Handelsweg als romantisch empfunden haben, sei dahingestellt. Es waren die Fremdenverkehrsmanager der Neuzeit, die diese Strecke zur »Romantischen Straße« erhoben. Unzweifelhaft ist jedoch, dass man der mit Romantik bezeichneten Kunst- und Geistesrichtung aus dem ersten Drittel des 19. Jahrhunderts hier am Nächsten kommt. Auch weniger kunstinteressierten Menschen sind etwa die Wieskirche oder die bayerischen Königsschlösser Neuschwanstein und Hohenschwangau, die Glanzpunkte der Romantischen Straße, ein Begriff. Und auch die Landschaften von den Weinbergen des Mains, über das Taubertal hinunter zum Nördlinger Ries und bei Donauwörth am Lech entlang bis zu den Allgäuer Alpen sind sehenswert. Nicht zu vergessen sind natürlich die Städte von Würzburg über Rothenburg nach Nördlingen und weiter über Augsburg, Landsberg, Schongau und Füssen, die allein schon die Reise wert wären.

Wo ist die gute alte Zeit geblieben, als man mit dem Pferdefuhrwerk nur durch ein Stadttor fahren musste und auf dem richtigen Weg war, denke ich, als ich in Würzburg einfach nicht die richtige Ausfahrt finde. Vielleicht blenden mich auch die in der Sonne silbrig glitzernden Blätter der Weinstöcke, die sich in schnurgeraden Zeilen an den Hügeln rund um die Stadt emporziehen. Wie dem auch sei, bei Würzburg-Randersacker fahre ich auf die Autobahn bis zur Ausfahrt Würzburg-Kist. Ich habe die richtige Ausfahrt gewählt und bin auf der Landstraße nach Tauberbischofsheim. Ich verbinde den Namen weniger mit der Tauber, auf die ich hier treffe, sondern mehr mit den Fechtern, deren Leistungszentrum sich hier befindet und die bei Weltmeisterschaften und Olympiaden zahlreiche Titel und Medaillen geholt haben.

Von Weinbergen begleitet, die auf ihren Kuppen Wälder tragen, fahre ich auf der B 290 flussaufwärts und sehe bald das in einer weiten Mulde auftauchende Städtchen Bad Mergentheim.

Faszinierende Spätgotik

Scharf biegt die Tauber und ich mit ihr nach Westen in den Taubergrund ab. Vorbei am Marktplatz mit seinen alten Wirtshäusern und malerischen Fachwerkhäusern rolle ich langsam durch Weikersheim, bevor ich dann am Ortsende wieder Gas gebe, um an dem von Weiden und Erlen gesäumten Fluss rascher nach Creglingen zu kommen. Hier möchte ich es nicht versäumen, ein einzigartiges Kunstwerk zu begutachten, den Riemenschneideraltar in der Herrgottskirche, die schon etwas außerhalb der Stadt gelegen ist. Man behauptet, dass Tilman Riemenschneider mit diesem Altar das Schönste geschaffen hat, was die deutsche Kunst in der Spätgotik in Deutschland hervorbrachte. Meine Fachkenntnisse reichen nicht aus, den Wahrheitsgehalt dieser Aussage bestätigen zu können, aber beeindruckend ist diese Arbeit in jedem Fall.

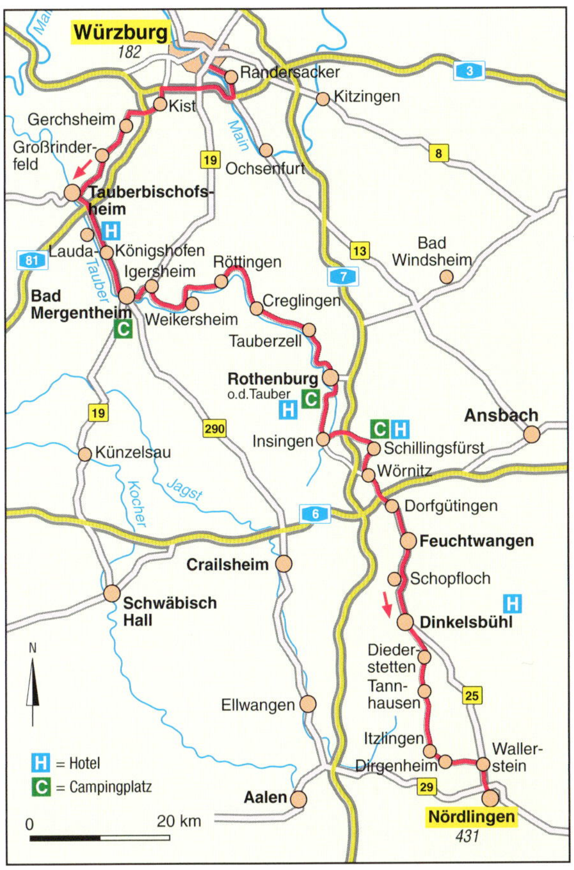

Um auf diese ruhige Landstraße zu gelangen, muss man hinter Dinkelsbühl die B 25 verlassen.

Als sich meine Augen nach dem dunklen Inneren der Kirche wieder an die Helligkeit im Taubertal gewöhnt haben, folge ich der leicht ansteigenden Straße nach Rothenburg, und – wenn da nicht die Autos und die moderne Kleidung der Menschen wären, würde ich mich ins Mittelalter zurückversetzt fühlen.

Fast unverändert hat sich das Stadtbild mit seinen alten Türmen, Mauern und Wehrgängen, Fachwerkhäusern und verwinkelten Gassen seit dieser Zeit gehalten, und erstaunlicher Weise konnten weder Feuersbrünste noch die Wirren des Dreißigjährigen Krieges oder die Bomben des Zweiten Weltkrieges dem Stadtbild größeren Schaden zufügen. Beim Klingentor parke ich im Schutze der Stadtmauer und steige den Wehrgang hoch, blicke nach links ins Tal und rechts über die Dächerflut und stelle mir vor, wie im Dreißigjährigen Krieg die Landsknechte des kaiserlichen Generals Tilly die Stadt belagerten und schließlich stürmten. Die Überlieferung erzählt, dass die Stadt vor der Zerstörung verschont bliebe, wenn es einem Einwohner gelänge, einen riesigen Humpen Wein auf einen Zug zu leeren. Der Altbürgermeister Nusch soll dies geschafft und somit die Stadt gerettet haben.

Manche Geschichten machen durstig, aber ich begnüge mich mit einer großen Apfelschorle, denn schließlich muss ich noch weiter nach Feuchtwan-

Linke Seite: Der Riemenschneideraltar in der Herrgottskirche bei Creglingen ist ein einzigartiges Kunstwerk, dessen Anblick man sich auf keinen Fall entgehen lassen sollte.

gen. Auf der Fahrt dorthin fällt mir zuerst auf, dass sich die Landschaft verändert hat: Nach dem engen Taubertal weitet sich vor mir das Land, und ungestört reicht der Blick nach Süden, bevor sich aus der Ebene des Sulzachtales langsam die niedrigen Türme von Feuchtwangen fast schüchtern erheben.

Da ist Dinkelsbühl schon viel interessanter, das beinahe mit Rothenburg um das schönste und besterhaltenste mittelalterliche Stadtbild wetteifernkann. Obwohl mich die B 25 schnell nach Nördlingen, dem Endpunkt der ersten Etappe bringen würde, ziehe ich die ruhigeren Nebenstraßen vor, um vor lauter Stadtbesichtigungen das Motorradfahren wieder etwas in den Vordergrund zu rücken.

Spezialtipp: Rothenburger Folterkammer

Im Mittelalter wurde in Rothenburg wie anderswo auch mit ziemlicher Akribie gefoltert. Wer sich darüber informieren will, kann dies im »Mittelalterlichen Kriminalmuseum« im ehemaligen Johanniterkloster in der Burgstraße 3 tun. Bei den damals angewendeten Strafen ist man froh, bei Verkehrsverstößen heute meist nur ein mildes Bußgeld bezahlen zu müssen. Geöffnet ist das Museum von November bis März täglich von 14.00 bis 16.00 Uhr und von April bis Oktober von 9.30 bis 18.00 Uhr.

Nördlingen aus der Vogelperspektive gesehen. Der 89 Meter hohe Georgsturm, besser als Daniel bekannt, macht es möglich.

STRECKENBESCHREIBUNG

STRECKENVERLAUF	Würzburg – Randersacker – Kist – Gerchsheim – Großrinderfeld – Tauberbischofsheim – Lauda-Königshofen – Bad Mergentheim – Igersheim – Weikersheim – Röttingen – Creglingen – Tauberzell – Rothenburg/Tauber – Insingen – Diebach – Schillingsfürst – Wörnitz – Dorfgutingen – Feuchtwangen – Schopfloch – Dinkelsbühl – Diederstetten – Regelsweiler – Tannhausen – Itzlingen – Dirgenheim – Benzenzimmern – Wallerstein – Baldingen – Nördlingen
STRECKENLÄNGE	194 km
AUSGANGS- UND ENDPUNKT	Würzburg (182 m) Nördlingen (431 m)
ANFAHRT ZUM AUSGANGSPUNKT	Autobahn Nürnberg–Frankfurt A 3, Ausfahrt Würzburg
SERVICESTELLEN	Würzburg: Kawasaki, Triumph; Tauberbischofsheim: Yamaha; Bad Mergentheim: Kawasaki, Triumph, Yamaha; Weikersheim: Aprilia, Honda; Feuchtwangen: Suzuki, Yamaha; Dinkelsbühl: Honda, Aprilia, Kawasaki, KTM, Ducati; Nördlingen: Yamaha, Suzuki, Aprilia, Cagiva
ÜBERNACHTUNGEN	Lauda-Königshofen: Landhaus Gemmrig; Rothenburg/Tauber: Hotel Reichsküchenmeister, Gasthof Klingentor; Schillingsfürst: Gasthof Zum Adler; Dinkelsbühl: Weißes Roß
CAMPINGPLÄTZE	Bad Mergentheim; Rothenburg/Tauber; Schillingsfürst
STRECKENSPERRUNG	Im Stadtgebiet von Bad Mergentheim besteht ganzjährig Nachtfahrverbot zwischen 22 und 6 Uhr.
KARTE	Die Generalkarte 1:200.000, Blatt 7
SEHENSWÜRDIGKEITEN	**Würzburg:** Dom, Feste Marienburg, Mainfränkisches Museum mit Werken von Tilman Riemenschneider, Würzburger Residenz **Tauberbischofsheim:** Rathaus mit Glockenspiel, Kurmainzisches Schloss mit Landschaftsmuseum, St.-Peters-Kapelle **Bad Mergentheim:** Deutschordensschloss mit Schlosskirche, historischer Marktplatz mit Michlingsbrunnen, Stadtpfarrkirche St. Johannes **Weikersheim:** Schloss Hohenlohe mit Landesmuseum, Tauberländer Dorfmuseum im ehemaligen Kornbau vor dem Schloss **Creglingen:** Herrgottskirche ca. 2 km südlich im Herrgottstal, Feuerwehrmuseum im Schloss Waldmannshofen **Rothenburg/Tauber:** Schönstes mittelalterliches Stadtbild Deutschlands, Burggarten, Mittelalterliches Kriminalmuseum, Rathaus am Markt **Feuchtwangen:** Kloster mit Kreuzgang und traditionellen Kreuzgangspielen, Fränkisches Museum **Dinkelsbühl:** Mittelalterliche Stadtbefestigung, Münster, historisches Museum im ehemaligen Spitalgebäude, Marktplatz mit sehenswerten Giebelhäusern **Nördlingen:** Kirchturm Daniel mit Besteigung, Gerberviertel, historische Altstadt, Kirche St. Georg

33 Die Romantische Straße, 2. Abschnitt

Vom Nördlinger Ries zu den Märchenschlössern König Ludwigs II.

Von wehrhaften Mauern umgeben, liegt Nördlingen inmitten des Ries, einem kreisförmigen, völlig ebenen Becken von etwa 18 Kilometern Durchmesser, dessen Rand ein Kranz von 100 bis 200 Meter hoch aufsteigenden Jurabergen bildet. Ich parke meine Maschine am Kirchplatz nahe der Georgskirche und gehe hinüber zum Reimlinger Tor, dessen massig schwerer Unterbau in einem schmalen Dachaufsatz endet. Hier steige ich zum Wehrgang hinauf, der mit einer Länge von vier Kilometern die ganze Stadt umläuft.

Reichlich verwinkelt ist die Harburg, die auf einem Jurasporn oberhalb der gleichnamigen Ortschaft liegt.

Etwas misstrauisch setze ich auf den alten Holzbalken zuerst einen Fuß vor den anderen, bevor ich Vertrauen zu dem Gebälk fasse. Durch die alten Schießscharten sehe ich hinunter auf Wall und Graben, während sich zur linken die Firste und Giebel der Altstadthäuser in den Schutz der Mauer ducken. Beim Deininger Tor steige ich wieder herab und gehe zurück zum Kirchplatz. Aber bevor ich meine Maschine starte, möchte ich noch hinauf auf den Daniel, eigentlich Georgsturm, der mit seiner Höhe von 89 Metern als Wahrzeichen von Nördlingen gilt. 350 Stufen sind es bis zur Brüstung, und ich komme mächtig ins Schnaufen. Oben werde ich dann aber mit einem schönen Ausblick über Stadt und Landschaft, die erst im Dunst der Ferne zu verschwimmen scheint, belohnt.

Bevor ich auf den Anlasser drücke, studiere ich aufmerksam die Landkarte. Ich könnte anstelle der fahrerisch anspruchslosen B 25 auf reizvollere Nebenstraßen ausweichen, die mich über Höchstädt und Wertingen nach Langweid brächten, wo ich kurz vor Augsburg wieder auf die Bundesstraße träfe. Nach kurzer Überlegung entscheide ich mich für die Bundesstraße, die mich geradlinig aus der Stadt führt und erst kurz vor Harburg, an der Wörnitz entlang, wieder schöne Kurven aufweisen kann. Harbug selbst liegt malerisch in einer Talenge zwischen dem Fluss und den Ausläufern der Jurahöhen und wird von der alten Harburg bewacht.

Ich fahre weiter an der Wörnitz entlang, die viel gemächlicher als die Straße in weit ausholenden Schleifen den Jura überwindet, an dessen letzten Ausläufern sich die ehemals Freie Reichsstadt Donauwörth ausdehnt. Auch wer es eilig hat – die alte Reichsstraße, deren Straßenzug mit seinen Giebelhäusern aus dem 16. bis 19. Jahrhundert im Stile schwäbischer Donaustädte erbaut wurde, sollte sich niemand entgehen lassen. Ausgehend von der Rathaustreppe in einem leichten Bogen hinaufziehend zum Fuggerhaus zählen diese stolzen Bürgerhäuser mit ihren spätgotischen Erkern und frühbarocken Formen zum Schönsten, was ein Stadtbild in Deutschland aufweisen kann.

Familie Fugger in Augsburg

Geradlinig zieht sich die Bundesstraße weiter durch die breiten Niederungen des Lechtals nach Augsburg, der Hauptstadt des Regierungsbezirkes Schwaben und drittgrößten Stadt Bayerns mit viel Verkehr und einem verwirrenden Straßennetz.

Augsburg ist vor allem mit dem Namen der Familie Fugger verbunden, die ihren Reichtum sowohl auf ihrer Handelstätigkeit als auch auf dem Besitz von Silberminen in Tirol und Kupferbergwerken in Ungarn gründete. Ein Denkmal setzten sie sich mit der Fuggerei, einer Wohnsiedlung in der Jakobervorstadt mit 53 Häusern und 106 Wohnungen, die gegen eine bis heute nicht erhöhte Jahresmiete von nur einem Gulden (heute etwa 1 Euro) vergeben wurden. Obwohl sie recht günstig im Stadtzentrum nahe des Doms St. Maria liegt, verzichte ich auf einen Besuch, da ich an meine eigene Miete denken muss und bei solchen Preisen nur neidisch würde.

Das Märchenschloss schlechthin, Schloss Neuschwanstein, ein zu Stein gewordener Traum, den sich König Ludwig II. erfüllte.

Frühgotisches Landsberg

Ich fahre weiter Richtung Landsberg und bleibe auch hier auf der Bundesstraße, da die Landstraßen links und rechts zwar weniger stark befahren sind, dafür aber meist auch nur schnurgerade verlaufen. Aus dem Flachland heben sich nun die ersten Hügel, und über den Baumkronen auf einem Steilufer des Lechs zeigt ein Turmpaar mein nächstes Ziel, nämlich die Stadt Landsberg, an.

Am Hauptplatz stoppe ich, zum einen wegen des sehenswerten frühgotischen Schmalzturms – so genannt, weil hier im Mittelalter die Bauern mit ihren Schweinen durchzogen –, der Fassade des von Domenikus Zimmermann errichteten Rathauses und des Brunnens mit der Marienstatue aus dem

18. Jahrhundert, zum anderen aber, weil ich endlich die Bundesstraße verlassen und auf die Landstraßen links des Lechs ausweichen will.

Letzte Kurven bis nach Füssen

Ich folge zuerst den Hinweisschildern nach Wertheim, dann denen Richtung Stoffen und Vilgertshofen. Vorbei an der Wallfahrtskirche zur Schmerzhaften Maria geht es nach Reichling, wo die Straße rasant zum Lech hin abfällt, um am gegenüberliegenden Ufer etwas mühsamer wieder hochzusteigen. Ein kurzes Stück fahre ich noch auf der Bundesstraße, die ich bei Hohenfurch wieder verlasse, um mir in Altenstadt die älteste romanische Gewölbebasilika anzusehen. Ab Schongau, dessen Stadtbefestigung im 15. und 17. Jahrhundert entstand, also in einer Zeit, als mit der Via Claudia Augusta von Italien nach Augsburg hier noch eine Welthandelsstraße verlief, folge ich wieder der Bundesstraße nach Peiting, überquere den Lech und komme nach Steingaden, das sich in einer flachen, von bewaldeten Hügeln umsäumten Mulde zu verbergen scheint. Nur die Türme der Klosterkirche stehen hoch aufragend in der Landschaft und behaupten sich stolz gegen die Hügellandschaft.

Stolz präsentieren sich auch die Königsschlösser Neuschwanstein und Hohenschwangau, zu denen die Straße bei Schwangau abzweigt, vor der nicht minder beeindruckenden Kulisse der Allgäuer Alpen. So beeindruckend die Schlösser von innen und außen auch sind, unvergessen bleibt ebenfalls der Ausblick von der Marienbrücke über die Pöllathschlucht noch etwas oberhalb von Schloss Neuschwanstein, zu der ein Wanderweg hochführt.

Noch immer habe ich die aus einem Steilfelsen herauswachsenden Zinnen und Türme des Schlosses vor Augen, zu dessen Füßen sich die blauen Flächen des Bannwaldsees und des Forggensees ausbreiten, als ich die Tour im nahen Füssen beende.

Die barocke Wallfahrtskirche St. Koloman bei Schwangau in einmaliger Lage vor den Allgäuer Alpen.

Streckenbeschreibung

STRECKENVERLAUF	Nördlingen – Harburg – Donauwörth – Nordheim – Asbach-Bäumenheim – Meitingen – Langweid – Gersthofen – Augsburg – Göggingen – Kaufering – Landsberg – Stoffen – Vilgertshofen – Reichling – Epfach – Denklingen – Dienhausen – Schwabsoien – Altenstadt – Schongau – Peiting – Steingaden – Trauchgau – Schwangau – Hohenschwangau – Füssen
STRECKENLÄNGE	204 km
AUSGANGS- UND ENDPUNKT	Nördlingen (431 m) Füssen (800 m)
ANFAHRT ZUM AUSGANGSPUNKT	Anschluss Tour 32 oder Autobahn Würzburg–Ulm A 7, Ausfahrt Aalen/ Westenhausen und auf der B 38 über Bopfingen nach Nördlingen
SERVICESTELLEN	Nördlingen: Suzuki, Aprilia, Cagiva, Yamaha; Donauwörth: Moto Guzzi, Suzuki, Honda, Kawasaki, Triumph, Yamaha; Gersthofen: Aprilia; Augsburg: Moto Guzzi, Ducati, Cagiva, Honda, Kawasaki, Yamaha, Suzuki; Landsberg: Honda, Kawasaki, Yamaha, Cagiva; Epfach: Kawasaki; Schongau: Honda, Kawasaki, Yamaha, BMW
ÜBERNACHTUNGEN	Augsburg: Ringhotel Alpenhof, Intercity Hotel Augsburg; Füssen: Landhaus Sommer
CAMPINGPLÄTZE	Landsberg; Schwangau
TREFF	Pfaffenberg auf der B 472 (zwischen Schongau und Weilheim): Am Parkplatz auf einer Kuppe, Samstag und Sonntag vormittags und nachmittags, teilweise auch werktags nachmittags
KARTE	Die Generalkarte 1:200.000, Blatt 8
SEHENSWÜRDIGKEITEN	**Nördlingen:** Kirchturm Daniel mit Besteigung, Gerberviertel, historische Altstadt, Kirche St. Georg **Harburg:** Burg Harburg **Donauwörth:** Heilig-Kreuz-Kirche, Rathaus, Münster »Zu unserer lieben Frau«, Landratsamt im ehemaligen Fuggerhaus **Augsburg:** Dom, Fuggerei, Schaezler-Palais mit Gemäldegalerie altdeutscher Meister, u. a. Dürer, Perlachturm in der Altstadt, Maximilianstraße **Landsberg:** Gotisches Bayertor, Pfarrkirche Mariä Himmelfahrt, Hauptplatz mit Brunnen und Bürgerhäusern **Altenstadt:** Romanische Hallenkirche **Schongau:** Pfarrkirche Mariä Himmelfahrt, Ballenhaus am Hauptplatz, mittelalterliche Stadtmauer **Steingaden:** Münster **Hohenschwangau:** Schloss Neuschwanstein, Schloss Hohenschwangau **Füssen:** Stadtmuseum im Kloster St. Mang, Staatsgalerie im Hohen Schloss, Lechfall mit König-Max-Steig

34 Die Deutsche Märchenstraße, 1. Abschnitt

Von den Bremer Stadtmusikanten zum Rattenfänger von Hameln

Wer mit dem Motorrad unterwegs ist, sollte mit beiden Rädern fest auf dem Boden der Tatsachen bleiben. Zeit zum Träumen oder gar für Märchen bleibt da nicht. Doch es gibt eine Ausnahme: die Deutsche Märchenstraße, die von Worpswede bei Bremen, nahe der Nordseeküste, bis hinunter nach Hanau, schon gut in Deutschlands Mitte gelegen, führt. In den Städten entlang der Strecke werden die alten Fabeln und Geschichten wieder wahr, die wohl jeder aus den Märchenbüchern seiner Kindheit noch in Erinnerung hat. Aber auch landschaftlich wird einiges geboten, geht es doch von der Norddeutschen Tiefebene, anfangs an der Weser entlang, dann mit der Fulda hinein in die Deutsche Mittelgebirgsschwelle, bis Hanau am Rande des Spessarts, der dem Dichter Wilhelm Hauff (1802–1827) als Kulisse für seine Geschichte vom »Wirtshaus im Spessart« diente.

Der Roland in Bremen gilt als das Symbol der bremischen Freiheit.

Auch Worpswede, am Fuße des immerhin 57 Meter hoch aus der Norddeutschen Tiefebene herausragenden Weyerberges gelegen, hat bekannte Wirtshäuser und auch reichlich Sagen und Geschichten zu bieten. Eine davon ist die vom Riesen Hüklüt, der die ihn drückenden Sandkörner aus seinen Holzschuhen geschüttelt haben soll, wovon eines davon der heutige Weyerberg gewesen ist. Ich erfahre davon im Café Worpswede, in der Bergstraße, wo ich mich mit einem reichhaltigen Frühstück stärke, bevor ich die Ortschaft nach Norden verlasse, Richtung Hüttenbusch, um bereits kurz hinter Neu Sankt Jürgen nach links ins Teufelsmoor zur gleichnamigen Ortschaft abzubiegen. Obwohl längst trockengelegt und landwirtschaftlich genutzt, vermittelt das Moor mit seinen Moorgräben und Moorkanälen, kleinen Waldstücken und Torfbrüchen mit dunkler Bruchkante einen Eindruck von Weite und Schwermütigkeit. Um wieder auf heitere Gedanken zu kommen, fahre ich auf Nebenstraßen über Pennigbüttel, Osterholz-Scharmbeck und Lilienthal zurück und bin bald in Bremen, der Stadt der Bremer Stadtmusikanten. Ich parke in der Umgebung des Marktplatzes, um durch die Fußgängerzone so rasch wie möglich zum Rathaus zu gelangen. Weder den Backsteinbauten der Bürgerhäuser, der beeindruckenden Fassade des Rathauses, dem spitzen Turmhelmpaar des Doms St. Petri noch der auf einem dreistufigen Unterbau stehenden Gestalt des Roland, dem Symbol der bremischen Freiheit, gilt mein Interesse. Ich suche die Bremer Stadtmusikanten und finde sie in Bronze gegossen vor dem Eingang zum Ratskeller.

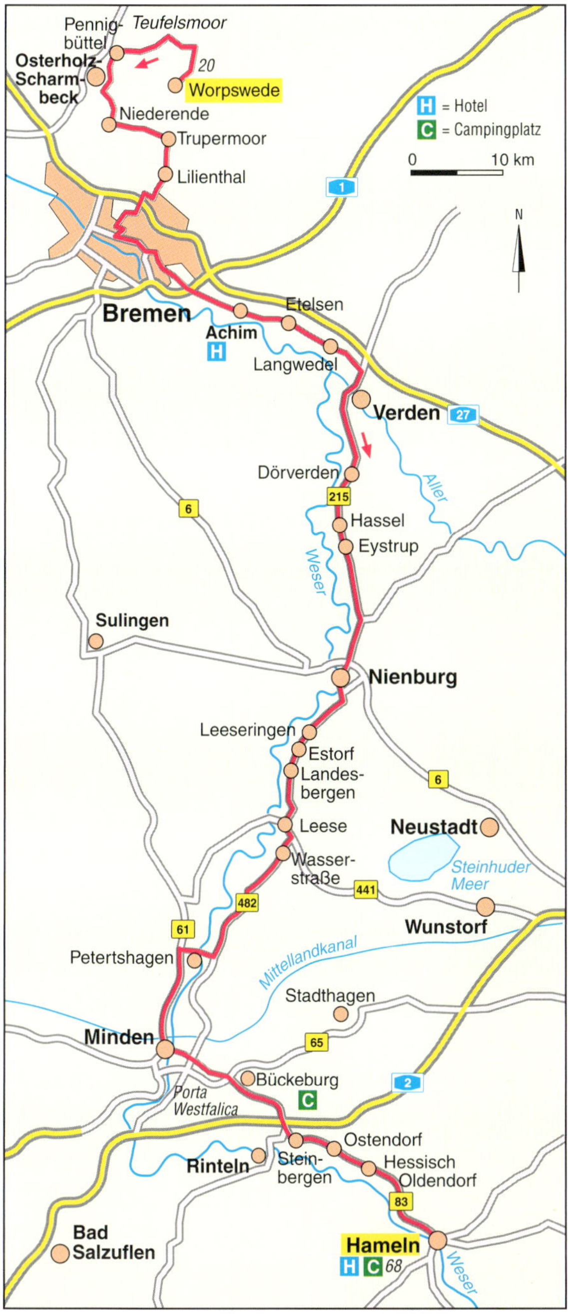

Auf dieser Strecke warten zahlreiche Besichtigungsstopps – wenn nur das lästige Helm auf, Helm ab nicht wäre.

Furcht erregend sehen sie ja eigentlich nicht aus, der Esel, der Hund, die Katze und der Hahn, die, als sie alt und nutzlos geworden waren, von ihren Herrschaften verjagt wurden und sich auf nach Bremen machten, um dort als Stadtmusikanten ihr Geld zu verdienen. Auf dem Weg dorthin sollen sie aber, den Gebrüdern Grimm zufolge, eine ganze Räuberbande in Angst und Schrecken versetzt haben.

Verden – die Stadt mit viel PS

Auch der Weiterweg nach Verden, wohin ich mich nun auf den Weg mache, ist keinesfalls Furcht erregend. Im Gegenteil, die Landstraßen über Achim, Etelsen und Langwedel führen hinein in eine flache Marschlandschaft mit behäbig daliegenden Orten inmitten fruchtbarstem Acker- und Weideland. Verden sieht man an, dass es eine durchaus wohlhabende Gemeinde ist. Sie nimmt das Recht in Anspruch – wie allerdings noch einige Ortschaften

Die Bremer Stadtmusikanten sind vor dem Ratskeller und nicht darin zu finden.

der Region – Geburtsort des Piraten Klaus Störtebeker zu sein. Zu Lebzeiten gejagt und geächtet, wurde jetzt sogar eine ganze Küstenroute nach ihm benannt (siehe Tour 21).

Wer sich weniger für Piraten, sondern mehr für Pferde interessiert, ist hier richtig, gilt Verden doch als eines der Zentren für Pferdezucht und Pferdesport in Norddeutschland, mit einem eigenen Pferdemuseum in der Andreasstraße in der Süderstadt. Mir genügen die Pferdestärken meiner Maschine, die ich mit einem leichten Dreh am Gasgriff wecke, um auf der B 215 nach Nienburg zu gelangen.

Porta Westfalica – Kraft der Weser

Hin und wieder begleitet mich die Weser ein kurzes Stück, Waldgebiete lockern die Fahrtroute bis zur alten Festungsstadt immer wieder auf, Nienburg passiere ich aber schnell, um dafür bei Leese einen kurzen Abstecher zum Steinhuder Meer zu machen, das mit seiner Ausdehnung von etwa 30 Quadratkilometern und einer Wassertiefe von drei Metern zwar keine imponierenden Ausmaße vorzuweisen hat, aber als Deutschlands größter Binnensee gilt. Zurück auf der Bundesstraße führt mich diese durch eine weiterhin flache und ruhige Landschaft nach Minden, das neben vielen reich geschmückten Bürgerhäusern auch einen Freizeit-

Das Ortsbild von Hameln besticht mit einer Reihe sehenswerter Häuserfassaden, hier das Demptersche Haus.

Streckenbeschreibung

STRECKENVERLAUF	Worpswede – Pennigbüttel – Osterholz-Scharmbeck – Niederende – Trupermoor – Lilienthal – Bremen – Achim – Etelsen – Langwedel – Verden – Dörverden – Hassel – Eystrup – Nienburg – Leeseringen – Estorf – Landesbergen – Leese – Wasserstraße – Petershagen – Minden – Bückeburg – Steinbergen – Ostendorf – Hessisch Oldendorf – Hameln
STRECKENLÄNGE	264 km
AUSGANGS- UND ENDPUNKT	Worpswede (54 m) Hameln (68 m)
ANFAHRT ZUM AUSGANGSPUNKT	Autobahn Bremen–Bremerhaven A 27, Ausfahrt 19 Bremen-Horn/Lehe und über Lilienthal, Worpshausen
SERVICESTELLEN	Lilien-thal: Yamaha; Bremen/Osterfeuerberg: Alle Fabrikate; Verden: Kawasaki, Harley-Davidson; Nienburg: Honda, Kawasaki, Yamaha; Hessisch Oldendorf: Kawasaki, Ducati, Cagiva
ÜBERNACHTUNGEN	Achim: Novotel Bremer Kreuz; Hameln: Hotel Birkenhof
CAMPINGPLÄTZE	Auetal/Westerwald; Hameln
TREFF	Bremen: täglich nachmittags in der Horten-Passage in der Innenstadt
KARTE	Die Generalkarte 1:200.000, Blatt 1 und 3
SEHENSWÜRDIGKEITEN	**Osterholz-Scharmbeck:** Gut Sandberg, Kreisheimatmuseum, romanische Klosterkirche, Hünengrab
	Lilienthal: Zisterzienserinnenkloster, Kutschenmuseum im Michaelis-Hof
	Bremen: Rathaus (15. Jahrhundert), Ratskeller von 1408 mit bemalten Weinfässern und Weinschänke, davor Bronzedenkmal der Bremer Stadtmusikanten, Rolandfigur, Dom St. Petri mit Bleikeller, Bürgerpark mit Tiergehege, Restaurants und Cafés, Schnorrviertel in der östlichen Altstadt
	Verden: Deutsches Pferdemuseum, Sachsenhain mit Findlingen, Dom und Johanniskirche
	Nienburg: Kirche St. Martin, Stadtwall, Rathaus
	Landesbergen: Hochzeitsmühle, Münchhausen-Schloss in Brokeloh
	Minden: Altes Rathaus mit Laubengang, Altstadt mit Hanse-Haus, Windloch und Schwedenschänke, Mittellandkanal mit Kanalbrücke und Schachtschleuse
	Bückeburg: Barocke Stadtkirche, Wasserschloss, Idaturm mit Aussicht, Hubschraubermuseum
	Hessisch Oldendorf: Münchhausenhof, evangelische Stadtkirche
	Hameln: Osterstraße mit Stiftsherrenhaus und Hochzeitshaus, Rattenfänger-Freilichtspiele, Rattenfängerhaus und Rattenkrug mit historischen Gastwirtschaften, Leist'sches Haus mit Museum

park mit einer Märchenspinnstube aufweisen kann. Mehr Eindruck auf mich macht allerdings der folgende Streckenabschnitt durch die Westfälische Pforte, die Porta Westfalica, wo die Weser das Wiehengebirge im Westen und die Weserberge im Osten durchbricht. Vom Kaiser-Wilhelm-Denkmal auf dem gut 270 Meter hohen Wittekindberg reicht mein Blick noch einmal weit zurück über die Norddeutsche Tiefebene, bevor ich in Hameln den ersten Abschnitt der Märchenstraße beende.

35 Die Deutsche Märchenstraße, 2. Abschnitt

Vom Lügenbaron zu Dornröschens Märchenschloss

Leise Flötentöne wecken mich. Ich stehe auf, ziehe mich an und gehe hinunter auf die Straße. Draußen steht eine ganze Schar von Kindern und ein Flötenspieler in seltsamem Gewand. Er trägt ein buntes Wams mit lilafarbenem Umhang, die Beine stecken in Strumpfhosen, deren eines Bein lila und gelb, das andere rot und grün gefärbt ist. Auf dem Kopf sitzt ein roter Hut mit zwei langen Federn, und an den Füßen hat er gelbe Lederschuhe, deren Spitzen fast kreisförmig gebogen sind. Auch die Kinder tragen Leinenhemden und -hosen, und in meiner schweren Motorradmontur passe ich schon rein bekleidungsmäßig gar nicht dazu. Trotzdem folge ich dem Zug, der sich lachend und scherzend in Bewegung setzt und durch die Straßen von Hameln zieht. Vorneweg der Flötenspieler geht es aus der Stadt hinaus über Wiesen und Wälder bis zu einem Berg. Das Flötenspiel wird lauter, ein Spalt öffnet sich, durch den wir den Berg betreten, der sich mit einem lauten Krachen plötzlich hinter uns wieder schließt.

Ich schrecke hoch und stelle fest, dass alles glücklicherweise nur ein Traum war. Aber so oder so ähnlich soll es sich zugetragen haben im Jahre 1284, als ein bunt gekleideter Fremder gegen einen Geldbetrag versprach, Hameln von der Mäuse- und Rattenplage zu befreien. Von den Stadtvätern um seinen gerechten Lohn betrogen, soll er aus Rache 130 Kinder mit seinem Flötenspiel aus dem Ort gelockt und durch das Ostertor entführt haben. So schildern es zumindest die Gebrüder Grimm in ihren »Deutschen Sagen«, und wenn es wahrscheinlich für das Verschwinden dieser Kinder andere Erklärungen gibt, etwa dass diese Werbern für die Besiedelung osteuropäischer Gebiete gefolgt oder als jugendliche Söldner für die Schlacht zwischen den Hamelnern und Mindenern Bischöfen rekrutiert wurden, so hat sich die erste Version doch durchgesetzt. Vielleicht auch, weil sie fremdenverkehrsmäßig am besten zu vermarkten ist, und so steht Hameln dann ganz im Zeichen des Rattenfängers. Am Westgiebel des wuchtigen Hochzeitshauses etwa spielt täglich mehrmals das Rattenfänger-Glockenspiel, am Rattenfängerhaus mit Restaurant am östlichen Ende der Osterstraße erinnert eine Inschrift an den Auszug der Kinder, im Heimatmuseum im Stiftsherrenhaus wird eine Ausstellung zur Rattenfängersage

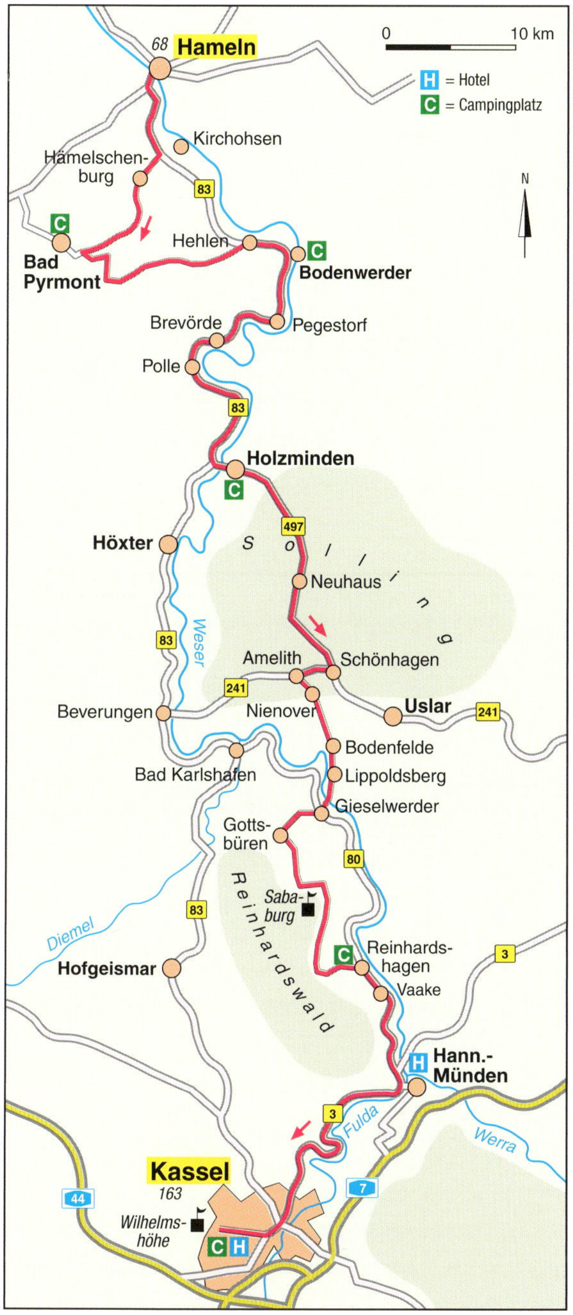

präsentiert, und von Mitte Mai bis Mitte September wird jeden Sonntag um 12.00 Uhr am Marktplatz die Rattenfängersage nachgespielt.

Verliebte aufpassen: Das Hochzeitshaus findet man in der Osterstraße in Hameln.

Wahre Geschichten über Freiherr von Münchhausen

Jetzt aber genug von Ratten und Rattenfängern, auf mich wartet eine andere sagenhafte Gestalt: Freiherr von Münchhausen, auch als Lügenbaron bekannt, dessen Geburtshaus in Bodenwerder steht. Ich ziehe dabei den Umweg über Bad Pyrmont dem direkten Weg auf der B 83 vor, um auf der kurven- und waldreichen Strecke durch das Weserbergland, vorbei an Schloss Hämelschenburg mit seinen eindrucksvollen Wehrgräben, wieder etwas Gefühl für die Schräglage meiner Maschine zu bekommen.

Im Gegensatz zur Sagengestalt des Rattenfängers lebte Karl Friedrich Hieronymus Freiherr von Münchhausen (1720–1797) tatsächlich. Er führte als Offizier ein ereignisreiches Leben und trug seine Kriegs- und Reiseerlebnisse auch gerne einem begeisterten Publikum vor. Ohne sein Zutun machten sich diese Geschichten dann quasi selbstständig und wurden, natürlich heillos übertrieben, in mehreren Zeitschriften gedruckt und auch ins Englische übersetzt. Der Dichter Gottfried August Bürger (1747–1794) sammelte und erweiterte diese Geschichten, die später in alle Kultursprachen der Welt übersetzt wurden.

Nur folgerichtig ist, dass die meisten Sehenswürdigkeiten der Stadt mit deren berühmtestem Sohn in

Linke Seite: Ausgiebig bestaunt werden Fahrer und Maschine auf der Weserfähre.

Das Herkulesdenkmal auf der Wilhelmshöhe mit seinen Wasserkaskaden ist eine der Sehenswürdigkeiten Kassels.

Verbindung stehen, der übrigens in der Klosterkirche des ehemaligen Benediktinerinnenklosters im malerischen Ortsteil Kemnade seine letzte Ruhestätte gefunden hat. Ich werfe noch einen Blick in das Münchhausenzimmer im Heimatmuseum im Rathaus und stelle mir bei einem Blick aus dem Fenster vor, wie der Baron auf einer Kanonenkugel sitzend vorbeifliegt.

Dornröschenburg in tiefem Schlaf

Ich verlasse die Stadt dagegen ordnungsgemäß auf meiner Maschine und kann mir, als ich in einer kurzen Beschleunigungsphase den Gasgriff voll aufdrehe, ungefähr vorstellen, wie sich der Baron auf der Kanonenkugel gefühlt haben musste. Ich drehe das Gas aber gleich wieder zurück, denn die den Schleifen der Weser teilweise in kühnen Schwüngen folgende und in die Kalksteinfelsen gesprengte Straße lässt eine entspanntere Fahrweise ratsam erscheinen. Schließlich wartet Dornröschen in der Sababurg im Reinhardswald auf mich, um nach hundertjährigem Schlaf von mir wachgeküsst zu werden.

Um zu ihr zu gelangen, verlasse ich die Weser bei Holzminden, tauche in das riesige Waldgebiet des Solling ein, das sich hier östlich der Weser erstreckt, um bei Gieselwerder wieder auf das andere Weserufer zu wechseln und den Kurven im Reinhardswald zur Sababurg zu folgen. Etwas enttäuscht bin ich dann schon, denn die Burg selbst ist nur noch eine Ruine, von der im Wesentlichen die teilweise restaurierten Ecktürme mit ihren Hauben sowie einige Mauern erhalten geblieben sind.

Dornröschen finde ich hier leider nicht und auch nicht im Hotel Dornröschenschloss, das im ehemaligen Torbau aus dem 16. Jahrhundert untergebracht ist, wo ich mich dafür jedoch mit einer kleinen Auswahl aus der vorzüglichen Speisekarte tröste. Die nette Kellnerin erzählt mir, dass das Hotel und das Restaurant besonders gerne von frisch vermählten Paaren und Hochzeitsgesellschaften besucht werden, um hier in traditionellen Gewändern

Streckenbeschreibung

STRECKENVERLAUF	Hameln – Hämelschenburg – Bad Pyrmont – Bodenwerder – Pegestorf – Polle – Holzminden – Neuhaus – Amelith – Nienover – Bodenfelde – Lippoldsberg – Gieselwerder – Gottsbüren – Sababurg – Reinhardshagen – Vaake – Hannoversch Münden – Kassel
STRECKENLÄNGE	176 km
AUSGANGS- UND ENDPUNKT	Hameln (68 m) Kassel (163 m)
ANFAHRT ZUM AUSGANGSPUNKT	Anschluss Tour 20 oder Autobahn Dortmund–Hannover A 2, Ausfahrt Bad Eilsen. Von der Autobahn Kassel–Hannover A 7, Ausfahrt Hildesheim. Direkt von Hannover kommend auf der A 27 über Springe und Hochmühle
SERVICESTELLEN	Holzminden: Honda, Kawasaki, KTM; Kassel/Süd: KTM
ÜBERNACHTUNG	Hannoversch Münden: Hotel Rathausschänke; Kassel: Hotel Garni
CAMPINGPLÄTZE	Bad Pyrmont; Bodenwerder; Holzminden; Reinhardshagen; Kassel
TREFFS	Reinhardshagen-Veckershagen: An der Weserfähre zwischen der B 3 und der B 80, täglich außer Montag; Kassel: Yamaha-SR500- und -XT-Fahrer treffen sich jeden ersten Mittwoch im Monat ab 19.30 Uhr im Fosters Garden in der Innenstadt.
KARTE	Die Generalkarte 1:200.000, Blatt 3
SEHENSWÜRDIGKEITEN	**Hameln:** Osterstraße mit Stiftsherrenhaus und Hochzeitshaus, Rattenfänger-Freilichtspiele, Rattenfängerhaus und Rattenkrug mit historischen Gastwirtschaften, Leist'sches Museum
	Hämelschenburg: Burganlage im Stile der Weser-Renaissance
	Bad Pyrmont: Brunnenplatz mit Wandelhalle, Kurpark mit Palmengarten, Schlossmuseum
	Bodenwerder: Rathaus am Münchhausenplatz mit Münchhausenzimmer, Münchhausenbrunnen, Klosterkirche im Ortsteil Kemnade mit Münchhausen-Grabstätte
	Polle: Burganlage mit Bergfried und Restaurant
	Holzminden: Puppen- und Spielzeugmuseum, Museumsschiff »Stör« am Westufer beim Hallenbad, Haus der Jugend mit Glockenspiel
	Bodenfelde: Romanische Klosterkirche St. Georg und Maria, Schäferhausmuseum im Ortsteil Lippoldsberg
	Sababurg: Ruine der Sababurg, Urwildpark Sababurg mit Wisenten, Urponys und Volieren
	Vaake: Wehrkirche aus dem 13. Jahrhundert
	Kassel: Wilhelmshöhe mit Schloss, Brüder-Grimm-Museum im Schloss Bellevue, Karlskirche mit Glockenspiel, Naturkundemuseum im Ottoneum, Kurhessentherme mit Thermalsolebad

wie einstmals Dornröschen Hochzeit zu feiern. Bei der Weiterfahrt durch das Fuldatal geht mir dann nicht mehr aus dem Kopf, ob Dornröschen denn überhaupt verheiratet war, und ich nehme mir fest vor, darüber in Kassel genauere Nachforschungen anzustellen.

36 Die Deutsche Märchenstraße, 3. Abschnitt

Auf den Spuren der Gebrüder Grimm

Um die am Ende des zweiten Abschnitts aufgeworfene Frage zu klären, ob Dornröschen denn verheiratet war, bietet sich die alte Residenzstadt Kassel geradezu optimal an. Lebten und arbeiteten hier doch jahrelang die Gebrüder Jakob und Wilhelm Grimm als Bibliothekare des Landgrafen Friedrich I. und machten als Sammler und Herausgeber ihrer Märchen- und Sagenbücher sowohl sich als auch die darin enthaltenen Figuren unsterblich. Also suche ich als erstes den Gebrüder-Grimm-Platz auf, um dort auf Hausnummer 5 allerdings nur das Deutsche Tapetenmuseum vorzufinden. Ich erfahre, dass sich das Brüder-Grimm-Museum in der Obernstadt über dem Fuldaufer im Palais Bellevue befindet, wo ich mich dann auch ausführlich über Leben und Werke der Gebrüder informieren kann.

Am Stadtrand von Kassel fährt man an der Löwenburg vorbei.

Ich verlasse die Stadt allerdings nicht ohne noch zur Wilhelmshöhe mit dem Herkulesdenkmal hochgefahren zu sein, wo in dem parkähnlichen Gelände neben zahlreichen Teichen und künstlichen Grotten sich auch das 1786 errichtete Schloss Wilhelmshöhe befindet, das als größte und bekannteste Sehenswürdigkeit Kassels gilt. Die Märchenstraße folgt nun nicht direkt der Fulda, sondern verläuft etwas weiter westlich über Baunatal in leicht hügeliger ländlicher Gegend über Niedenstein und Gudensberg nach Fritzlar, dessen vieltürmiges Stadtbild mit alten Fachwerkhäusern und spätgotischen Steinhäusern teilweise noch von gut erhaltenen mittelalterlichen Befestigungsanlagen umrahmt ist. Auch Homberg, wo ich die Talniederungen von Eder und Schwalm verlasse, um dem Verlauf des Flüsschens Ohm zu folgen, hat ein recht ansehnliches Stadtbild und kann zudem noch eine Burgruine aus dem 12. Jahrhundert vorweisen.

Links von mir dehnt sich die kuppige Landschaft des Knüllgebirges aus, mit dem 634 Meter hohen Knüllköpfchen als höchstem Punkt, an dessen Hängen die Ortschaft Schwarzenborn liegt. Die Schwarzenborner sollen sich durch ihre Streiche den Ruf einer Art hessischer Schildbürger erworben haben, aber, man möge mir dies nachsehen, die ganz große Bekanntheit haben sie damit leider nicht erreicht. Da verhält es sich mit einer weiteren

Märchengestalt dieser Gegend schon ganz anders, nämlich mit Rotkäppchen, das in der Landschaft des Schwalm, einer durch Talengen weitgehend abgeriegelten Flussniederung südlich von Schwalmstadt, beheimatet gewesen sein soll. Zumindest diente die Tracht der Schwälmerinnen als Vorbild

für ihre Kleidung. Herausragendes Merkmal war das winzige Käppchen, unter dem der zusammengesetzte Zopf, der so genannte Schnatz, verborgen war. Im Gegensatz zu den grünen Käppchen der jung verheirateten Frauen trugen die jungen Mädchen rote Käppchen. In Schrecksbach, etwa auf halbem Weg hinunter nach Alsfeld gelegen, gibt es ein kleines Heimatmuseum, in dem man solche Trachten bewundern kann.

Ein kurzer Abstecher führt uns zum zinnenbewehrten Schloss Eisenbach im Naturpark Vogelsberg.

Die Seele des Alsfelder Schmieds

Mit Alsfeld erreiche ich das Gebiet des Vogelsberges, einer Landschaft von herber Schönheit, die sich im Oberwald bis auf 774 Meter Höhe aufschwingt und vulkanischen Ursprungs ist. Der Sage nach soll der Teufel hier einst mit einem Schmied gewettet haben, dass es ihm gelänge, einen Vogel zu erraten. Der Teufel tippte auf einen Raben, aber tatsächlich war es die verkleidete, mit Federn bedeckte Frau des Schmieds, die in einem Zwetschgenbaum saß. Der Schmied durfte seine Seele behalten, und der Teufel soll wütend den Ausspruch »Das ist einmal ein verdammter Vogelsberg« getan haben, bevor er wieder in der Hölle verschwand. Zugetragen haben soll sich diese Geschichte bei einer Mühle in Ilbeshau-

dem 17. Jahrhundert, dessen Brüstungen mit Andreaskreuzen, Rauten und barocken Ornamentfenstern geschmückt sind.

Mit dem alten Mühlrad und dem vorbeifließenden Mühlbach eher ein idyllischer Ort, an dem man solche teuflischen Geschehnisse eigentlich gar nicht vermuten möchte.

Zu den Wurzeln der Gebrüder Grimm

Hinter Grebenhain verlasse ich die B 275 und folge der Landstraße hinüber ins Kinzigtal, das ich bei Schlüchtern erreiche. Wenig später halte ich in Steinau an der Straße, wo ich wieder auf die Gebrüder Grimm treffe. Parallel zur Gebrüder-Grimm-Straße verläuft eine Gasse, in der sich das Amtshaus befindet, ein malerischer Bruchsteinbau mit Fachwerkstock aus dem 16. Jahrhundert.

Hier verbrachten die Grimm-Brüder, neben Jacob und Wilhelm waren dies noch Ludwig Emil und Ferdinand Philipp, einen Teil ihrer Kindheit. Ihr Vater Philipp Wilhelm Grimm war hier nämich einst als Stadtsekretär tätig. Geboren wurden Jacob und Wilhelm 1785 beziehungsweise 1786 im nicht einmal 50 Kilometer entfernten Hanau, das sich mit Recht rühmen kann, die Geburtsstadt der wohl bekanntesten Märchenerzähler der Welt zu sein.

Im Inneren des gut erhaltenen Schlosses von Steinau befindet sich das Gebrüder-Grimm-Gymnasium.

sen. Ich lasse mir den Abstecher dorthin nicht entgehen und finde etwa fünf Kilometer hinter Herbstein die Beschilderung.

Nach noch einmal gut der gleichen Strecke stehe ich vor einem recht ansehnlichen Fachwerkbau aus

Dort beende ich dann auch meine Reise, am Marktplatz in der Neustadt. Hier vor dem Rathaus haben die beiden berühmten Dichter Grimm – in Bronze gegossen – einen würdigen Platz gefunden, der von nicht wenigen Begeisterten besichtigt wird.

Streckenbeschreibung

STRECKENVERLAUF	Kassel – Baunatal – Niedenstein – Gudensberg – Fritzlar – Wabern – Homberg – Frielendorf – Schwalmstadt – Schrecksbach – Alsfeld – Schwalmtal – Reuters – Lauterbach – Herbstein – Altenschlirf – Vaitshain – Grebenhain – Gunzenau – Freiensteinau – Kiesberg – Schlüchtern – Steinau – Aufenau – Wächtersbach – Gelnhausen – Hasselroth – Hanau
STRECKENLÄNGE	256 km
AUSGANGS- UND ENDPUNKT	Kassel (163 m) Hanau (100 m)
ANFAHRT ZUM AUSGANGSPUNKT	Anschluss Tour 21 oder Autobahn Würzburg–Hannover A 7, Ausfahrt Kasseler Kreuz oder Kassel Wilhelmshöhe
SERVICESTELLEN	Kassel/Süd: KTM; Baunatal: BMW; Gudensberg: Yamaha; Fritzlar: Honda; Schwalmstad/Ortsteil Treysa: Suzuki; Alsfeld: Aprilia; Schlüchtern: Yamaha
ÜBERNACHTUNG	Kassel: Hotel Garni KÖ 78; Steinau: Hotel Grüner Baum
CAMPINGPLÄTZE	Kassel; Niedenstein; Frielendorf
TREFFS	Kassel: Yamaha-SR500- und -XT-Fahrer treffen sich jeden ersten Mittwoch im Monat ab 19.30 Uhr im Fosters Garden in der Innenstadt. Grebenhausen: Inselcafé, jeden ersten Sontag im Monat ab 20Uhr;
STRECKENSPERRUNG	Die Ernst-Arnold-Straße im Wohngebiet am Ortseingang von Alsfeld ist für Motorradfahrer gesperrt.
KARTE	Die Generalkarte 1:200.000, Blatt 3 und 5
SEHENSWÜRDIGKEITEN	**Kassel:** Wilhelmshöhe mit Schloss, Brüder-Grimm-Museum im Schloss Bellevue, Karlskirche mit Glockenspiel, Naturkundemuseum im Ottoneum, Kurhessentherme
	Fritzlar: Dom St. Petri, Marktplatz mit Rolandsbrunnen und gotischen Steinhäusern, Stadtmauer
	Homberg: Marktplatz mit Fachwerkhäusern, Burgruine (12. Jahrhundert), gotische Marienkirche
	Schwalmstadt: Museum der Schwalm im Steinernen Haus
	Alsfeld: Mittelalterlicher Stadtkern mit Mauerring, Marktplatz mit Weinhaus, Walpurgiskirche und Hochzeitshaus, Leonhardsturm
	Herbstein: spätgotische Pfarrkirche, Stadtmauer mit Wehrtürmen , Thermal-Bewegungsbad
	Schlüchtern: Benediktinerkloster, Bergwinkelmuseum mit Hobby-Eisenbahnanlage 1:32 im Lauter'schen Schlösschen
	Steinau: Ehemaliges Wohnhaus der Brüder Grimm im Alten Amtshaus, Schloss Steinau mit Brüder-Grimm-Museum, Teufelshöhle ca. 3 km nördlich, Freizeitanlage Thalhofpark mit Tiergarten
	Wächtersbach: Wehrkirche, Schloss
	Gelnhausen: Marienkirche am Untermarkt, Rathaus am Obermarkt, ältestes Fachwerkhaus Hessens (1356), Ruinen der Kaiserpfalz, Geburtshäuser von Philipp Reis und J. C. von Grimmelshausen
	Hanau: Neustädter Rathaus mit Brüder-Grimm-Denkmal, Deutsches Goldschmiedehaus, evangelische Marienkirche, Schloss Philippsruhe

37 Von den Alpen zur Ostsee, 1. Abschnitt

Vom Berchtesgadener Land nach Bayerisch-Schwaben

Die Süd-Nord-Durchquerung von Deutschland beginne ich nicht dort, wo die Bayerischen Alpen am höchsten sind. Dazu hätte ich meinen Ausgangspunkt weiter westlich, etwa nach Garmisch-Partenkirchen, unterhalb Deutschlands höchstem Berg, der 2963 Meter hohen Zugspitze, verlegen müssen. Aber auch wenn die Gipfel um Berchtesgaden, mit dem immerhin 2713 Meter hohen Watzmann nicht ganz diese Höhe erreichen, so stehen sie denen um die Zugspitze an alpiner Schönheit in nichts nach. Und aus fahrerischer Sicht kann es das Berchtesgadener Land ohnehin mit jeder anderen Region Deutschlands aufnehmen.

Jeder, der bereits dort war, wird es bestätigen, das Sudelfeld ist eine Motorradstrecke vom Feinsten.

Dies beginnt schon mit der Auffahrt zur Roßfeld-Höhenringstraße, einer der schönsten Motorradstrecken, die man sich vorstellen kann. Viel zu schnell enden die Kurven und Kehren beim Parkplatz Hennenköpfl in 1540 Meter Höhe, dem höchsten öffentlich anfahrbaren Punkt in den Bayerischen Alpen, mit einer weit reichenden Aussicht über das Salzburger Land. Fast noch schöner ist die Kehrenfolge bei der Abfahrt über die Südseite, unterhalb der mächtigen Felsschluchten des Hohen Göll, bevor auf den letzten Kilometern zurück nach Berchtesgaden eine Gefällstrecke bis 24 Prozent meine Bremsen mächtig fordert.

Am Königssee, dem ich kurz darauf noch einen Besuch abstatte, können die Bremsscheiben wieder abkühlen, dann wechsle ich der B 305 folgend hinauf zum Schwarzbachwachtsattel und durch die Weißbachschlucht hinüber in das weite Ruhpoldinger Becken. Den Ort selbst lasse ich dabei rechts liegen und bleibe lieber auf dem Teilstück der Deutschen Alpenstraße, das sich hier überraschend kurvig Richtung Reit im Winkl zieht.

Eine harmonische Voralpenlandschaft nimmt mich auf, deren Bergwelt nichts mehr mit der schroffen Felswelt um Berchtesgaden gemein hat. Nur die Kampenwand, gut 1669 Meter hoch, trägt noch felsige Züge wie ich von Grassau aus gut erkennen kann. Ich bin im Chiemgau, und nur ein Katzensprung wäre es von hier hinüber zum Chiemsee, dem mit einer Größe von über 80 Quadratkilometern größten See Bayerns, der die Bezeichnung »Bayerisches Meer« somit nicht ganz zu Unrecht trägt.

Aber da sich über den Berggipfeln der Chiemgauer Alpen bereits erste Wolken auftürmen und sich in diesem Eck, wo Berge und See recht nahe zusammentreffen, rasch Gewitter zusammenbrauen, fahre ich lieber gleich weiter zum Samerberg. Dort, wo im Mittelalter die Samer das Transportmonopol hatten, um mit ihren schwer beladenen Pferdefuhrwerken das kostbare Salz über den Berg zu transportieren, verläuft heute eine beliebte Motorradstrecke hinüber ins Inntal.

Ein Grundstück am Tegernsee ist fast unbezahlbar, dieser Blick hinüber zum Wallberg dagegen ist kostenlos.

Der Tatzelwurm – ein Feuer speiender Drache?

Die wird von der folgenden Strecke allerdings nochmals übertroffen. Mit dem Tatzelwurm und dem Sudelfeld liegt eine der an Bekanntheit und Beliebtheit im bayerischen Alpenraum kaum mehr zu überbietende Strecke vor mir. Um dorthin zu gelangen, muss ich hinter Brannenburg eine geringe Mautgebühr entrichten, die mir Einlass in die düstere Förchenbachschlucht gewährt. Nach deren Überwindung liegt beim Großparkplatz Tatzelwurm eine Serpentinenstrecke vor mir hinauf zur baumarmen Hochfläche des Sudelfeldes, deren Befahrung ein einziger Genuss ist. Am Sattel, beim Motorradfahrertreffpunkt vor dem Café Kotz erfahre ich, dass der Tatzelwurm ein Feuer speiender Drache gewesen sein soll, der in einer Schlucht am Beginn der Kehrstrecke sein Unwesen getrieben hat.

Mich treibt leider die fortschreitende Zeit weiter, aber im breiten Leitzachtal komme ich auf ebener, geradlinig verlaufender Straße gut voran. In Osterhofen fahre ich an der Talstation der Wendelsteinbahn vorbei, die sich hier in luftiger Höhe über die

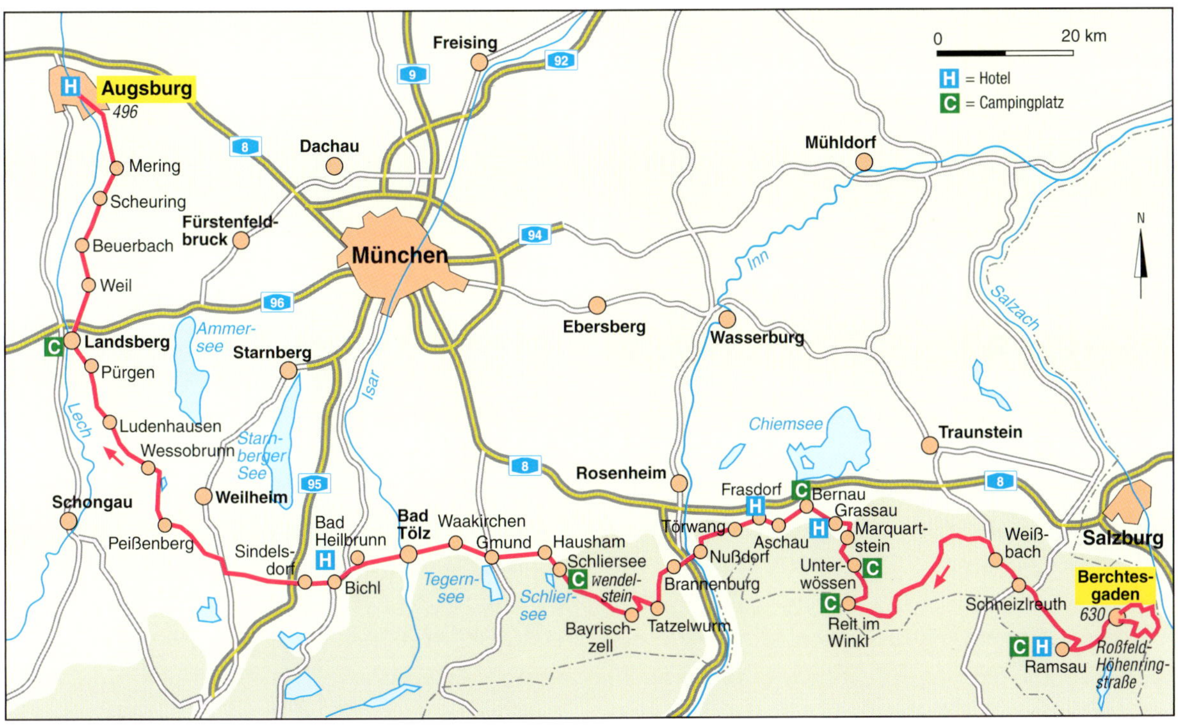

Das Bayertor in Landsberg am Lech ist eines der schönsten gotischen Stadttore in ganz Deutschland.

felsige Südseite zum 1838 Meter hohen Gipfel hochschwingt. Auch die Abzweigung hinter Aurach zum sehr schön gelegenen Spitzingsee lasse ich außer Acht, sie weist mir einfach zu wenige Kehren auf.
Vorbei am kleinen Schliersee geht es hinüber zum größeren Tegernsee, der sich nach Überfahrung einer Hügelkuppe unterhalb vor mir ausbreitet. Ich berühre ihn nur an seiner nördlichen Spitze bei Gmund, dann folge ich kleineren Nebenstraßen zur B 472 nach Bad Tölz. Hügeliges Moränenland nimmt mich auf, und mit Überfahrung der Isar tausche ich die Bergwelt gegen eine Seenlandschaft ein. Den größten dieser Seen, den Starnberger See berühre ich an seiner Südspitze bei Seeshaupt, um über Weilheim gleich hinüber nach Peißenberg und zur gleichnamigen Erhebung zu fahren.

Seenpanorama vom Peißenberg

Man sieht es diesem von unten recht unscheinbar wirkenden Bergrücken nicht an, dass sich von seiner 988 Meter hohen Spitze eine Aussicht allererster Güte eröffnet. Nicht weniger als elf Seen, darunter Staffelsee, Ammersee, Starnberger See, Pilsensee und Wörthsee, zähle ich, und im Süden hebt sich deutlich die Alpenkette gegen den Horizont ab.
Die Bundesstraße meidend, wähle ich nun die Landstraßen über dem östlichen Lechufer nach Landsberg, um bei Wessobrunn nocheinmal einen kurzen Halt einzulegen. Aber nicht der bekannten Benediktinerabtei gilt mein Interesse, sie behielt nach der Säkularisation ohnehin nur noch ein Viertel ihrer ursprünglichen Größe, sondern der Tassilolinde hinter der östlichen Klostermauer, die auf 700 Jahre geschätzt wird und einen Umfang von mehr als 13 Metern aufweist.
Ich verlasse den Pfaffenwinkel, wie dieses Gebiet seiner reichhaltigen kirchlichen Kunstschätze wegen auch genannt wird und glaube mich in Landsberg ins Mittelalter zurückversetzt. Teile der Befestigungsmauer und Türme stammen noch aus der Zeit, als Heinrich der Löwe die damals »Landespurc« genannte Stadt im Jahre 1160 zum Schutz der hier verlaufenden Salzstraße gründete. Besonders lange betrachte ich das Bayertor, eines der schönsten gotischen Tore ganz Deutschlands.
Auf der Weiterfahrt bleibe ich auf den Landstraßen östlich des Lechs, die allerdings recht geradlinig verlaufen, und nähere mich über Mering der Stadt Augsburg, wo ich mir ein Nachtquartier suche.

Streckenbeschreibung

STRECKENVERLAUF	Berchtesgaden – Unterau – Oberau – Roßfeld-Höhenringstraße – Obersalzberg – Berchtesgaden – Ramsau – Schneizlreuth – Weißbach – Reit im Winkl – Entfelden – Unterwössen – Marquartstein – Grassau – Bernau – Aschau – Frasdorf – Achenmühle – Törwang – Samerberg – Roßholzen – Nußdorf – Oberaudorf – Tatzelwurm – Sudelfeld – Bayrischzell – Schliersee – Hausham – Gmund am Tegernsee – Moosrain – Waakirchen – Bad Tölz – Bad Heilbrunn – Bichl – Sindelsdorf – Peißenberg – Hohenpeißenberg – Zellsee – Wessobrunn – Ludenhausen – Pürgen – Landsberg – Weil – Beuerbach – Scheuring – Unterbergen – Mehring – Augsburg
STRECKENLÄNGE	367 km
AUSGANGS- UND ENDPUNKT	Berchtesgaden (630 m) Augsburg (496 m)
ANFAHRT ZUM AUSGANGSPUNKT	Autobahn München–Salzburg A 8, Ausfahrt Salzburg-Süd oder Hallein
SERVICESTELLEN	Berchtesgaden/Unterau: Honda; Brannenburg: Alle Fabrikate; Hausham: Yamaha; Bad Tölz: Yamaha; Sindelsdorf: Alle Fabrikate; Huglfing: Ducati, Laverda; Pürgen: Yamaha; Landsberg: Honda, Kawasaki, Yamaha; Mering: Bimota; Augsburg: Moto Guzzi, Ducati, Cagiva, Honda, Kawasaki, Yamaha, Suzuki
ÜBERNACHTUNGEN	Ramsau: Gasthof Baltram; Grassau: Pension Türkenhof, Gasthaus Kampenwand; Frasdorf: Landgasthof Karner; Bad Heilbrunn: Pension Resi; Augsburg: Ringhotel Alpenhof, Intercity Hotel Augsburg
CAMPINGPLÄTZE	Ramsau; Reit im Winkl; Unterwössen; Bernau; Schliersee; Landsberg
TREFFS	Großparkplatz Tatzelwurm: Täglich nachmittags, Samstag und Sonntag vormittags und nachmittags; Sudelfeldsattel: Café Kotz, täglich außer Dienstag 8.00 bis 19.00 Uhr
MAUTGEBÜHR	Die Auffahrt von Brannenburg durch das Förchenbachtal zum Großparkplatz Tatzelwurm ist mautpflichtig. Die Mautgebühr beträgt Euro2,50.
KARTE	Die Generalkarte 1:200.000, Blatt 8
SEHENSWÜRDIGKEITEN	**Berchtesgaden:** Salzbergwerk mit Salzmuseum und Floßfahrt auf Salzsee, königliches Schloss **Marquartstein:** Rodelbahn im Erlebnispark bei Marquartstein **Aschau:** Schloss Hohenaschau **Brannenburg:** Auffahrt mit der Zahnradbahn bis auf 1724 m Höhe auf den Wendelstein (1838 m) **Tatzelwurm:** sehenswerte Schlucht mit Wasserfällen (beim Gasthof Feuriger Tatzelwurm) **Schliersee:** Kabinenseilbahn zur Schliersbergalm mit Sommerrodelbahn, barocke Pfarrkirche St. Sixtus, Ortsteil Westenhofen mit Pfarrkirche und Grabstätte des Wildschütz Jennerwein **Bad Tölz:** Wallfahrtskirche Maria Hilf, Kalvarienberg mit Leonhardikapelle, Thermalhallenbad Alpamare **Wessobrunn:** Ehemalige Benediktinerabtei mit »Tassilolinde«, Pfarrkirche **Landsberg:** Pfarrkirche Maria Himmelfahrt, Hauptplatz mit Schönem Turm, Marienbrunnen und Rathaus, gotisches Bayertor **Augsburg:** Dom, Fuggerei, Schaezler-Palais mit Gemäldegalerie altdeutscher Meister, u. a. Dürer, Perlachturm in der Altstadt, Maximilianstraße

38 Von den Alpen zur Ostsee, 2. Abschnitt

Von Bayerisch-Schwaben in die Fränkische Schweiz

Unüberhörbar, ich bin im Schwäbischen angelangt. Im Regierungsbezirk Bayerisch-Schwaben, um genau zu sein, dessen Hauptstadt Augsburg ist. Ihre Wurzeln gehen weit zurück, bis ins erste Drittel des ersten Jahrhunderts nach Christus, als die Römer auf dieser strategisch günstig gelegenen Höhenschwelle zwischen Lech und Wertach einen Kreuzungspunkt anlegten, der die Via Claudia Augusta mit der West-Ost-Straße von Gallien zum Schwarzen Meer verband. Zu Ehren des Kaiser Augustus wurde die Siedlung Augusta Vindelicum genannt. Ich weiß auch nicht, warum ich bei diesem Namen immer an die Motorräder der Marke MV Agusta denken muss.

Augsburgs Skyline: Patrizierhäuser aus dem 15. und 16. Jahrhundert.

So sehr ich mich auch bemühe, kann ich im Straßenbild keines der Edelbikes sehen, die durch eine neu aufgelegte Serie im Jahre 1999 eine Renaissance erfahren sollten. Dafür sehe ich aber andere schöne Dinge: den Dom St. Maria, der bis auf das 10. Jahrhundert zurückgeht, einige alte Patrizierhäuser aus dem 15. und 16. Jahrhundert und die älteste soziale Wohnsiedlung Deutschlands, die Fuggerei, zwischen 1516 und 1525 angelegt.

Um aus der Stadt zu kommen, folge ich dem Autobahnzubringer Augsburg-Ost und fahre weiter Richtung Pöttmes und Neuburg. Bald bin ich in einer hügeligen Landschaft, in der Wiesen und Ackerflächen mit Fichten- und Buchenwäldern abwechseln. Die Straße passt sich dem leichten Auf und Ab an und vermittelt mit ihren schön geschwungenen Kurven mehr Fahrspaß, als hier vermutet.

Obwohl ich immer wieder durch kleine ländliche Siedlungen fahre, herrscht erstaunlich wenig Verkehr, der erst vor Neuburg wieder zunimmt. Als ich über die Donaubrücke in die Altstadt einfahren will, ist diese von der Polizei abgesperrt, plötzlich ein Trommelwirbel, Landsknechte mit schweren Hellebarden, begleitet von Reiterei, denen Gaukler und Marketenderinnen folgen, ziehen in naturgetreu nachgebildeten Kostümen an mir vorbei. Es ist ein Stadtfest, bei dem von ortsansässigen Vereinen Szenen aus dem Mittelalter nachgestellt werden. Ich folge dem Umzug, der beim Schloss endet, dem zentralen Bau von Neuburg, der von Pfalzgraf Ottheinrich 1573 errichtet wurde und dessen barocker Osttrakt mit seinen runden Flankentürmen das Stadtbild beherrscht.

Der Pappenheimer kam aus Solnhofen!

Vor der Donau wechsle ich hinüber zur Altmühl nach Eichstätt mit seinem vieltürmigen Stadtbild, in einer Flussschleife am Rande der Fränkischen Alb gelegen. Geografie-Interessierten sei hier ein kleiner Umweg durch das Wellheimer Trockental, das weite Ur-Donautal empfohlen, das von Rennertshofen nach Dollstein verläuft. Oberhalb von Eichstätt erkenne ich die Willibaldsburg, die 1609 bis 1620 nach den Plänen des Augsburger Baumeisters Elias Holl zum Schutz der Bischöfe gegen äußere, aber auch innere Feinde errichtet wurde und nun einen markanten Punkt der Altmühllandschaft bildet.

Dann fahre ich flussaufwärts, folge dem Mäanderband des Flusses, das mitten hinein in die herrliche Landschaft des Frankenjuras führt und mich mit ihren von malerischen Burgen überragten Orten gar nicht mehr aus dem Staunen herauskommen lässt. Der Marktflecken Dollnstein etwa, vollständig umfriedet von der alten Stadtmauer aus dem 15. Jahrhundert, aus deren Mitte noch der zackige Bergfried der ehemaligen Burg herausragt, oder Mörnsheim, von dessen 1.000-jähriger Geschichte noch Reste der Befestigungsmauer und die Ruine des Kastenschlosses auf dem Schlossberg zeugen.

Nicht zu vergessen Solnhofen, das durch seine Kalkschieferbrüche Berühmtheit erlangt hat, in denen immer wieder Versteinerungen vorgeschichtlicher Tiere wie etwa des Urvogels Archaeopteryx gefunden werden.

Eine besonders schöne Sammlung von Fossilien kann im Solnhofer Rathaus besichtigt werden, das sich in einer Flussschlinge um den Burgberg drängt und vor allem durch den Ausspruch des bayerischen Generalfeldmarschalls Gottfried Heinrich Graf von Pappenheim berührt wurde: »Ich kenne meine Pappenheimer.«

Nun weitet sich das Tal und eine Bauernlandschaft mit Wiesen und Feldern, aus denen sich kleine mit Fichten und Laubwaldinseln bedeckte Bergriedel

Die Kaiserburg in Nürnberg ist das Wahrzeichen der Stadt. Der Fünfeckturm links im Bild geht bis auf das Jahr 1050 zurück.

Pottenstein in der Fränkischen Schweiz ist eine für diese Region typische Ansiedlung.

hervorheben, breitet sich entlang der Altmühl aus, der ich bis Gunzenhausen folge. So verlockend sich die spiegelglatte Wasserfläche des Altmühlsees auch zeigt, das Wasser ist noch zu kalt zum Baden, und so fahre ich ohne Aufenthalt Richtung Nürnberg weiter, um erst unterhalb der alten Kaiserburg wieder anzuhalten.

Die auf einem roten Sandsteinfelsen errichtete Anlage ist das Wahrzeichen der Stadt. Ihre erste urkundliche Erwähnung geht auf das Jahr 1050 zurück, und war seitdem immer wieder Zerstörungen, Umbauten und Renovierungen unterworfen. Nur noch der Fünfeckturm ist Bestandteil der ältesten Anlage, die vor allem durch den berüchtigten Raubritter Eppelein von Gailingen weit über die Region hinaus bekannt wurde, welcher der Sage nach den Nürnbergern 1381 kurz vor seiner Hinrichtung durch einen kühnen Sprung seines Pferdes über den Burggraben entkam. Eine Einbuchtung in der Brüstungsmauer soll von diesem Pferdesprung stammen.

Die Fränkische Schweiz – landschaftliche Vielfalt pur

Mir stehen mehrere Pferdestärken zur Verfügung, mit denen ich auf friedlicherem Weg die Stadt in nördlicher Richtung verlasse. Die Fränkische Schweiz wartet auf mich, die malerische Landschaft der Wiesen und ihrer Täler mit saftigen Wiesen und bewaldeten Talflanken, aus denen sich teilweise skurril geformte Felsgebilde hervorheben. Gekrönt wird alles von reizvollen kleinen Städtchen und Weilern, die von trutzigen Burgen überragt werden und mit der Landschaft aus Fels, Berg, Wald und Fluss eine traumhafte Symbiose eingehen.

Ich folge dem Lauf der Pegnitz bis zum gleichnamigen Städtchen, das als Eingangstor zur Fränkischen Schweiz bezeichnet wird. Aber auch unterirdisch hat dieses Gebiet einiges zu bieten, mit seinem Reichtum an Höhlen etwa, zu deren bekanntester, der südlich von Pottenstein gelegenen Teufelshöhle, ich einen kurzen Abstecher mache. An der Wiesen entlang lasse ich mir viel Zeit, genieße die eindrucksvolle Landschaft und bin trotzdem viel zu schnell in Bayreuth.

Streckenbeschreibung

STRECKENVERLAUF	Augsburg – Affing – Pöttmes – Ehekirchen – Rohrenfels – Neuburg/Donau – Nassenfels – Adelschlag – Eichstätt – Dollnstein – Mörnsheim – Solnhofen – Pappenheim – Treuchtlingen – Markt Berolzheim – Dittenheim – Aha – Gunzenhausen – Obererlbach – Wassermungenau – Schwabach – Wolkersdorf – Nürnberg – Lauf – Reichenschwand – Hersbruck – Hohenstadt – Vorra – Artelshofen – Velden – Rothenbruck – Neuhaus – Ranna – Auerbach – Michelfeld – Pegnitz – Pottenstein – Waischenfeld – Plankenfels – Hollfeld – Eckersdorf – Bayreuth
STRECKENLÄNGE	364 km
AUSGANGS- UND ENDPUNKT	Augsburg (496 m), Bayreuth (342 m)
ANFAHRT ZUM AUSGANGSPUNKT	Anschluss Tour 37 oder Autobahn München–Stuttgart A 8, Ausfahrt Augsburg
SERVICESTELLEN	Augsburg: Moto Guzzi, Ducati, Cagiva, Honda, Kawasaki, Yamaha, Suzuki; Markt Berolzheim: Kawasaki, Ducati, Cagiva, Bimota; Gunzenhausen: Aprilia; Schwabach: Honda, Yamaha; Nürnberg: Honda, Suzuki; Lauf: Aprilia, Moto Guzzi, Cagiva, BMW, Kawasaki; Hersbruck: KTM, Yamaha; Pegnitz: Honda; Bayreuth: Yamaha, BMW
ÜBERNACHTUNGEN	Augsburg: Ringhotel Alpenhof, Intercity Hotel Augsburg; Eichstätt: Hotel Garni Fuchs, Gasthof Zum Hirschen; Nürnberg: Gästehaus Vater Jahn, Intercity Hotel Nürnberg; Neuhaus: Hotel Burg Veldenstein, Gasthof Pension Wolfsberg; Waischenfeld: Gasthof Krug-Bräu; Bayreuth: Hotel Goldener Anker
CAMPINGPLÄTZE	Dollnstein; Pappenheim; Pommelsbrunn/Hohenstadt; Waischenfeld
STRECKENSPERRUNG	Im Spindeltal bei Eichstätt besteht ganzjährig Nachtfahrverbot zwischen 22.00 und 6.00 Uhr.
KARTE	Die Generalkarte 1:200.000, Blatt 7 und 8
SEHENSWÜRDIGKEITEN	**Neuburg:** Schloss mit Schlosskapelle und Schlossmuseum, Karlsplatz mit Marienbrunnen und ehemalige Hofkirche **Eichstätt:** Willibaldsburg mit Juramuseum, Residenzplatz mit Residenz, Dom mit Kreuzgang und Willibaldsaltar, kurze Wanderung über die Herzoggasse zum Herzogsteg an der Altmühl **Dollnstein:** Mittelalterliche Stadtmauer, Bergfried mit Burgruine, Pfarrkirche mit gotischen Fresken, Petersturm **Solnhofen:** Bürgermeister-Müller-Museum im Rathaus mit Versteigerungen **Pappenheim:** Altes Schloss und Burgruine mit 30 m hohem Burgturm, Galluskirche (9. Jahrhundert) **Treuchtlingen:** Schloss Treuchtlingen, »Denkmalslok«, Lambertuskirche, Abstecher zum Karslgraben (Fossa Carolina) in Graben, ca. 2,5 km nördlich **Nürnberg:** Kaiserburg, alte Stadtmauer mit Toren und Türmen, Albrecht-Dürer-Haus, Altstadthof mit Museumsbrauerei und Felsgängen, Germanisches Nationalmuseum, Verkehrsmuseum **Neuhaus:** Burg Veldenstein mit Hotel und Restaurant, Maximiliansgrotte **Bayreuth:** Richard-Wagner-Festspielhaus, Haus Wahnfried mit Richard-Wagner-Museum, Neues Schloss mit Archäologischem Museum und Hofgarten, Markgräfliches Opernhaus

39 Von den Alpen zur Ostsee, 3. Abschnitt

Von der Fränkischen Schweiz in den Harz

Der Name Bayreuth besagt nichts anderes, als dass der Ort von Bayern in einer Rodung angelegt wurde. Das war im 12. Jahrhundert unter der Herrschaft der Grafen von Andechs, deren Namen man aber eher mit dem westlich von München, über dem Ammersee gelegenem Kloster Andechs in Verbindung bringt, dessen Gerstensaft es zu überregionaler Bedeutung gebracht hat. Bayreuth verdankt seine Weltberühmtheit hingegen dem Komponisten Richard Wagner, der hier noch unter König Ludwig II. ein Festspielhaus errichten ließ, in dem seither jährlich im Juli und August seine Opern aufgeführt werden. Mit so großem Erfolg übrigens, dass gewöhnliche Musikliebhaber Karten mehrere Jahre im Voraus bestellen oder auf dem Schwarzmarkt zu horrenden Preisen kaufen müssen. Ich begnüge mich mit einem Besuch des Richard-Wagner-Museums in der Villa Wahnfried in der Richard-Wagner-Str. 48, ganz in der Nähe des Neuen Schlosses, wo sich auch die Grabstätte des Komponisten befindet.

Diese Aufnahme entstand bei Helmbrechts. Solche Landschaftsbilder sind zwischen Alpen und Ostsee immer wieder anzutreffen.

Ich verlasse die Stadt in östlicher Richtung auf die dunkel bewaldeten Granithöhen des Fichtelgebirges zu, die hier vom 1024 Meter hohen Ochsenkopf, mit seinem 176 Meter hohen Fernsehturm, beherrscht werden. In Warmensteinach erkenne ich eine Sprungschanze und Skilifte, dann folge ich der stark ansteigenden Straße, bis sich diese nach Bischofsgrün wieder absenkt. Bei Gefrees verabschiede ich mich schon wieder vom Fichtelgebirge und fahre über die Münchberger Hochfläche hinüber nach Helmbrechts, wo der Frankenwald auf mich wartet. Ich bleibe am östlichen Rand der waldreichen Landschaft, folge dem Lauf des Flüsschens Selbitz und sehe mich unvermittelt in einer düsteren Schlucht, deren gut 160 Meter hohe Talseiten von dunklem Tannenwald bedeckt sind. Hölle wird dieser landschaftliche Glanzpunkt des Frankenwaldes genannt.

Dann öffnet sich das Tal bei Lichtenberg wieder, und wenig später habe ich thüringischen Asphalt unter meinen Reifen. Der Frankenwald geht hier ohne große landschaftliche Veränderungen in das Thüringer Schiefergebirge über, und auch die Ortschaften mit ihren kleinen, schiefergedeckten Häusern wirken irgendwie noch fränkisch.

Über Lobenstein erkenne ich den mächtigen runden Bergfried der Burganlage, die einst den Ort bewachte, dann rolle ich hinter Wurzbach gemächlich an der Sorbitz entlang, bis diese bei Saalfeld

in die Saale mündet. Auf einen Besuch der überaus sehenswerten Feengrotten im Süden der Stadt verzichte ich, ich kenne sie bereits von meiner Tour durch den Thüringer Wald (siehe Tour 22) und folge gleich der Beschilderung Rudolstadt.
Der Ort ist nach den Fürsten von Schwarzbach-Rudolstadt benannt, deren ehemalige Residenz, Schloss Heidecksburg, majestätisch über der von Hügeln umschlossenen Ortschaft am Saaleknie thront.

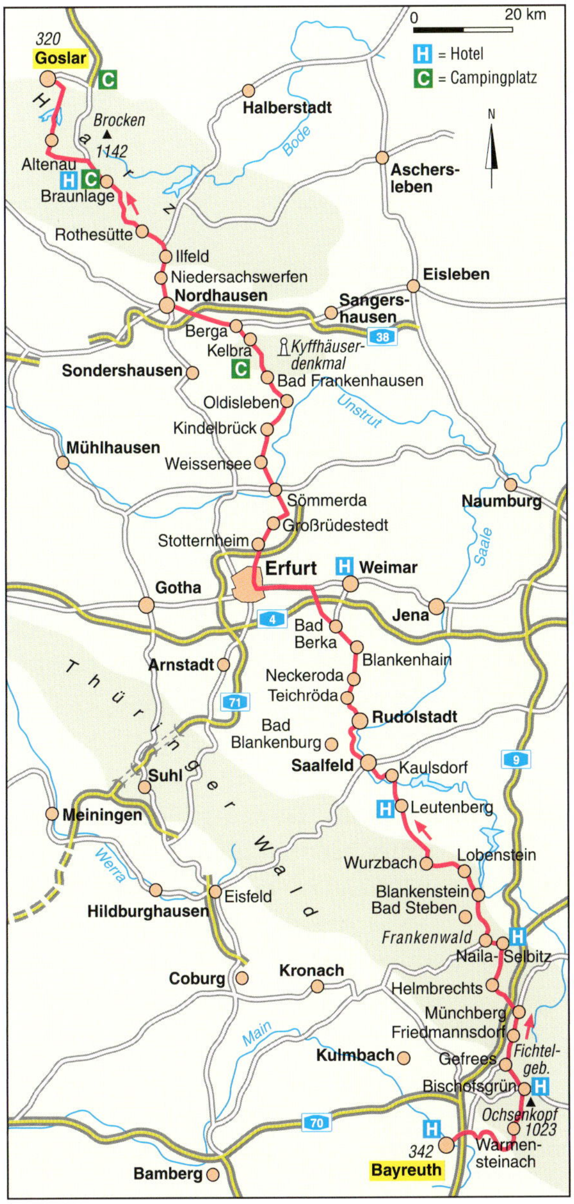

Der Marktplatz von Weimar mit dem Stadthaus und dem Cranachhaus.

Ehrwürdig faszinierendes Weimar

Ich halte allerdings weder hier noch in Weimar, das mich mit seinem industriereichen Vorstadtgürtel empfängt. Dabei hätte der Altstadtkern mit seinen engen, gewundenen Gassen einiges an Sehenswürdigkeiten zu bieten: das Goethe-Schiller-Denkmal etwa am Theaterplatz vor dem Deutschen Nationaltheater, das Stadtmuseum in der Weimarhalle in der Karl-Liebknecht-Straße, oder das Schloss mit dem Schlossmuseum direkt am Ilmufer gelegen, die Stadtmauer und den Kasseturm am Goetheplatz. Nicht zu vergessen ist auch das Goethehaus an der Frauentorstraße, Weimars allererste kulturhistorische Adresse, die in eindrucksvollster Weise an das Leben und Schaffen des vielleicht berühmtesten Deutschen erinnert.
Ein anderer nicht minder bekannter Deutscher ist der Stauferkaiser Friedrich I. Barbarossa, der in einem unterirdischen Schloss im Kyffhäusergebirge schlafen soll, bis die Raben, die um diesen Berg kreisen, ihn dereinst wecken sollen. Um dorthin zu gelangen, überwinde ich auf geradlinig verlaufender Straße das langweilige Thüringer Becken, bis die waldbestandenen Höhen der Hainleite zur Linken und der Schmücke zur Rechten auftauchen, durchbreche mit der Unstrut die Thüringer Pforte bei Sachsenburg, und das Kyffhäusermassiv liegt vor mir.
Bis Bad Frankenhausen verlasse ich die B 85 und folge dem kleinen Umweg über Rottleben zur Barbarossahöhle, einer gewaltigen Gipshöhle, wo zwar

Am Marktplatz der einstigen Kaiser- und Reichsstadt Goslar steht das ehrwürdige Hotel Kaiserwörth, einst das Gildehaus der Gewandschneider.

Tisch und Thron des alten Herrschers aufgestellt sind, seine Majestät selbst allerdings noch nicht gesichtet wurde. Zurück auf der Hauptstraße sehe ich auf einer bewaldeten Höhe das monumentale Kaiser-Wilhelm-Nationaldenkmal, das um die Ruinen der ehemaligen Reichsburg der letzten Salierkaiser errichtet wurde, wo auch Friedrich I. Barbarossa seinen Hofsitz innehatte.

Wildromantisches Okertal

Nach Bayern und Thüringen liegt nun hinter Kelbra, am Nordfuß des Kyffhäusers, mit Niedersachsen das dritte Bundesland dieses Abschnitts vor mir. Und es empfängt mich auch gleich mit einem der schönsten deutschen Mittelgebirge, dem Harz.

Noch ist es nur eine leicht wellige Hochfläche mit Ackerland und Buchenwäldern, auf das ich bei Nordhausen treffe, und die Stadt selbst wirkt mit ihren Fabrikhallen und Werksgeländen nicht unbedingt anziehend.Aber Städte und Landschaftsbild ändern sich bald, und schon in Braunlage, in einem weiten Wiesenhochtal der Warmen Bode gelegen, bin ich mitten in einem der schönsten Ferienorte des Harzes.

Ich folge der Harz-Hochstraße hinüber nach Clausthal-Zellerfeld, biege aber vorher nach Altenau ab, dessen Glanzstück, die Gustav-Adolf-Kirche, ich bereits von einer früheren Reise her kenne (siehe Tour 23). Dann liegt bis Goslar eines der schönsten Täler des ganzen Harzes vor mir, das wildromantische Okertal mit seinen prachtvollen Felsszenerien und Wasserfällen.

Streckenbeschreibung

STRECKENVERLAUF	Bayreuth – Mengersreuth – Warmensteinach – Bischofsgrün – Gefrees – Friedmannsdorf – Münchberg – Helmbrechts – Selbitz – Naila – Bad Steben – Lichtenberg – Blankenstein – Harra – Lobenstein – Wurzbach – Kaulsdorf – Saalfeld – Bad Blankenburg – Rudolstadt – Teichröda – Teichel – Neckeroda – Blankenhain – Bad Berka – Weimar – Buttelstedt – Olbersleben – Kölleda – Schillingstedt – Oldisleben – Bad Frankenhausen – Rottleben – Bendeleben – Steinthaleben – Kelbra – Berga – Görsbach – Nordhausen – Niedersachswerfen – Ilfeld – Rothesütte – Braunlage – Goslar
STRECKENLÄNGE	391 km
AUSGANGS- UND ENDPUNKT	Bayreuth (342 m) Goslar (320 m)
ANFAHRT ZUM AUSGANGSPUNKT	Anschluss Tour 38 oder Autobahn Nürnberg–Hof A 9, Ausfahrt Bayreuth
SERVICESTELLEN	Bayreuth: BMW; Yamaha; Selbitz: Ducati, Cagiva; Saalfeld: Yamaha; Rudolstadt: Honda, Kawasaki, Yamaha; Bad Berka: alle Fabrikate; Weimar: Kawasaki; Niedersachswerfen: Suzuki
ÜBERNACHTUNGEN	Bayreuth: Hotel Goldener Anker; Bischofsgrün: Landgasthof Käppel, Sporthotel Kaiseralm; Selbitz: Gasthof Leupold; Leutenberg: Biker-Herberge Sormitzblick; Weimar: Intercity Hotel Weimar; Braunlage: Haus Fernblick
CAMPINGPLÄTZE	Lichtenberg; Kelbra; Braunlage; Bad Harzburg
TREFFS	Leutenberg (zwischen Saalfeld und Lobenstein): Biker-Herberge Sormitzblick; an der B 85 bei Rothsfeld zwischen Bad Frankenhausen und Kelbra: Kyffhäuser, Samstag und Sonntag; an der B 85 von Kelbra nach Frankenhausen: Am Parkplatz; an der B 4 zwischen Bad Harzburg und Braunlage: Täglich nachmittags, Samstag und Sonntag vorm. und nachmittags
STRECKENSPERRUNG	Im Kurbereich von Bad Harzburg besteht ganzjährig Nachtfahrverbot zwischen 20.00 und 7.00 Uhr.
KARTE	Die Generalkarte 1:200.000, Blatt 7, 11und 13
SEHENSWÜRDIGKEITEN	**Bad Steben:** Wehrkirche St. Walburga, Alexander-von-Humboldt-Haus
	Lobenstein: Pfarrkirche St. Michaelis, Burg Lobenstein
	Saalfeld: Feengrotten, Burgruine Hoher Schwarm, Schloss Saalfeld, Rathaus
	Bad Blankenburg: Ruine Greifenstein, Friedrich-Fröbel-Museum
	Rudolstadt: Schloss Heidecksburg, Schloss Ludwigsburg, Stadtkirche
	Weimar: Stadtschloss mit Kunstsammlungen, Goethe-Wohnhaus, Schiller-Haus, Lucas-Cranach-Haus, Herder-Museum
	Bad Frankenhausen: Kyffhäuserdenkmal, Barbarossahöhle, Schloss mit Kreisheimatmuseum, Schlachtberg mit Bauernkriegspanorama
	Braunlage: Trinitatiskirche
	Bad Harzburg: Bergbahn zum 500m hohen Burgberg, Märchenwald bei der Talstation der Burgbergbahn, Wildgehege in Bündheim
	Goslar: Kaiserpfalz, Bürger- und Gildehäuser, Stadtbefestigung mit Breitem Tor und Zwinger, Pfarrkirche St. Jakobi, Dom

40 Von den Alpen zur Ostsee, 4. Abschnitt

Vom Harz zum Timmendorfer Strand

Die einstige Kaiser- und Reichsstadt Goslar ist ein hübsches Städtchen, dessen mittelalterliche Kirchen und Fachwerkhäuser noch unter dem Schutz einer gut erhaltenen Stadtbefestigung mit mächtigen Tortürmen und Zwingern stehen. Durch das Breite Tor fahre ich in die Altstadt ein und rolle auf der Breiten Straße zum Marktplatz mit dem »Marktbecken«, einem Brunnen mit zwei Bronzeschalen und einem vergoldeten Reichsadler. Der Hauptbau des Rathauses stammt aus dem 15. Jahrhundert, aber besser gefällt mir das an der Südseite des Marktes gelegene Kaiserworth, das ehemalige Gildehaus der Gewandschneider mit acht Kaiserstandbildern. An einer Ecke erkenne ich das »Dukatenmännchen«, das mich daran erinnert, dass meiner Reisekasse eine Auffrischung gut tun würde.

Herzog August der Starke, dessen Denkmal in Wolfenbüttel steht (oben), musste mit nur einem PS auskommen, dem Fahrer der Suzuki (unten) stehen dagegen erheblich mehr zur Verfügung.

Den Gang zum Bankautomaten verschiebe ich aber bis Braunschweig, das ich nach einer gut halbstündigen Fahrt durch die fruchtbare Okerebene erreiche. Die Stadt steht ganz im Zeichen Heinrich des Löwen, dem ich vor allem deshalb verbunden bin, da er auch Gründer meiner Heimatstadt München ist. Also fahre ich zum Burgplatz, dessen Mittelpunkt ein in Erz gegossener Löwe bildet. Auch der Dom wurde im 12. Jahrhundert unter Heinrich dem Löwen erbaut, in dessen Mittelschiff er zusammen mit seiner Gemahlin Mathilde seine letzte Ruhestätte gefunden hat. Ich spaziere noch zum Hagenmarkt mit dem Brunnendenkmal Heinrich des Löwen, dann mache ich mich wieder auf den Weg nach Norden.

Ich überquere den Mittellandkanal und folge der B 4, die sich an Gifhorn vorbei schnurgerade in die norddeutsche Tiefebene hineinzieht. In Sprakensehl, der ersten größeren Ortschaft nach Gifhorn, biege ich links ab nach Unterlüß, das sich eingebettet in stattliche Wälder etwas aus der Tiefebene erhebt. Ich bin in der Südheide, wie der südliche Teil der Lüneburger Heide genannt wird. Obwohl ich hier eigentlich keine Rast eingeplant habe, komme ich nicht umhin, in Müden an der Örze anzuhalten. Selten habe ich so prachtvolle Fachwerkhöfe gesehen, die im Schatten von mächtigen, bis zu 600 Jahre alten Eichen, Kastanien und Linden

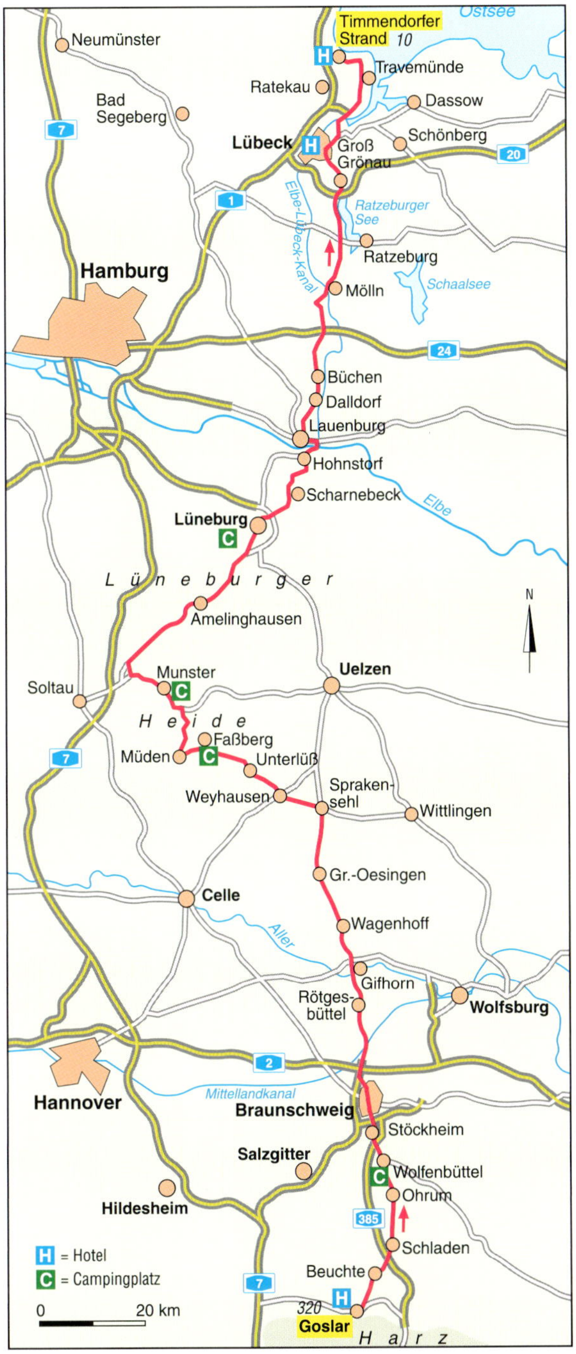

stehen und sich um eine alte Kirche mit hölzernem Glockenturm scharen.

Mölln in der Lauenburgischen Seenlandschaft zeigt stolz die Nikolaikirche. Bekannt wurde der Ort aber durch Till Eulenspiegel, den Erzvater aller Schalknarren.

Stadtbummel in Lüneburg

Über Munster schlängelt sich die Straße zwischen militärischem Sperrgebiet hindurch, bis ich kurz vor der Autobahn auf die B 209 nach Lüneburg komme. Ich folge ihr, obwohl der schönste Teil der Lüneburger Heide eigentlich westlich der Autobahn im Gebiet des Wilseder Berges liegt.

Aber zum einen ist es eine eher schwermütige Landschaft, die nur in freundlicherem Licht erscheint, wenn im August das Heidekraut blüht, zum anderen hat man hier die schönsten Landstriche zum Naturschutzgebiet erklärt und somit allein den Wanderern vorbehalten. Mit der Maschine erreichbar ist dagegen die Altstadt von Lüneburg, der Stadt, die der Region ihren Namen gegeben hat.

Ich parke meine Maschine am Platz Am Sande, der sich zwischen dem Brauereimuseum und der St. Johanniskirche erstreckt, und kann den Blick gar nicht mehr von den Hauswänden lösen, deren Giebelfassaden die Stilepochen von der Gotik bis zum Klassizismus in einzigartiger Weise widerspiegeln. Dann bummle ich die Fußgängerzone durch die Bäckerstraße hoch zum Rathaus mit seiner Barockfassade, das als größtes unversehrt gebliebenes mittelalterliches Rathaus ganz Norddeutschlands gilt.

Den Rückweg trete ich über das Wasserviertel an, wo an der Ilmenau, nahe dem Alten Kaufhaus, ein weiteres Wahrzeichen der Stadt steht, der bereits im Jahre 1346 erwähnte »Alte Kran«.

gehoben werden, um ihre Fahrt auf dem Elbe-Seiten-Kanal fortsetzen zu können.
Bevor ich über die Große Elbbrücke nach Lauenburg ins Bundesland Schleswig-Holstein überwechsle, stärke ich mich noch im kleinen Fischerdorf Hohnstorf mit einer vorzüglichen Aalsuppe und folge dann der Alten Salzstraße hinauf nach Lübeck.
In Mölln, mitten in der lauenburgischen Seenlandschaft, noch ein kurzer Besuch im Eulenspiegelmuseum, das an den Erzvater aller Schalknarren, Till Eulenspiegel, erinnert, der hier 1350 gestorben sein soll, dann geht es am lang gestreckten Ratzeburger See entlang bis nach Lübeck, dessen Wahrzeichen das wuchtige, doppeltürmige Holstentor aus dem 15. Jahrhundert ist, in dem auch das Stadtgeschichtliche Museum untergebracht ist. Jetzt ist es nur noch ein Katzensprung, und ich bin an der Ostsee, auf die ich in Timmendorfer Strand treffe, einem der beliebtesten Feriengebiete an der ganzen Ostsee.
Während ich gemächlich die schier nicht enden wollende Uferpromenade entlangfahre, bedauere ich etwas, dass meine Reise hier nun zu Ende ist, aber die Weiterfahrt nach Flensburg, dem nördlichsten Hafen Deutschlands erscheint mir wenig reizvoll, verbinde ich den Namen doch mit dem dort ansässigen Verkehrszentralregister, der so genannten Verkehrssünderkartei.
Also parke ich meine Maschine, miete mir einen der in langen Reihen aufgestellten bunten Strandkörbe und lasse mit Blick auf die weißen Schaumkronen der Wellen im Meer meine Reiseerlebnisse nochmals in Gedanken aufleben.

Ein Bad am Ostseestrand haben wir uns redlich verdient.

Auf der Alten Salzstraße hinauf bis zum Timmendorfer Strand

Kein Kran, sondern das größte Schiffshebewerk der Welt steht in Scharnbeck, wenige Fahrminuten außerhalb Lüneburgs, wo bis zu 1300 Tonnen schwere Binnentanker aus der tellerflachen Marschlandschaft in Minutenschnelle fast 40 Meter höher

Streckenbeschreibung

STRECKENVERLAUF	Goslar – Beuchte – Schladen – Ohrum – Wolfenbüttel – Stöckheim – Braunschweig – Rötgesbüttel – Gifhorn – Wagenhoff – Dedelstorf – Sprakensehl – Weyhausen – Faßberg – Müden – Dethlingen – Munster – Amelinghausen – Embsen – Lüneburg – Hohnstorf – Lauenburg – Dalldorf – Büchen – Ratzeburg – Groß-Grönau – Lübeck – Ratekau – Timmendorfer Strand
STRECKENLÄNGE	372 km
AUSGANGS- UND ENDPUNKT	Goslar (320 m) Timmendorfer Strand (10 m)
ANFAHRT ZUM AUSGANGSPUNKT	Anschluss Tour 39 oder Autobahn Kassel–Hannover A 7, Ausfahrt Rhüden und über Langelsheim nach Goslar
SERVICESTELLEN	Goslar: Honda, Kawasaki, Yamaha, BMW; Wolfenbüttel: Cagiva; Braunschweig: Aprilia, Moto Guzzi, Kawasaki; Bonhorst: Cagiva, Suzuki, Honda; Gifhorn: Aprilia, Suzuki; Lüneburg: Honda, Kawasaki, Yamaha, Suzuki; Ratzeburg: Honda; Lübeck: Aprilia, Moto Guzzi
ÜBERNACHTUNGEN	Goslar: Altstadthotel Gosequell, Hotel Das Brusttuch; Lübeck: Motorrad Landhotel Rothebeck; Timmendorfer Strand: Hotel Mühlenpark
CAMPINGPLÄTZE	Wolfenbüttel; Faßberg; Munster; Lüneburg
TREFF	Lübeck: Riders Café (Leinweberstraße 4), täglich ab 21.00 Uhr, Samstag und Sonntag ab 15.00 Uhr
KARTE	Die Generalkarte 1:200.000, Blatt 1 und 3
SEHENSWÜRDIGKEITEN	**Goslar:** Kaiserpfalz mit Ulrichskapelle, Marktplatz mit Glockenspiel, Rathaus, Rammelsberger Bergbaumuseum, Stadtbefestigung **Wolfenbüttel:** Marienkirche, Residenzschloss, Lessinghaus mit Museum, sehenswerte Fachwerkhäuser in der Altstadt **Gifhorn:** Schloss mit Schlosskapelle, Wind- und Wassermühlenmuseum **Faßberg:** Pfarrkirche Laurentius **Munster:** Panzermuseum, Museumsanlage Ollershof mit Wassermühlen und Bienenmuseum, St.-Urbani-Kirche **Amelinghausen:** Heimatmuseum **Lüneburg:** Ostpreußisches Landesmuseum, Alter Kran an der Ilmenau, Brauereimuseum **Lauenburg:** Elbschiffahrtsmuseum, Stecknitzkanal (älteste Schleuse Europas von 1724) **Ratzeburg:** Stadtkirche, Anton-Paul-Weber-Museum **Lübeck:** Dom, Marienkirche, Holstentor mit Museum, Buddenbrookhaus in der Mengstraße, St.-Anna-Museum **Timmendorfer Strand:** Strandpromenade, Seewasser-Hallenschwimmbad, Vogelpark in Niendorf

Register

Impressum/Bildnachweis

Ein kostenloses Gesamtverzeichnis erhalten Sie beim
Bruckmann Verlag
D-81664 München
www.bruckmann.de

Lektorat: Dr. Harald Kämmerer, Simone Calcagnotto
Layout: Regina Bocek, München
DTP: Werner Poll, Putzbrunn
Umschlag und Herstellung: Thomas Fischer
Kartografie: Achim Norweg, München
Repro: Longo, Italy

Bildnachweis: G. Amberg: 138, 139 u., 156, 159, 163, 164; ARGE Deutsche Märchenstraße, Kassel: 148; H. Arndt: 4 M., 4 r., 18, 28, 30, 32, 34, 36, 38, 42, 48, 50, 51, 130, 132, 134, 154; W. Bahnmüller: 59, 60, 160; H. Bauregger: 75, 162 u.; BMW AG: 10 o., 11, 40, 56, 58, 79, 131, 139 o.; U. Böhringer: 5 M., 6, 41, 44, 45, 47, 99, 112, 118, 119, 123, 126, 127, 158; R. Geser: 17, 29, 37, 46, 150; E. Höhne: 14, 24, 26, 49, 52, 66, 70, 72, 78, 80, 114, 115, 124, 128, 135, 136, 140, 143, 151, 152, 155, 162 o.; Kassel Service GmbH: 144; E. Oßwald: 20, 22, 54, 82; B. Pollmann: 83, 84, 86, 87, 88; T. Sacher: 5 r., 21, 142, 146; Tourenfahrer: 2, 4 l., 7, 8, 9, 10 u., 12, 13, 25, 62, 63, 64, 67, 68, 69, 71, 74, 76; FVV Vogelsberg & Wetterau: 147; M. Waeber: 16, 33, 55, 98; T. Wengel: 95, 96, 100, 102, 103, 104, 106, 107, 108, 110, 111, 116, 120; O. Zirl: 5 l., 90, 91, 92, 94, 122.

Dank gebührt der Motorradabteilung der BMW AG für die großzügige Überlassung von Fotomotiven.
Titelmotiv: Auf dem Marktplatz von Bad Urach auf der Schwäbischen Alb (Heinz E. Studt).

Umschlagrückseite: Der Sylvensteinstausee an der Deutschen Alpenstraße (G. Jung).

Für Hinweise und Anregungen sind
wir jederzeit dankbar. Bitte richten Sie diese an:
Bruckmann Verlag
Lektorat
Innsbrucker Ring 15
D-81673 München
E-Mail: lektorat@bruckmann.de

Die Deutsche Bibliothek –
CIP-Einheitsaufnahme
Ein Titeldatensatz für diese
Publikation ist bei der
Deutschen Bibliothek erhältlich.

Printed in Italy by
Printer Trento S.r.l.

ISBN 3-7654-4394-8